D1722562

Günter Krohn

ENTEIGNUNG, ENTSCHÄDIGUNG, STAATSHAFTUNG

ENTEIGNUNG, ENTSCHÄDIGUNG, STAATSHAFTUNG

von
Vors. Richter am BGH Dr. Günter Krohn, Karlsruhe

RWS - Skript 251

 Verlag Kommunikationsforum GmbH
Recht Wirtschaft Steuern · Köln

Die Deutsche Bibliothek - CIP-Einheitsaufnahme

Krohn, Günter:
Enteignung, Entschädigung, Staatshaftung / von
Günter Krohn. - Köln: Verl. Kommunikations-
forum Recht, Wirtschaft, Steuern, 1993
 (RWS-Skript ; 251)
 ISBN 3-8145-0251-5
NE: GT

(C) 1993 Verlag Kommunikationsforum GmbH
Recht Wirtschaft Steuern, Postfach 27 01 25, 5000 Köln 1

Druck und Verarbeitung: Hundt Druck GmbH, Köln

INHALTSVERZEICHNIS

- VII -

A. Enteignung und Inhaltsbestimmung des Eigentums

I. Abgrenzung der Enteignung (Art. 14 Abs. 3 GG) von der Inhaltsbestimmung des Eigentums (Art. 14 Abs. 1 Satz 2 GG)

1. Die Enteignung in der Rechtsprechung des Bundesgerichtshofs

Nach der früheren Rechtsprechung des Bundesgerichtshofs war die **1** Enteignung - in einem umfassenden Sinne - der unmittelbare hoheitliche Eingriff in eine als "Eigentum" durch Art. 14 Abs. 1 GG geschützte Rechtsposition, der die Grenzen zulässiger Inhaltsbestimmung des Eigentums (Art. 14 Abs. 1 Satz 2 GG) oder der Sozialbindung (Art. 14 Abs. 2 GG) überschritt. Diese Definition umfaßte auch den enteignungsgleichen Eingriff als den rechtswidrigen Eingriff in eine solche Rechtsposition,

> BGH, Urt. v. 10.7.1980 - III ZR 160/78,
> BGHZ 78, 41.

Der vom Bundesgerichtshof vertretene extensive Enteignungsbegriff schloß dabei nicht nur den Voll- oder Teilentzug von Eigentumsrechten zugunsten von Unternehmungen der öffentlichen Hand aus Gründen des öffentlichen Wohls ein, sondern auch Beschränkungen des Eigentums von hoher Hand. Damit waren auch inhaltsbestimmende (Art. 14 Abs. 1 Satz 2 GG) Rechtsakte, wenn sie die von der Verfassung gezogenen Grenzen überschritten, in den Anwendungsbereich des Art. 14 Abs. 3 GG einbezogen,

> näher dazu Krohn/Löwisch, Eigentums-
> garantie, Enteignung, Entschädigung,
> 4. Aufl., 1984, Rz. 24 ff;
> Nüßgens/Boujong, Eigentum, Sozial-
> bindung, Enteignung, 1987, Rz. 341 ff.

2 Inzwischen hat der Bundesgerichtshof den vom Bundesverfassungsgericht (s. nachfolgend unter 2) vertretenen Enteignungsbegriff übernommen, der Enteignung und Inhaltsbestimmung des Eigentums als selbständige Rechtsinstitute nach im wesentlichen formalen Kriterien unterscheidet. Obwohl die Gründe neuerer Entscheidungen des Bundesgerichtshofs dies mehr oder minder schon vorweggenommen hatten,

> vgl. u.a. BGHZ 105, 15, 16;
> BGHZ 99, 24, 28 f,

ist dies jetzt im Urteil vom

> 17.12.1992 - III ZR 112/91
> - Bodendenkmal "colonia ulpia traiana",

erstmals ausdrücklich und auch mit der notwendigen Klarstellung für den Bereich der Inhaltsbestimmung (Art. 14 Abs. 1 Satz 2 GG) geschehen.

2. **Der Enteignungsbegriff des Bundesverfassungsgerichts**

3 Das Bundesverfassungsgericht hat demgegenüber den Begriff der Enteignung erheblich eingeschränkt und formalisiert und damit von dem Bereich der Bestimmung von Inhalt und Grenzen des Eigentums (Art. 14 Abs. 1 Satz 2 GG) deutlich unterschieden:

Enteignung i.S.d. Art. 14 Abs. 3 GG ist danach der staatliche Zugriff auf das Eigentum des Einzelnen. Ihrem Zweck nach ist sie auf die vollständige oder teilweise Entziehung konkreter subjektiver Rechtspositionen gerichtet, die durch Art. 14 Abs. 1 Satz 1 GG gewährleistet sind,

> BVerfGE 38, 175, 180;
> BVerfGE 45, 297, 326.

Maßgebend ist insoweit die Entzugs-Wirkung; daß damit ein Güterbeschaffungsvorgang zugunsten der öffentlichen Hand verbunden sei, ist kein Wesensmerkmal der Enteignung,

BVerfGE 83, 201, 211
- Vorkaufsrecht - m.w.N.

Enteignungen i.S.v. Art. 14 Abs. 3 GG setzen einen (normativ-abstrakten oder exekutiv-einzelfallbezogenen) Regelungsakt der öffentlichen Gewalt, also eine einseitige, verbindliche, rechtsfolgebegründende Ordnung von Lebenssachverhalten voraus. Konstitutives Element eines solchen Enteignungseingriffs ist der finale, gegen das Eigentum gerichtete Rechtsakt. Eigentumseinwirkungen durch Realakte der öffentlichen Gewalt sind keine Enteignungen i.S.d. Art. 14 GG, und zwar auch dann nicht, wenn sie gezielt gegen konkrete Eigentumsobjekte gerichtet sind,

vgl. dazu u.a. Papier, Eigentumsgarantie des Grundgesetzes im Wandel, 1984, S. 39 f. m.w.N.

Die Legalenteignung ist dadurch gekennzeichnet, daß das Gesetz selbst und unmittelbar mit seinem Inkrafttreten ohne weiteren Vollzugsakt individuelle Rechte entzieht oder beschneidet, die einem bestimmbaren Kreis von Personen oder Personengruppen nach dem bis dahin geltenden Recht zustehen,

BVerfGE 45, 297, 325 f.

Der Gesetzgeber hat jedoch keine freie Wahl zwischen Legal- oder Administrativenteignung. Da Art. 14 GG in erster Linie eine Eigentumsbestandsgarantie und erst in zweiter Linie eine Eigentumswertgarantie (d.h. Vermögensgarantie) gibt, erweist sich ein diesen Bestand in der Hand des Eigentümers sichernder Rechtsschutz als ein wesentliches Element des Eigentumsgrundrechts. Dieser Rechtsschutz wird bei der Legalenteignung entscheidend geschmälert, weil gegenüber Gesetzen im Rahmen des Art. 19 Abs. 4 GG die Gerichte nicht angerufen

werden können. Eine Enteignung unmittelbar durch Gesetz ist daher
nur ausnahmsweise, in eng begrenzten Fällen zulässig, z.b. dann, wenn
zum gemeinen Wohl erforderliche Eingriffe in das Eigentum als Einzelenteignungen in angemessener Zeit nicht durchgeführt werden
können,

BVerfGE 24, 367, 403.

In tendenziellem Gegensatz dazu steht allerdings die als obiter dictum
gemachte Schlußbemerkung im Boxberg-Urteil vom 24.3.1987,

BVerfGE 74, 264, 297,

wo auf die Geeignetheit eines auf ein einzelnes Projekt zugeschnitte-
nen Enteignungsgesetzes verwiesen wird.

3. **Probleme der verfassungsrechtlichen "Junktim-Klausel"**
(Art. 14 Abs. 3 Satz 2 GG)

4   Das förmliche Enteignungsgesetz hat nach Art. 14 Abs. 3 Satz 2 GG
zugleich Art und Ausmaß der Entschädigung zu regeln. Enteignungsgesetze, die nach dem Inkrafttreten des Grundgesetzes erlassen worden sind und den Erfordernissen dieses Entschädigungs-Junktims nicht
genügen, sind nichtig,

BVerfGE 4, 219;
BVerfGE 46, 268.

Damit trägt der Gesetzgeber das Risiko der Fehleinschätzung der
Wirksamkeit eines eigentumsrelevanten Gesetzes im Grenzbereich von
Sozialbindung und Enteignung. Dieses Risiko ist unter der Geltung
des vom Bundesverfassungsgericht entwickelten restriktiven Enteignungsbegriffes erheblich vermindert worden. Problematisch geworden
ist aber gerade dadurch die Fortgeltung solcher Entschädigungsklau-

seln, die der historische Gesetzgeber unter dem Eindruck des vom Bundesgerichtshof über Jahrzehnte judizierten weiten Enteignungsbegriffes geschaffen hat und in denen er die Entschädigungspflicht nur an die Voraussetzung geknüpft hat, daß der Eingriff "die Grenze der Sozialbindung überschreite" oder sonst "enteignend wirke". Solche salvatorischen Klauseln finden sich in größerer Zahl noch in den geltenden Denkmalschutz-, Landschaftsschutz- und Landschaftsgesetzen.

4.   Fortgeltende "salvatorische" Klauseln?

In seinem Urteil vom 15.2.1990,   5

- 4 C 47/89, BVerwGE 84, 361 -

hat das Bundesverwaltungsgericht die in zu § 7 LandschG NW enthaltene Entschädigungsklausel wegen Verstoßes gegen Art. 14 Abs. 3 Satz 2 GG für nichtig gehalten, soweit durch Maßnahmen des Landschaftsschutzes eine durch die Eigentumsgarantie geschützte vertragliche Rechtsposition entzogen werde. Zu einer Vorlage an das Bundesverfassungsgericht sah das Bundesverwaltungsgericht sich nicht veranlaßt, weil die fragliche Klausel restriktiv und insoweit verfassungskonform - "zumindest für eine Übergangszeit" - so ausgelegt und angewandt werden könne, daß sie als Grundlage eines Ausgleichsanspruchs im Rahmen einer Inhalts- und Schrankenbestimmung (Art. 14 Abs. 1 Satz 2 GG) in Betracht komme.

Damit bezieht sich das Bundesverwaltungsgericht auf eine Rechtsent-   6
wicklung im Anwendungsbereich des Art. 14 Abs. 1 GG, die darauf abzielt, unzumutbare Einwirkungen auf das Eigentum außerhalb der förmlichen Enteignung (Art. 14 Abs. 3 GG), die als solche vom Gemeinwohl getragen sind, durch Zubilligung eines Geldausgleichs so zu mildern, daß sie in Ansehung des Verhältnismäßigkeitsgrundsatzes vom Betroffenen noch hingenommen werden können,

deshalb treffend als "Verhältnismäßig-
keitsausgleich" gekennzeichnet von
Steinberg/Lubberger, Aufopferung-
Enteignung und Staatshaftung, 1991,
S. 211 f.

Wie das Bundesverfassungsgericht in

BVerfGE 58, 137, 150 f
- Pflichtexemplar -

ausgeführt hat, kann eine im Rahmen des Art. 14 Abs. 1 Satz 2 GG mit
dem Eigentumsrecht verbundene Pflicht die Grenzen verhältnismäßi-
ger und noch zumutbarer inhaltlicher Festlegung des (hier: Verle-
ger-)Eigentums überschreiten, indem sie einzelne Rechtsträger - gemessen am sozialen Bezug und an der sozialen Bedeutung des Eigentumsobjekts sowie im Blick auf den Regelungszweck - übermäßig belastet und in ihrem Vermögen unzumutbar trifft,

vgl. BVerfGE 21, 150, 155;
BVerfGE 50, 290, 340 f, 351;
BVerfGE 21, 1, 29 f;
BVerfGE 53, 257, 292.

Eine solche Regelung kann weiter den im Rahmen des Art. 14 Abs. 1
Satz 2 GG zu beachtenden Gleichheitssatz des Art. 3 Abs. 1 GG verletzen, wenn sie einzelnen im Vergleich zu der Masse der Normadres-
saten ein besonderes Vermögensopfer auferlegt, das sich als einseitige
Belastung auswirkt. Der Gesetzgeber steht in diesen Fällen allerdings
vor der Wahl, ob er das in Frage kommende Rechtsgebiet überhaupt
neu ordnet oder ob er die Regelung in bezug auf die "Härtefälle" der
dort bestehenden Interessenlage unter Beachtung der Eigentumsgarantie anpassen will,

BVerfGE 58, 137, 152.

An dieser Begründung ist aus der Sicht der Rechtsprechung des Bundesgerichtshofs interessant, daß der Fall ein typisches Beispiel für ein "Sonderopfer" abgeben könnte, das - falls seine Abforderung legitim ist - nach enteignungsrechtlichen Grundsätzen (materiell) zu einer Entschädigung berechtigen würde. Von daher ist es fraglich, ob allein aus dieser Entscheidung die neue Rechtsfigur der "ausgleichspflichtigen Inhaltsbestimmung" hergeleitet werden kann, wie dies mittlerweise von großen Teilen des Schrifttums angenommen wird,

> vgl. dazu die kritischen Bemerkungen
> und Nachweise bei Ossenbühl, Staats-
> haftungsrecht, 4. Aufl., 1991, S. 153 f.

Wie das Bundesverwaltungsgericht in seinem Urteil vom 15.2.1990 (aaO) ausgeführt hat, kann der Gesetzgeber im Regelungsbereich des Art. 14 Abs. 1 Satz 2 GG in unterschiedlicher Weise Ausgleichsansprüche vorsehen. Er kann derartige Ansprüche zum einen gewähren, ohne hierzu auch nur mittelbar verfassungsrechtlich verpflichtet zu sein. Dies ist beispielsweise in § 74 Abs. 2 Satz 3 VwVfG geschehen, soweit die nachteiligen Wirkungen auf die Rechte anderer die sogenannte "Enteignungsschwelle" nicht erreichen,

> vgl. BVerwGE 77, 295, 298;
> BGHZ 97, 114, 117
> zu § 17 IV FStrG.

Hieran und an § 906 Abs. 2 Satz 2 BGB lehnen sich der Bundesgerichtshof und das Bundesverwaltungsgericht an, wenn sie übereinstimmend annehmen, daß nach einem allgemeinen Grundsatz des bürgerlichen und des öffentlichen Nachbarrechts auch unterhalb der "Enteignungsschwelle" ein - gegebenenfalls zweckgebundener - Ausgleich in Geld zwischen störender uund gestörter Nutzung stattzufinden hat,

vgl. BVerwGE 79, 254
- Feueralarmsirene;
BVerwGE 80, 184
- Schallschutz bei Bebauungsplanung;
BGHZ 111, 63
- Volksfestlärm;
vgl. auch BGHZ 110, 17
- Untergrund-Gasspeicher;
BGHZ 91, 20
- Kläranlage.

Zum anderen kann für den Gesetzgeber ein verfassungsrechtlicher Zwang zur Gewährung eines Ausgleichsanspruchs in der Weise bestehen, daß er aus Gründen des Prinzips der Verhältnismäßigkeit gehalten ist, eine aus öffentlichen Gründen als geboten angesehene Inhalts- und Schrankenbestimmung in ihren Belastungen abzumildern,

vgl. BVerfGE 58, 137, 145 ff;
BVerfGE 79, 174, 192.

In einem derartigen Falle ergibt sich ein Ausgleichsanspruch - anders als der Entschädigungsanspruch, den der Gesetzgeber im Falle einer Enteignung nach Art. 14 Abs. 3 GG von Verfassungs wegen gewähren muß, - nicht unmittelbar aus der Verfassung. Vielmehr hat sich der "einfache" Gesetzgeber in eigener Gestaltungsfreiheit darüber schlüssig zu werden, ob er die von ihm verfolgten Ziele für so bedeutsam erachtet, daß er zugunsten ihrer Verwirklichung die Gewährung von Ausgleichsansprüchen hinzunehmen bereit ist, weil er nur dann den Grundsatz der Verhältnismäßigkeit wahren kann. Dabei hat er im Rahmen der ihm auch innerhalb des Art. 14 Abs. 1 Satz 2 GG allgemein auferlegten verfassungsrechtlichen Bindungen zu prüfen, ob ihm dieser Weg bei Beachtung der auch freiheitssichernden Substanzgarantie des Eigentums in der Hand des jeweiligen Eigentümers überhaupt eröffnet ist.

Der Bundesgerichtshof hat solche salvatorischen Klauseln bisher für
wirksam gehalten,   **8**

vgl. BGH, Urt. v. 22.5.1980 - III ZR 175/78,
- LPflG SchlH;
BGH, Urt. v. 9.10.1986 - III ZR 2/85,
- RhPf LPflG - Museum Blücher - und
BGH, Urt. v. 23.6.1988 - III ZR 8/87,
- BW DSchG - Bodendenkmal -,

jedoch verdient hervorgehoben zu werden, daß die hier entschiedenen
Sachverhalte keine Enteignung i.S.d. Art. 14 Abs. 3 GG nach der neueren Rechtsprechung des Bundesverfassungsgerichts betrafen, so daß
das Problem der sogenannten Junktim-Klausel in Wahrheit nicht aufgeworfen wurde. Dies hat der Bundesgerichtshof in seinem

Urt. v. 17.12.1992 - III ZR 112/91
- Bodendenkmal "colonia ulpia traiana" -

jetzt klargestellt. Darin hat er sich der neueren Rechtsprechung des
Bundesverfassungsgerichts zur Abgrenzung der Enteignung von der Inhaltsbestimmung ausdrücklich angeschlossen und eine Nutzungsbeschränkung des Eigentums aus Gründen des Denkmalschutzes in den
Bereich der Inhalts- und Schrankenbestimmung (Art. 14 Abs. 1 Satz 2
GG) verwiesen. Ein deutlicher Hinweis in diese Richtung war bereits
im

Urt. v. 12.12.1989 - III ZR 132/88,
BGHZ 110, 12, 16,

gemacht worden.

Angesichts dessen, daß nach dem nordrhein-westfälischen Denkmalschutzgesetz ein Anspruch auf Übernahme des von der Nutzungsbeschränkung betroffenen Grundbesitzes erhoben wurde, der in § 31
DenkmalschutzG NW eine einwandfreie gesetzliche Grundlage hat,
brauchte der Bundesgerichtshof im Urteil vom 17.12.1992 die Frage

der Wirksamkeit salvatorischer Entschädigungsklauseln nicht neuerdings aufzuwerfen. Er begnügte sich insoweit mit dem Hinweis darauf,
daß die rechtliche Grundlage für den hier allein zu prüfenden Übernahmeanspruch nicht mitbetroffen wäre, wenn die begleitende "salvatorische" Entschädigungsklausel in § 33 des Denkmalschutzgesetzes
unwirksam wäre. Ob der Bundesgerichtshof bereit wäre, der vom Bundesverwaltungsgericht (aaO) vorgenommenen "Umfunktionierung" salvatorischer Klauseln des Enteignungsrechts in Entschädigungsklauseln
für die Inhalts- und Schrankenbestimmung des Eigentums Folge zu leisten, ist daher in dieser Entscheidung offen geblieben.

9   Gegenüber der "verfassungskonformen und restriktiven" Auslegung
und Anwendung der am Maßstab des Art. 14 Abs. 3 GG unwirksamen
Entschädigungsklauseln durch das Bundesverwaltungsgericht (aaO)
bestehen indes die gleichen rechtsstaatlichen Bedenken, die - begrün-
determaßen - gegenüber der Junktim-Klausel geltend gemacht werden.

Mit einer im Wege verfassungskonformer Anerkennung gewonnenen
Kompensationsklausel, die Voraussetzungen und Umfang einer etwaigen Ausgleichsleistung allein an der im Einzelfall möglichen "enteignenden" Wirkung der hoheitlichen Maßnahme ausrichtet, bleiben wesentliche Forderungen unerfüllt, die das Grundgesetz an den Gesetzgeber im Rahmen des Art. 14 Abs. 1 Satz 2 GG stellt. Auch insoweit -
nicht nur bei der förmlichen Enteignung - kann der Gesetzgeber der
ihm gestellten Aufgabe, zwischen der grundsätzlichen Anerkennung
eines privatnützigen Eigentums und dem Sozialgebot des Art. 14
Abs. 2 GG abzuwägen, nur genügen, wenn er sich selbst Klarheit darüber verschafft, ob eine Eigentumsbeschränkung aus Gründen des öffentlichen Wohls dringend geboten ist und ob sie deswegen trotz ihrer
Eingriffsschwere und -tiefe durch eine Entschädigungsleistung abge-
mildert bzw. kompensiert werden soll. Das im Rahmen des Art. 14
Abs. 1 Satz 2 GG wirkende Abwägungsgebot zwingt den Gesetzgeber
daher gleichermaßen, die "Eingriffs-"Tatbestände - jedenfalls soweit
Typisierung möglich ist -, bei deren Vorliegen die Rechtsfolge der
Kompensation eintreten soll, selbst zu beschreiben. Er darf diese Auf-

gabe nicht den rechtsanwendenden Organen überlassen. Es kann schwerlich angenommen werden, daß das Bundesverwaltungsgericht dies anders sieht. Die Hinnahme solcher Klauseln "für eine Übergangszeit" ist daher wohl durch die Besorgnis vor den weitreichenden Folgen einer generellen Mißbilligung solcher Klauseln - Vorlagepflicht gem. Art. 100 GG, rechtliche Ungewißheit über die Zuässigkeit eigentumsbeschränkender Maßnahmen namentlich im Umweltrecht, bis zu einer Entscheidung des Bundesverfassungsgerichts - erklärbar.

Es ist nicht zu übersehen, daß die materiellrechtlich gebotene Verbindung einer Ausgleichsleistung mit der eigentumsbeschränkenden Maßnahme es nahelegt, ihr auch verfahrensrechtlich dadurch zu entsprechen, daß eine im konkreten Fall etwa gebotene Kompensation in dem belastenden Verwaltungsakt selbst festgesetzt wird. Dies wird in der Tat im Schrifttum bereits gefordert, **10**

> vgl. Hermes, NVwZ 1990, 733, 734
> mit dem verallgemeinernden und hier
> unzutreffenden Hinweis auf Plan
> feststellungsbeschlüsse; dem "ein
> fachen" Verwaltungsakt ermangelt
> gerade deren Konzentrationswirkung.

Dem Ansatz, eine nur um den Preis einer Ausgleichsleistung zulässige Beschränkung von Eigentümerbefugnissen müsse, um rechtmäßig zu sein, diese Kompensation zugleich festsetzen, stehen aber in weiten Bereichen die verfahrensrechtlichen Bestimmungen entgegen, in deren Zusammenhang die genannten "salvatorischen Klauseln" (noch) gestellt sind. Gerade weil der historische Gesetzgeber glaubte, mit diesen Klauseln einer durch Art. 14 Abs. 3 GG begründeten Pflicht genügen zu müssen, hat er sie den allgemeinen Regeln des Enteignungsverfahrensrechts unterworfen, in der Regel also - meist durch Verweisung auf das Landesenteignungsrecht - angeordnet, daß die Festsetzung einer etwa geschuldeten Entschädigung von den generell dazu berufenen Enteignungsbehörden und in dem dafür bestimmten gerichtlichen Verfahren vorzunehmen sei. Diese verfahrensrechtliche

Einbettung der materiellen Entschädigungsklauseln im gesetzten Recht kann nicht negiert werden, wenn eine, wenn auch zeitlich begrenzte, Fortwirkung dieser Klauseln im Rahmen des Art. 14 Abs. 1 Satz 2 GG befürwortet wird. Solange dieses Landesrecht nicht außer Kraft getreten ist - das Verwerfungsmonopol dafür dürfte nur dem Bundesverfassungsgericht zukommen - wird daher auch im Bereich solcher Ausgleichsbestimmungen von den historisch überkommenen Zuständigkeiten auszugehen sein. Das bedeutet, daß bei dem gegenwärtigen Zustand des Landesenteignungsrechts eine Kompetenz der "eingreifenden" Behörde - etwa der Bauaufsichtsbehörde bei der Verweigerung einer Abrißgenehmigung aus Gründen des Denkmalschutzes - zur Entscheidung über eine Ausgleichsleistung regelmäßig fehlen wird. Dem verfassungsrechtlichen Gebot des Ausgleichs unverhältnismäßiger und unzumutbarer Beschränkungen des Eigentums kann durchaus in einem gesonderten Verfahren Rechnung getragen werden, in dem die Rechtmäßigkeit der Eigentumsbeschränkung - von der etwa gebotenen Kompensation abgesehen - nicht mehr zur Prüfung ansteht. Der Bundesgerichtshof hat dies in dem bereits erwähnten

Urt. v. 17.12.1992 - III ZR 112/91 -

für Nordrhein-Westfalen für einen Fall ausgesprochen, in dem noch das Preußische Enteignungsgesetz von 1874 Anwendung findet, das für die Feststellung des erhobenen Entschädigungsanspruchs (hier: Anspruch auf Übernahme als einer besonderen Art des Entschädigungsanspruchs) die Zuständigkeit der Enteignungsbehörde vorsieht.

11   Eine derartige Aufspaltung der Verfahren ist dem modernen Enteignungsrecht keineswegs fremd. Das nordrhein-westfälische Gesetz über Enteignung und Entschädigung vom 20.6.1989,

GV NW S. 366, ber. S. 570 - EEG-NW,

hat in § 41 für Fälle, in denen "allein wegen außerhalb der förmlichen Enteignung eingetretener Nachteile Entschädigung in Geld zu leisten ist", die entsprechende Anwendung der (materiellen) Bestimmungen über die Enteignungsentschädigung und für die Festsetzung der Entschädigung die grundsätzliche Zuständigkeit der Enteignungsbehörde vorgeschrieben. Wie die Materialien ergeben, wollte der Landesgesetzgeber dadurch u.a. dem Stand der höchstrichterlichen Rechtsprechung zu Art. 14 Abs. 3 GG Rechnung tragen, aber auch Entschädigungsfälle erfassen, die nach heutigem Verständnis im Anwendungsbereich nicht des Art. 14 Abs. 3, sondern des Art. 14 Abs. 1 Satz 2 GG liegen. In diesem Zusammenhang wird die Entschädigungsklausel des § 33 DenkmalschutzG NW beispielhaft erwähnt,

> vgl. NRW-LT-Drucks. 10/3177 vom 27.4.1988,
> S. 52 und 69, 70.

Jedenfalls für dieses Bundesland wird es daher auch im Bereich für fortgeltend erachteter "salvatorischer" Klauseln zunächst bei der Zweispurigkeit des Verfahrens zu verbleiben haben.

II.   Die Bestimmung des Eigentumsinhalts durch den Gesetzgeber (Art. 14 Abs. 1 Satz 2 GG)

1.   Allgemeine Grundsätze und Wesen der Inhalts- und Schrankenbestimmung

Unter Inhaltsbestimmung i.S.d. Art. 14 Abs. 1 Satz 2 GG versteht das   **12** Grundgesetz die generelle und abstrakte Festlegung von Rechten und Pflichten durch den Gesetzgeber hinsichtlich solcher Rechtsgüter, die als Eigentum im Sinne der Verfassung zu verstehen sind. Sie ist auf die Normierung objektiv-rechtlicher Vorschriften gerichtet, die den "Inhalt" des Eigentumsrechts vom Inkrafttreten des Gesetzes an für die Zukunft bestimmen.

Solche Regelungen haben vor der Verfassung zwar nicht schon deshalb Bestand, weil sie als formelles Gesetz ergangen sind; sie müssen vielmehr auch in materieller Hinsicht mit dem Grundgesetz in Einklang stehen,

BVerfGE 21, 73, 79;
BVerfGE 24, 367, 389;
BVerfGE 25, 112, 118;
BVerfGE 37, 132, 140;
BVerfGE 42, 263, 305.

Werden die insoweit aus der Verfassung sich ergebenden Grenzen überschritten, so ist die gesetzliche Regelung unwirksam und nicht eine Enteignung i.S.d. Art. 14 Abs. 3 GG. Auch der darauf gegründete (rechtswidrige) Verwaltungsakt ist keine entschädigungspflichtige Administrativenteignung, sondern bleibt in jedem Fall bloßer Gesetzesvollzug, der allerdings mit Rechtsmitteln angegriffen werden kann,

so namentlich BVerfGE 58, 300, 320
- Naßauskiesung.

Angesichts dieser klaren Trennung von Enteignung i.S.v. Art. 14 Abs. 3 GG und Inhaltsbestimmung des Eigentums i.S.v. Art. 14 Abs. 1 Satz 2 GG kann eine verfassungswidrige Inhaltsbestimmung nicht in eine Enteignung umgedeutet und der Verfassungsverstoß nicht durch Zubilligung einer gesetzlich nicht vorgesehenen Entschädigung "geheilt" werden,

BVerfGE 51, 1, 27, 28, st. Rspr.

13   Der Gesetzgeber steht bei der Erfüllung des ihm in Art. 14 Abs. 1 Satz 2 GG erteilten Auftrags, Inhalt und Schranken des Eigentums zu bestimmen, vor der Aufgabe, das Sozialmodell zu verwirklichen, dessen normative Elemente sich einerseits aus der grundgesetzlichen Anerkennung des Privateigentums durch Art. 14 Abs. 1 Satz 1 GG und andererseits aus dem Sozialgebot in Art. 14 Abs. 2 GG ergeben.

Er muß bei Regelungen i.S.d. Art. 14 Abs. 1 Satz 2 GG beiden Elementen des im Grundgesetz angelegten Verhältnisses von verfassungsrechtlich garantierter Rechtsstellung und dem Gebot einer sozialgerechten Eigentumsordnung in gleicher Weise Rechnung tragen; er hat dabei die schutzwürdigen Interessen der Beteiligten in einen gerechten

Ausgleich und ein ausgewogenes Verhältnis zu bringen. Eine einseitige Bevorzugung oder Benachteiligung steht mit den verfassungsrechtlichen Vorstellungen eines sozialgebundenen Privateigentums nicht in Einklang,

BVerfGE 37, 132 , 40 f.

Dem entspricht die Bindung des Gesetzgebers an den verfassungsrechtlichen Grundsatz der Verhältnismäßigkeit. Das Wohl der Allgemeinheit ist nicht nur Grund, sondern auch Grenze für die dem Eigentümer aufzuerlegenden Beschränkungen. Um vor der Verfassung Bestand zu haben, müssen sie vom geregelten Sachbereich her geboten und auch in ihrer Ausgestaltung sachgerecht sein. Einschränkungen der Eigentümerbefugnisse dürfen nicht weiter gehen, als der Schutzzweck reicht, dem die Regelung dient,

vgl. BVerfGE 21, 150, 155;
BVerfGE 25, 112, 117;
BVerfGE 37, 132, 141;
BVerfG, Beschl. v. 23.9.1992
- 1 BvL 15/85, DVBl 1993, 33.

Das durch Art. 14 Abs. 1 Satz 1 GG gewährleistete Eigentum ist in seinem rechtlichen Gehalt durch Privatnützigkeit und grundsätzliche Verfügungsbefugnis des Eigentümers über den Eigentumsgegenstand gekennzeichnet,

BVerfGE 24, 367, 389;
BVerfGE 26, 215, 222;
BVerfGE 31, 229, 240;
BVerfGE 37, 132, 140;
BVerfGE 42, 263, 294.

Es soll ihm als Grundlage privater Initiative und in eigenverantwortlichem privaten Interesse von Nutzen sein,

BVerfGE 50, 290.

Zugleich soll der Gebrauch des Eigentums dem Wohle der Allgemeinheit dienen,

BVerfGE 37, 132 ,140;
BVerfGE 38, 348, 370.

Das Maß und der Umfang der dem Eigentümer von der Verfassung zugemuteten und vom Gesetzgeber zu realisierenden Sozialbindung des Eigentums hängt u.a. davon ab, ob und in welchem Ausmaß das Eigentumsobjekt in einem sozialen Bezug und in einer sozialen Funktion steht. Je stärker der einzelne auf die "Nutzung fremden Eigentums angewiesen" ist, umso weiter ist der Gestaltungsspielraum des Gesetzgebers. Er verengt sich, wenn dies nicht oder nur in begrenztem Umfang der Fall ist. Art. 14 Abs. 2 GG rechtfertigt nicht eine übermäßige, durch die sozialen Belange nicht gebotene Begrenzung privatrechtlicher Befugnisse,

BVerfGE 52, 1, 32;
BVerfG, Beschl. v. 23.9.1992
- 1 BvL 15/85, aaO;
zur Anwendung des Sozialstaats-
gebots im sozialen Mietrecht vgl.
BVerfGE 68, 36;
BVerfGE 79, 283;
BVerfG, Beschl. v. 29.3.1990
- 1 BvR 271/90.

Dabei müssen die jeweiligen Maßstäbe nicht zu jeder Zeit und in jedem Zusammenhang dasselbe Gewicht haben. Regelungen, die in Kriegs- und Notzeiten gerechtfertigt sind, können unter veränderten wirtschaftlichen und gesellschaftlichen Verhältnissen eine andere verfassungsrechtliche Beurteilung erfahren. In jedem Fall fordert jedoch die verfassungsrechtliche Gewährleistung die Erhaltung der Substanz des Eigentums,

BVerfGE 42, 263, 295,

und die Beachtung des Gleichheitsgebots des Art. 3 Abs. 1 GG,

> BVerfGE 34, 139, 146;
> BVerfGE 37, 132, 143;
> BVerfGE 42, 263, 305;
> BVerfGE 52, 1, 30;
> BVerfG, Beschl. v. 23.9.1992
> - 1 BvL 15/85, aaO.

Diese verfassungsrechtlichen Vorgaben hat der Gesetzgeber des Bun-   **14**
deskleingartengesetzes vom 28.2.1983,

> BGBl I, S. 210,

mit der in § 5 Abs. 1 Satz 1 des Gesetzes enthaltenen Begrenzung des
Pachtzinses verfehlt, wie dem Beschluß des Bundesverfassungsgerichts

> v. 23.9.1992 - 1 BvL 15/85, aaO.

zu entnehmen ist.

Zwar sind preisrechtliche Vorschriften, die durch sozialpolitische Ziele
hinreichend legitimiert sind, dem Gesetzgeber verfassungsrechtlich
nicht verschlossen. Sie konkretisieren im Rahmen von Art. 14 GG die
Sozialbindung des Eigentums,

> vgl. BVerfGE 21, 87, 90.

Das gilt insbesondere für Grundstücke, weil bei diesen sowohl das Angebot als auch die Nachfrage weniger flexibel sind als bei anderen
vermögenswerten Gütern, zugleich aber ihre soziale Bedeutung besonders groß ist. Da Grund und Boden nicht vermehrbar sind und Grundstücke für bestimmte Nutzungen auch nicht ohne weiteres ausge-
tauscht werden können, kann sich am Markt ein Preis bilden, der im
Hinblick auf die soziale Funktion des Eigentumsobjekts nicht mehr
angemessen ist. Das kann es in besonderem Maße erfordern, die In-

teressen der Allgemeinheit durch gesetzliche Regeln zur Geltung zu
bringen und die Nutzung nicht völlig dem freien Spiel der Kräfte und
dem Belieben des Einzelnen zu überlassen,

vgl. BVerfGE 21, 73, 83.

Diese Erwägungen gelten auch für Kleingärten. Ihnen kommt, selbst
wenn sie für den Pächter und seine Familie nicht mehr von existentiel-
ler Bedeutung sind,

vgl. dazu BVerfGE 52, 1, 35,

weiterhin eine wichtige soziale Funktion zu. Sie haben namentlich für
die unteren Einkommensschichten und für kinderreiche Familien wesentliche Bedeutung. Unter diesen Umständen darf der Gesetzgeber
durch eine Begrenzung des Pachtzinses einer Preisentwicklung vorbeu-
gen, die dazu führen würde, daß ein Großteil der Bevölkerungsschichten, für die die Nutzung eines Kleingartens von besonderer Bedeutung
ist, durch den Pachtzins unangemessen belastet würde.

Bei der gebotenen Abwägung muß der Gesetzgeber seine Entscheidung einerseits an den wirtschaftlichen Verhältnissen der genannten
Bevölkerungskreise ausrichten; andererseits darf er bei der Einschät-
zung der den Eigentümern zumutbaren Einschränkung berücksichtigen, welche Möglichkeiten diesen nach der tatsächlichen und rechtlichen Situation der Grundstücke anderweitig offen stünden. Er darf
dabei nicht auf den untersten möglichen Grundstücksertrag - etwa im
Obst- und Gartenbau oder in der Landwirtschaft - abstellen, ist aber
auch nicht verpflichtet, den Eigentümern die höchstmögliche Rendite,
wie sie etwa für Wochenendgärten oder Campingplatz - Grundstücke
erzielbar sind, zu gewährleisten.

Bei der Ausgestaltung der danach zulässigen Pachtzinsbegrenzung
hatte indes der Gesetzgeber, wie das Bundesverfassungsgericht (aaO)
ausführt, die Eigentümer unzumutbar belastet: Die von ihm gewählte
Begrenzung auf den doppelten Betrag des ortsüblichen Pachtzinses im

erwerbsmäßigen Obst- und Gartenbau, die einen Höchstpachtzins von
jährlich etwa 0,14 DM je qm ergibt, beschwert den Verpächter in
unzumutbarer Weise, zumal dann, wenn für das Grundstück hohe öffentliche Lasten, etwa Erschließungsbeiträge oder Straßenreinigungs-
kosten, anfallen, die er auf den Pächter nicht in angemessener Weise
abwälzen darf. Das mit der Preisbegrenzung verfolgte Regelungsziel,
die sozial schwächeren Bevölkerungsschichten vor der Verdrängung
aus der Kleingartenpacht zu schützen, rechtfertigt keine derart nied-
rige, nahezu nur noch symbolische Pachtzinsbegrenzung. Dieses
Schutzbedürfnis könnte allenfalls für die Bezieher sehr niedriger, weit
unter dem Durchschnitt liegender Einkommen bestehen. Diese machen jedoch einen so geringen Anteil der Kleingartenpächter aus, daß
sich der Gesetzgeber für eine durchgängige, alle Fälle erfassende Begrenzung des Pachtzinses nicht an ihrer besonders geringen Leistungs-
fähigkeit orientieren darf. Erforderlichenfalls kann er dies durch ge-
zielte, auf den zu schützenden Bereich beschränkte Regelungen zu erreichen versuchen.

2.   **Umformung von Eigentumspositionen durch inhaltsbestimmende Gesetze**

Wenn die Verfassung Regelungen über den Inhalt und die Schranken   **15**
des Eigentums eindeutig von der Enteignung durch das Gesetz ab-
grenzt, schließt dies nicht aus, daß durch den Erlaß neuer, für die Zukunft geltender Vorschriften i.S.d. Art. 14 Abs. 1 Satz 2 GG subjektive
Rechte entzogen oder gemindert werden, die der einzelne auf Grund
des alten Rechts erworben hatte,

vgl. BVerfGE 25, 112, 121 f.

In dieser Einwirkung neuer, objektiv-rechtlicher Vorschriften auf individuelle Rechtspositionen kann - wie das Bundesverfassungsgericht
zunächst mehrfach ausgespochen hat,

vgl. u.a. BVerfGE 52, 1, 28 m.w.N.,

eine Enteignung durch Gesetz liegen, die dann zulässig ist, wenn die Voraussetzungen des Art. 14 Abs. 3 GG gegeben sind,

vgl. BVerfGE 31, 275, 284, 292 ff;
BVerfGE 45, 297, 330.

Inzwischen hat das Bundesverfassungsgericht jedoch diese Auffassung modifiziert. So hat es in seinem Beschluß vom 9.1.1991,

BVerfGE 83, 201, 211 ff,

zum Vorkaufsrecht im Rahmen des Bundesberggesetzes ausgeführt:

Bei der Beurteilung des Eingriffs sei Art. 14 Abs. 3 GG zwar nicht ohne Bedeutung, könne aber nicht unmittelbar als Maßstab herangezogen werden.

Die gesetzliche Beseitigung eines nach Art. 14 Abs. 1 Satz 1 GG geschützten Rechts sei nicht in jedem Falle eine (Legal-)Enteignung. Das Vorliegen einer Enteignung hänge zwar nicht davon ab, daß es sich um einen Güterbeschaffungsvorgang handle. Ihr entscheidendes Merkmal sei der Entzug des Eigentums und der dadurch bewirkte Rechts- und Vermögensverlust, nicht aber die Übertragung des entzogenen Objekts,

BVerfGE 24, 367, 394;
vgl. auch BVerfGE 52, 1, 27.

Art. 14 Abs. 3 GG sei jedoch dann nicht unmittelbar anwendbar, wenn der Gesetzgeber im Zuge der generellen Neugestaltung eines Rechtsgebiets bestehende Rechte abschaffe, für die es im neuen Recht keine Entsprechung gebe. Der Gesetzgeber dürfe nicht nur nach Art. 14 Abs. 1 Satz 2 GG Eigentumsrechten einen neuen Inhalt geben. Ebenso wie er neue Rechte einführen dürfe, könne er auch das Entstehen von Rechten, die nach bisherigem Recht möglich waren, für die Zukunft ausschließen. Es sei ihm auch nicht ausnahmslos verwehrt, die nach altem Recht begründeten Rechte der Neuregelung anzugleichen, selbst

wenn dabei die bisher mit dem Recht verbundenen Befugnisse eingeschränkt würden; die Eigentumsgarantie gebiete insoweit nicht, einmal
ausgestaltete Rechtspositionen für alle Zukunft in ihrem Inhalt unan-
getastet zu lassen,

> vgl. BVerfGE 31, 275, 284 ff, 289 f;
> BVerfGE 36, 281, 293;
> BVerfGE 42, 263 LS 4, 294;
> BVerfGE 58, 300, 351.

Selbst die völlige Beseitigung bisher bestehender, durch die Eigentumsgarantie geschützter Rechtspositionen sei unter bestimmten Voraussetzungen zulässig,

> vgl. BVerfGE 78, 58, 75.

Der Gesetzgeber unterliegt dabei jedoch besonderen verfassungs-   **16**
rechtlichen Schranken.

Voraussetzung der Zulässigkeit eines Eingriffs in bestehende Rechtspositionen durch eine gesetzliche Neuregelung ist zunächst, daß die
Neuregelung als solche, unabhängig von der Frage der Beseitigung
oder Einschränkung bestehender Rechtspositionen, verfassungsmäßig
ist,

> vgl. BVerfGE 31, 275, 285;
> BVerfGE 58, 300, 338 m.w.N.

Der Eingriff in die nach früherem Recht entstandenen Rechte muß
darüber hinaus durch Gründe des öffentlichen Interesses unter Berücksichtigung des Grundsatzes der Verhältnismäßigkeit gerechtfertigt
sein,

> vgl. BVerfGE 31, 275, 290;
> BVerfGE 70, 191, 201 f m.w.N.

Die Gründe des öffentlichen Interesses, die für einen solchen Eingriff sprechen, müssen so schwerwiegend sein, daß sie Vorrang haben vor dem Vertrauen des Bürgers auf den Fortbestand seines Rechts, das durch die Bestandsgarantie des Art. 14 Abs. 1 Satz 1 GG gesichert wird,

vgl. BVerfGE 42, 263, 294 f;
BVerfGE 58, 300, 351.

Auch das Ausmaß des zulässigen Eingriffs hängt vom Gewicht des dahinterstehenden öffentlichen Interesses ab.

Selbst wenn Art. 14 Abs. 3 GG nicht unmittelbar eingreift, ist das darin zum Ausdruck kommende Gewicht des Eigentumsschutzes bei der vorzunehmenden Abwägung zu beachten, da sich der Eingriff für den Betroffenen wie eine (Teil- oder Voll-)Enteignung auswirkt. Der Gesetzgeber muß danach die Umgestaltung oder Beseitigung eines Rechts zwar nicht durchweg mit einer Entschädigungs- oder Übergangsregelung abmildern. Die völlige, übergangs- und ersatzlose Beseitigung einer Rechtsposition kann jedoch nur unter besonderen Voraussetzungen in Betracht kommen. Durch das bloße Bedürfnis nach Rechtseinheit im Zuge einer Neuregelung wird sie nicht gerechtfertigt,

vgl. BVerfGE 31, 275, 292;
BVerfGE 78, 58, 75.

Nach diesen Grundsätzen war hier eine Beseitigung von Vorkaufsrechten durch das Bundesberggesetz jedenfalls dann mit Art. 14 Abs. 1 Satz 1 GG unvereinbar, wenn der Vorkaufsfall bereits eingetreten war. Das Gesetz verfolgt allerdings das Ziel, das gesamte Bergrecht zu vereinheitlichen und neu zu ordnen. Insbesondere soll die Rechtszersplitterung durch eine Vielzahl von teilweise noch aus dem vorigen Jahrhundert stammenden Gesetzen und Verordnungen der Länder überwunden werden. Das Streben nach Rechtseinheit kann jedoch - wie dargelegt - für sich allein den ersatzlosen Entzug einer eigentumsrechtlich geschützten Rechtsposition nicht rechtfertigen. Im übrigen wird die Vereinheitlichung des Bergrechts durch das Fortbestehen der nach § 141 ABG in der Vergangenheit begründeten Vorkaufsrechte nicht fühlbar beeinträchtigt. Die bereits entstandenen gesetzlichen Vorkaufsrechte wirken sich rechtlich nicht anders aus als rechtsgeschäftlich bestellte Vorkaufsrechte mit entsprechendem Inhalt. Ihr Fortbestand stört die mit der Vereinheitlichung des Bergrechts verfolgten Ziele nicht.

Ein anderes öffentliches Interesse an der Beseitigung der Vorkaufsrechte nach § 141 ABG war für das Bundesverfassungsgericht nicht ersichtlich. Soweit im Einzelfall die öffentliche Hand das Grundstück für einen im Gemeinwohl liegenden Zweck erwerben will, könnte zwar ein öffentliches Interesse daran bestehen, daß diese Erwerbsmöglichkeit nicht durch das Vorkaufsrecht vereitelt wird. Die Förderung derartiger Erwerbschancen, die nur in wenigen Einzelfällen zum Tragen kommen, könnte jedoch von vornherein nicht den umfassenden Entzug der bestehenden Vorkaufsrechte rechtfertigen. Im übrigen hat das Grundgesetz dem Interesse der öffentlichen Hand an der Grundstücksbeschaffung für öffentliche Zwecke durch die Möglichkeit der Enteignung unter den Voraussetzungen des Art. 14 Abs. 3 GG Rechnung getragen. Auf diesen Weg ist sie verwiesen, soweit ihr ein freihändiger Erwerb nicht möglich ist.

3. **Das Planungsschadensrecht des Baugesetzbuches**
- ein Anwendungsfall umformender Inhaltsbestimmung

Das mit der Novelle 1976 zum Bundesbaugesetz eingeführte neue Planungsschadensrecht hat das Vertrauen des Eigentümers in den Fortbestand der baulichen Nutzbarkeit seines Grundstücks durch Einführung einer begrenzten Plangewährleistungszeit relativiert. Innerhalb einer Zeitspanne von sieben Jahren ist der Eigentümer zwar nicht gegen eine Änderung oder Aufhebung der bisher zulässigen Nutzung gesichert; er hat bei einer solchen Änderung oder Aufhebung aber die Gewähr, nach Maßgabe der zulässigen Nutzung entschädigt zu werden, auch wenn er von dieser Nutzbarkeit bisher keinen Gebrauch gemacht

17

hatte (§ 42 Abs. 2 BauGB). Anders verhält es sich, wenn die Änderung oder Aufhebung der Nutzung nach Ablauf der Sieben-Jahres-Frist erfolgt. In diesem Fall bemißt sich die Entschädigung nach der ausgeübten Nutzung (§ 42 Abs. 3 BauGB). Diese Regelung erscheint grundsätzlich unbedenklich. Der mit einer Herabzonung verbundene Verlust der bisherigen Nutzbarkeit des Grundstücks betrifft zwar keine bloße "Chance", die am Eigentumsschutz nicht teilhat. Die bauliche Nutzbarkeit von Grundstücken unterliegt jedoch der Befugnis des Gesetzgebers, den Inhalt - und damit die Nutzbarkeit - des Grundeigentums zu bestimmen (Art. 14 Abs. 1 Satz 2 GG). Der Gesetzgeber kann hierbei, wie oben ausgeführt, auch bestehende, durch die Eigentumsgewährleistung des Art. 14 Abs. 1 Satz 1 GG geschützte "Rechtspositionen" durch inhaltsbestimmende Normen für die Zukunft umgestalten, ohne daß dies eine Enteignung i.S.v. Art. 14 Abs. 3 GG darstellt. Voraussetzung hierfür ist, daß hinreichende Gründe des Gemeinwohls vorliegen, denen der Vorrang vor dem berechtigten - durch die Bestandsgarantie gesicherten - Vertrauen auf den Fortbestand wohlerworbener Rechte zugebilligt werden kann. Gemessen an diesen Voraussetzungen ist die zeitliche Beschränkung der Nutzungsgewährleistung - genauer: der hierfür gewährten Wertgarantie - verfassungsrechtlich unbedenklich, zumal die Sieben-Jahres-Frist in mehrfacher Hinsicht zugunsten des Eigentümers aufgelockert ist (§ 42 Abs. 5 bis 7 BauGB) und die Rechtsprechung des Bundesgerichtshofs dafür Sorge trägt, daß dem bauwilligen Eigentümer diese Frist im Einzelfall auch voll zur Verfügung steht. So beginnt nach dem Urteil vom

2.4.1992 - III ZR 25/91
- "Streuobstwiese" -

die Frist nicht in allen Fällen schon mit dem 1.1.1977. Hat die Gemeinde nach diesem Zeitpunkt einen wegen Verfahrensmangels nichtigen Bebauungsplan durch Bekanntmachung gem. § 155a BBauG (1976) der Heilung zugeführt, so beginnt die Sieben-Jahres-Frist erst mit dem Eintritt der "Unbeachtlichkeit" des Fehlers, d.h. erst mit dem Ablauf der in § 155a BBauG bestimmten Jahresfrist zu laufen.

Verfassungsrechtlich bedenklich ist jedoch die Ausdehnung dieser Regelung auch auf die Fälle eigentumsverdrängender (Um-)Planung, also etwa die Festsetzung öffentlicher Verkehrs- oder Grünflächen oder von sonstigen Flächen für den Gemeinbedarf (§ 40 Abs. 1 Nr. 1, 5 und 8 BauGB). Solche Festsetzungen wirken, wenn sie für den Eigentümer "spürbar" werden, auch ohne weiteren Vollzugsakt unmittelbar enteignend i.S.v. Art. 14 Abs. 3 GG, wie in der neueren Rechtsprechung des Bundesverfassungsgerichts anerkannt ist,

> BVerfGE 70, 35 unter Aufgabe der
> früheren abweichenden Auffassung;
> zur Unwirksamkeit eines Bebauungs-
> plans, in dem die Gemeinde eine (ge-
> wollte) eigentumsverdrängende Fest-
> setzung in das Gewand einer inhalts-
> bestimmenden Festsetzung kleidet,
> vgl. das vorstehend erwähnte
> BGH-Urteil v. 2.4.1992 - III ZR 25/91.

Die Verneinung der Schutzwürdigkeit einer innerhalb der Sieben-Jahres-Frist nicht ausgeübten Nutzung läßt sich daher insoweit nicht auf die Gestaltungsmöglichkeiten gründen, die das Instrument der Inhaltsbestimmung (Art. 14 Abs. 1 Satz 2 GG) dem Gesetzgeber bietet. Vielmehr ist insoweit eine enteignungsrechtliche Betrachtungsweise geboten. Diese würde schon wegen des Instituts der enteignungsrechtlichen Vorwirkung (vgl. § 95 Abs. 2 Nr. 2 BauGB; weiter dazu unten Rz. 163 ff) zu einer Entschädigung führen, die nach der im Zeitpunkt der herabzonenden Planung rechtlich zulässigen, nicht notwendig ausgeübten, Nutzung zu bemessen wäre. Dem scheinen § 43 Abs. 3 Satz 2 BauGB und die sogenannte Reduktionsklausel des § 95 Abs. 2 Nr. 7 BauGB zu widersprechen. M.E. sind die genannten Vorschriften zur Vermeidung eines Konflikts mit den Rechtsgrundsätzen der Enteignung verfassungskonform restriktiv dahin auszulegen, daß sie nur für die Fälle inhaltsändernder privatnütziger Planung gelten,

vgl. insoweit bereits
Krohn/Löwisch, aaO, Rz. 124;
Krohn, in: Berliner Komm. z. BauGB,
§ 95 Rz.17, 18 m.w.N;
vgl. auch Nüßgens/Boujong, aaO,
Rz. 153.

Das würde dem Anliegen der Novelle 1976 entsprechen, den Gemeinden die Möglichkeit zu geben, ihre Planung den sich ändernden wirtschaftlichen und sozialen Verhältnissen anzupassen und neue Erkenntnisse der Stadtentwicklung nicht an überhöhten Entschädigungsforderungen scheitern zu lassen,

dazu BGH, Urt. v. 2.4.1992 - III ZR 25/91.

Die Materialien zur Novelle 1976 geben im übrigen Aufschluß darüber, daß der Gesetzgeber die besonderen Probleme des Nebeneinanders von privatnütziger Umplanung (als Inhaltsbestimmung) und eigentumsverdrängender Herabzonung (als Enteignung) nicht erkannt hat. Als Beispiel für die gebotene Gleichbehandlung wird dort genannt: "Wird nach Ablauf der Plangewährleistungsfrist, ohne daß ein Vertrauenstatbestand nach § 44 Abs. 5 bis 6 vorliegt, im Wege der Übernahme nach § 40 Abs. 2 das Eigentum an einem Grundstück auf die Gemeinde überführt, so ist die Grundlage für die Entschädigung nicht die vorher zulässige Nutzung; denn nach Ablauf der siebenjährigen Schutzfrist würde in Fällen nach § 44 Abs. 3 zu entschädigen sein. Satz 2 stellt hier sicher, daß wertmäßig derjenige, der sein Grundstück nach einer Planänderung behält, demjenigen gleichgestellt wird, der sein Grundstück im Wege des Übernahmeverlangens an die Gemeinde abgibt",

vgl. BT-Drucks. 7/4793, S. 41.

Gerade dieses Beispiel zeigt, daß der Gesetzgeber die Reduktionsklausel zur Gleichbehandlung von Eigentümern geschaffen hat, die von denselben planerischen Festsetzungen nicht enteignender Art betroffen sind. Denn nur wenn nach der Umplanung noch eine private bauli-

che Nutzbarkeit verbleibt, kann in Betracht kommen, daß hiervon be-
rührte Eigentümer ihre Grundstücke behalten. Außerhalb dieses Re-
gelungszwecks stehen dagegen eigentumsverdrängende Planungen, die
nur einzelne Rechtsträger betreffen; hier wird die Planung als Mittel
der Güterbeschaffung eingesetzt und mündet letztlich in eine Administrativenteignung. Bisher sind noch keine Fälle dieser Art aus der
höchstrichterlichen Rechtsprechung bekannt geworden. Die Relevanz
der Fragestellung liegt darin, daß bei strikter Anwendung der vorgenannten Vorschriften die enteignend wirkenden Festsetzungen des Bebauungsplans nach der hier vertretenen Auffassung ohne wirksame
Entschädigungsklausel (Art. 14 Abs. 3 Satz 2 GG) sind und daher unwirksam wären.

Wenn auf diese Weise ein bisher nach § 34 BauGB bebaubares Grundstück (Baulücke) zur öffentlichen Bedarfsfläche herabgezont wird , soll
nach der Auffassung von Gaentzsch,

Berliner Komm. z. BauGB, § 43 Rz. 8,

dem Grundstück die Baulandqualität entschädigungsrechtlich ohnehin
nicht genommen werden können, weil solche Grundstücke durch die
vorgegebene, sie prägende Situation,

vgl. BVerwGE 32, 173, 178 f,

eigentumsrechtlich dahin gefestigt seien, daß ihre Bebaubarkeit zum
Kern der Eigentümerbefugnisse gehöre und deshalb nicht schlechthin
entschädigungslos entzogen werden könne. Dies würde zwar die kras-
sesten Fälle einer Güterbeschaffung "zum Nulltarif" vermeiden helfen;
jedoch ist insoweit wiederum fraglich, ob die für die angeblich ent-
schädigungsfeste Rechtsposition in Anspruch genommene "Situationsberechtigung" nicht ihrerseits der Reduktionsklausel weichen müßte,
wenn man diese nicht, wie hier vorgeschlagen, restriktiv auslegt.

III.   Die Bedeutung der Sozialbindung (Art. 14 Abs. 2 GG)
         bei der Rechtsanwendung

1.   Situationsgebundenheit und Denkmalschutz

18   Die Rechtsprechung des Bundesgerichtshofs zur Sozialbindung befaßt
         sich überwiegend mit Fragen der sozialen Gebundenheit des Grundei-
         gentums. Dabei spielen die Begriffe der Situationsgebundenheit bzw.
         der Situationsberechtigung eine erhebliche Rolle. Der Bundesge-
         richtshof hat diese Kriterien zwar auf der Grundlage seines "umfassen-
         den" Enteignungsbegriffes entwickelt und damit den Bereich der ent-
         schädigungslosen Sozialbindung dem der entschädigungspflichtigen
         Überschreitung der Sozialbindungsgrenze gegenübergestellt. Bisher
         hat der Bundesgerichtshof keine Gelegenheit gefunden, den Standort
         dieser Rechtsprechung im Blick auf den auch von ihm übernommenen
         restriktiven Enteignungsbegriff des Bundesverfassungsgerichts abzu-
         klären. Im Schrifttum wird z.T. angenommen, daß die im Laufe dieser
         Rechtsprechung vom Bundesgerichtshof - und vom Bundesverwal-
         tungsgericht - entwickelten Kriterien für die Unterscheidung der aus-
         gleichspflichtigen Inhaltsbestimmung von der ohne Anspruch auf
         Kompensation hinzunehmenden Eigentumsbeschränkung unbehelflich
         seien,

                 so neuerdings vor allem
                 Lerke Osterloh, DVBl 1991, 906,
                 die allerdings keine praktisch ver-
                 wertbare Hilfe dafür gibt, nach wel-
                 chen rechtsstaatlich hinreichend be-
                 stimmbaren Grundsätzen die Praxis zu
                 einer Beschreibung der Unzumutbar-
                 keits-Grenze sonst gelangen soll.

Damit werden jedoch die Lösungsmöglichkeiten formaler Enteig-
nungstheorien überschätzt. Diese mögen dazu dienen, die Bereiche
Enteignung und Inhaltsbestimmung typologisch voneinander zu scheiden, ohne hierbei auf materielle Unterscheidungskriterien angewiesen
zu sein. Auch insoweit sind sie übrigens nur verläßlich, als der Gesetz-

geber es nicht unternimmt, unter dem Deckmantel einer Inhaltsbestimmung in Wirklichkeit eine Enteignung vorzunehmen. Im übrigen
ist zu Recht darauf hingewiesen worden, daß die formalen Abgren-
zungskriterien Rechtsentzug und Nutzungsbeschränkung austausch-
bare Begriffe für dasselbe Ergebnis sein können und dann ihre typolo-
gische Aussagekraft einbüßen,

> vgl. Pietzker, JuS 1991, 369;
> Lerke Osterloh, DVBl 1991, 906, 912,
> die deshalb die Rückkehr zum "klassi-
> schen" Enteignungsbegriff, d.h. zur
> Anreicherung der Formeln des BVerfG
> um den Güterbeschaffungszweck befür-
> wortet.

Für die im Rahmen des Art. 14 Abs. 1 Satz 2 GG sich dann stellende
weitere Frage, ob die - durch entsprechend gewichtige Belange des
Gemeinwohls gerechtfertigte - konkrete eigentumsbeschränkende
Maßnahme dem Eigentümer nur gegen eine Ausgleichsleistung zugemutet werden kann, wird man ohne materielle Kriterien nicht aus-
kommen. Dies gilt nicht nur für den weiten Bereich untergesetzlicher
Normen im Naturschutz-, Landschaftsschutz-, Denkmalschutz-, Bau-
und Planungsrecht, sondern überall dort, wo als Ergebnis des finalen
Enteignungsbegriffs des Bundesverfassungsgerichts inhaltsbestimmende Normen zu atypischen, unvorhergesehenen unverhältnismäßigen
Belastungen führen, die entschädigungsrechtlich nicht zuverlässig ein-
zuordnen sind. Der vom Bundesverfassungsgericht dazu gebotene ein-
zige Ausweg, wegen der anzunehmenden Verfassungswidrigkeit solcher Normen den Weg der Anfechtung, d.h. des Primärrechtsschutzes,
zu beschreiten, mag formal einleuchten. Wegen der erheblichen
Rechtsunsicherheit in der Frage einer solchen Rechtswidrigkeit führt
dies jedoch im konkreten Fall regelmäßig dazu, daß der betroffene
Bürger die volle "Beweislast" der Rechtswidrigkeit trägt, die er nur um
den Preis jahrelanger Verfahren widerlegen kann, ohne daß ihm aber
dadurch die in dieser Zeit vorenthaltene Eigentumsnutzung wiederer-
öffnet würde. Im neueren Schrifttum überwiegt inzwischen die Er-

kenntnis, daß für die Beantwortung der entschädigungsrechtlichen Fragen auch bei der Anwendung inhaltsbestimmender Normen die bisherigen "Schwellentheorien" unerläßlich geblieben sind,

vgl. Ossenbühl, aaO, S. 154 f m.w.N.

19 Den Standpunkt des Bundesgerichtshofs zur sozialen Gebundenheit von Grundeigentum belegen vor allem zwei neuere Urteile zum Denkmalschutz, die nachfolgend daher etwas ausführlicher behandelt werden sollen.

Im Urteil vom

11.2.1988 - III ZR 64/87

hat der Bundesgerichtshof zur eigentumsrechtlichen Relevanz des Denkmalschutzes u.a. ausgeführt:

Ziel des Denkmalschutzes ist es nicht, die zu schützenden Kulturdenkmäler insgesamt oder auch nur zum überwiegenden Teil in das Eigentum des Staates oder der Gemeinden zu überführen. Zu den vorherrschenden Grundgedanken des Denkmalschutzes gehört vielmehr die Erhaltung und Nutzung der Kulturdenkmäler in Privateigentum. Aus diesem Grund wird in den Denkmalschutzgesetzen der Länder dem Eigentümer die Pflicht auferlegt, das Denkmal in einem denkmalgerechten Zustand zu erhalten und sachgemäß zu unterhalten und zu nutzen,

§ 9 DSchG Berlin,
Art. 5 Bayerisches DSchG,
§ 6 DSchG Baden-Württemberg,
§ 12 DSchG Hessen,
§ 6 DSchG Niedersachsen,
§ 7 DSchG Nordrhein-Westfalen.

Die förmliche Enteignung, d.h. die Überführung eines Baudenkmals
von Privateigentum in das Eigentum des Staates, ist nur in eng begrenzten Ausnahmefällen erlaubt, nämlich dann, wenn eine Gefahr für
den Bestand, die Eigenart oder das Erscheinungsbild eines Baudenkmals auf andere Weise nicht nachhaltig abgewehrt werden kann,

> § 14 DSchG Berlin,
> Art. 18 Bayerisches DSchG;
> ähnlich auch
> § 25 DSchG Baden-Württemberg,
> § 25 DSchG Hessen.

Daher haben aufgrund der Denkmalschutzgesetze getroffene Maßnahmen nicht bereits für sich gesehen eine enteignende Wirkung. Es
muß vielmehr in jedem Einzelfall geprüft werden, ob sich die konkret
angeordnete Maßnahme noch im Rahmen der Sozialbindung des Eigentums (Art. 14 Abs. 2 GG) hält und deshalb vom Eigentümer entschädigungslos hinzunehmen ist oder ob sie eine entschädigungspflichtige Enteignung darstellt, d.h. ob sie als eine Beeinträchtigung der sich
aus dem Eigentum ergebenden verfassungsmäßig geschützten Rechtsposition des Eigentümers zu werten ist, für die nach Maßgabe der in
den Denkmalschutzgesetzen enthaltenen Entschädigungsvorschriften,

> z.B. § 13 DSchG Berlin,
> § 31 Denkmalschutz- und -pflegeG
> Rheinland-Pfalz,
> § 24 DSchG Baden-Württemberg,

dem Eigentümer eine Entschädigung zu zahlen ist,

> vgl. dazu die Urteile
> BGHZ 99, 24, 29 und
> BGHZ 72, 211, 216.

Die Anordnung, daß ein bestimmtes Gebäude in das Denkmalbuch
eingetragen, d.h. unter Denkmalschutz gestellt wird, hat grundsätzlich
keine enteignende Wirkung. Diese Maßnahme stellt zunächst nur

einen Anknüpfungspunkt für die mit der Denkmaleigenschaft verbundenen gesetzlichen Pflichten dar,

BGHZ 99, 24, 33.

Die Eintragung in das Denkmalbuch bringt nur eine Verfahrenspflichtigkeit mit sich, die das Eigentum lediglich einer Aufsichts- und Erlaubnispflicht unterwirft. Diese Verfahrenspflichtigkeit findet in der historisch gewachsenen Situation des Kulturdenkmals ihre Rechtfertigung und muß vom Eigentümer als Inhaltsbestimmung seines Eigentums entschädigungslos hingenommen werden,

BVerwG DÖV 1984, 814;
BVerwG, Beschl. v. 10.7.1987 - 4 B 146/87;
vgl. auch BVerfG ZfBR 1987, 203;
Nüßgens/Boujong, aaO, Rz. 222 m.w.N.

Dies gilt auch dann, wenn bereits die Eintragung in das Denkmalbuch eine Minderung des Verkehrswertes des Anwesens bewirkt hat. Eine Wertminderung wird enteignungsrechtlich erst dann bedeutsam, wenn eine bestimmte Maßnahme - unabhängig von einer mit ihr verbundenen Vermögenseinbuße - einen Eingriff in die sich aus dem Eigentum ergebende Rechtsposition darstellt.

20   An diese Ausführungen knüpft der Bundesgerichtshof in seinem jüngsten Urteil zum Denkmalschutz

v. 17.12.1992 - III ZR 112/91
- Bodendenkmal "colonia ulpia traiana" -

an, wo er zur Sozialbindung von Grundstücken mit historisch wertvollen Bodendenkmälern darauf hinweist, daß selbst in den Ländern, in denen die Eintragung in das Denkmalbuch konstitutive Wirkung hat (hier Nordrhein-Westfalen), bereits vor der Eintragung eine entsprechende Pflichtigkeit besteht, die sich u.a. in den Vorschriften des einschlägigen Denkmalschutzrechts über die Anzeigepflicht bei Entdeckung eines Bodendenkmals und die Pflicht, das entdeckte Bodendenkmal und die Entdeckungsstätte zunächst in unverändertem Zustand zu erhalten, niederschlägt. Nach Auffassung des Bundesgerichtshofs stellen diese Pflichten einen "Aspekt der Sozialbindung" dar und begründen keine Entschädigungspflicht.

Auf dieser Grundposition zu Eigentumsbindungen im Bereich des **21**
Denkmalschutzes beruht auch das Urteil vom

23.6.1988 - III ZR 8/87,

das sich mit der entschädigungsrechtlichen Abwicklung der vorübergehenden Betriebsstillegung eines Sandabbaubetriebes wegen eines im Abgrabungsfeld aufgefundenen Bodendenkmals aus dem 4. - 5. Jh. v. Chr. befaßt.

Zur Abgrenzung der Sozialbindung des Eigentums von Eingriffen mit **22**
"enteignender" Wirkung zieht der Bundesgerichtshof die Grundsätze
heran, welche er hinsichtlich der Beschränkung des Eigentümers durch
landschafts- und naturschützende Maßnahmen entwickelt hat,

BGHZ 72, 211, 216;
BGHZ 99, 24, 31 f.

Diese besagen: Jedes Grundstück wird durch seine Lage und Beschaffenheit sowie seine Einbettung in die Landschaft und Natur, also seine "Situation", geprägt. Darauf muß der Eigentümer bei der Ausübung seiner Befugnisse im Hinblick auf die Sozialbindung des Eigentums Rücksicht nehmen. Daher lastet auf jedem Grundstück gleichsam eine aus seiner Situationsgebundenheit abzuleitende immanente Beschränkung der Rechte des Eigentümers, aus der sich Schranken seiner Nutzungs- und Verfügungsmacht, vor allem in bezug auf die Erfordernisse des Natur- und Denkmalschutzes ergeben.

Wie diese Grenzen im Einzelfall zu ziehen sind, ist jeweils aufgrund einer wertenden Beurteilung der Kollision zwischen den berührten Belangen des Allgemeinwohls und den betroffenen Eigentümerinteressen festzustellen. Eine situationsbedingte Belastung des Grundstücks kann angenommen werden, wenn ein - als Leitbild gedachter - vernünftiger und einsichtiger Eigentümer, der auch das Gemeinwohl nicht aus dem Auge verliert, von sich aus im Blick auf die Lage und die Umweltverhältnisse seines Geländes von bestimmten Formen der Nutzung absehen würde. Hierfür sind in der Regel die bisherige Benutzung und der Umstand von Bedeutung, ob die Benutzungsart in der Vergangenheit schon verwirklicht worden war. Allerdings ist nicht nur auf schon gezogene Nutzungen abzustellen. Vielmehr ist entscheidend, ob eine zulässige Nutzungsmöglichkeit, die sich nach Lage und Beschaffenheit des Grundstücks objektiv anbietet, untersagt oder wesentlich eingeschränkt worden ist,

> BGHZ 87, 66, 71 f;
> BGHZ 90, 4, 14 f;
> BGHZ 90, 17, 24, 25;
> BGHZ 99, 24, 31 f.

Auf den Denkmalschutz übertragen bedeutet dies, daß von einer Situationsgebundenheit eines Grundstücks nicht nur aufgrund von äußeren Umständen, d.h. aufgrund von Tatsachen, die sich aus dem Verhältnis des in Rede stehenden Grundstücks zu seiner Umgebung ergeben, gesprochen werden kann. Vielmehr kann eine besondere, die Sozialbindung aktualisierende Situation sich auch aus der Tatsache ergeben, daß das Grundstück mit einem nach den jeweils geltenden Denkmalschutzvorschriften schützenswerten Bauwerk bebaut ist oder im Erduntergrund archäologisch oder historisch wertvolle Kulturdenkmäler aufweist, die nach Entdeckung als Bodenfunde ausgewertet bzw. geborgen werden können. In diesem Fall ist die konkrete Situation des Grundstücks gekennzeichnet durch die Umstände, welche die Denkmaleigenschaft des Bauwerks begründen. Sie sind es, die den Charakter und damit den besonderen, ideellen oder auch materiellen Wert des Denkmalgrundstücks bislang schon ausgemacht haben,

> BGHZ 72, 211, 217;
> BGHZ 99, 24, 32.

Für den Denkmalschutz gilt daher ebenfalls der Grundsatz, daß die Grenze zwischen Sozialbindung und Eingriff von "enteignender" Wirkung dann überschritten ist, wenn eine ausgeübte Nutzung oder eine vernünftigerweise in Betracht zu ziehende künftige Nutzungsmöglichkeit untersagt wird,

> BGHZ 72, 211, 218;
> Krohn/Löwisch, aaO, Rz. 96;
> Nüßgens/Boujong, aaO, Rz. 205, 208.

Im entschiedenen Fall war durch die zeitweilige Untersagung des Sandabbaus (§§ 7, 20 DSchG) in eine im Zeitpunkt dieser Maßnahme bereits rechtmäßig verwirklichte Grundstücksnutzung im Rahmen eines eingerichteten und ausgeübten Gewerbebetriebs, nämlich die gewerbliche Sandgewinnung, nach Auffassung des Bundesgerichtshofs in enteignender Weise eingegriffen worden. Der Kläger (Eigentümer und Betriebsinhaber) hatte im Zeitpunkt des Abbauverbots in dem davon betroffenen Gebiet schon etwa zehn Jahre lang die behördlich genehmigte Sandgewinnung ausgeübt. Die ihm erteilte Genehmigung bezog sich auch auf die von dem vorübergehenden Abbauverbot betroffenen Grundstücke. Diese waren im Zeitpunkt des Eingriffs schon in den Sandabbaubetrieb des Klägers eingegliedert,

> vgl. BGHZ 98, 341, 351 f.

Die Bodenfunde wurden beim Abtragen der Deckschicht über dem Sandvorkommen gemacht. Wenn aber die von der Natur der Sache her gegebene und bisher rechtmäßig ausgeübte Benutzungsart eines Grundstücks hoheitlich untersagt wird, so ist das nach Auffassung des Bundesgerichtshofs für einen enteignenden Tatbestand kennzeichnend,

> vgl. Urt. v. 16.3.1959 - III ZR 13/58,
> LM Art. 14 (Cb) GG Nr. 5 "Gipsbruch";
> Kröner, Die Eigentumsgarantie in der
> Rechtsprechung des Bundesgerichts-
> hofes, 2. Aufl., S. 72.

In einem solchen Fall wird in die Bestandsschutz (Art. 14 Abs. 1 GG) genießende materiellrechtlich rechtmäßige Grundstücksnutzung eingegriffen. Die Bestandsgarantie umfaßt bei einer ausgeübten Nutzung den rechtlichen und tatsächlichen Zustand, der im Zeitpunkt der hoheitlichen Maßnahme besteht,

> BVerfGE 58, 300, 352.

Dieser Beurteilung konnte bei der hier gegebenen Sachlage auch nicht der Gedanke der Situationsgebundenheit entgegengehalten werden. Die von dem Kläger schon verwirklichte legale und Bestandsschutz genießende Nutzung (Sandgewinnung) prägte ihrerseits die Situation der betroffenen Grundstücke,

> BVerwGE 67, 93, 95 f;
> Weyreuther, Die Situationsgebunden-
> heit des Grundeigentums, Naturschutz
> - Eigentumsschutz - Bestandsschutz,
> 1983, S. 130;
> Leisner, Umweltschutz durch Eigen-
> tümer unter besonderer Berücksich-
> tigung des Agrarrechts, Schriften
> zum Öffentl. Recht, Bd. 519, 1987,
> S. 90 f.

Diese Nutzung hatte daher nicht die Situationsgebundenheit gegen sich, sondern eine Situationsberechtigung für sich,

> Weyreuther, aaO, S. 130, 172.

Weiter prüfte der Bundesgerichtshof, ob dem Kläger ein Sonderopfer abverlangt worden war, obwohl er keinem dauernden, sondern nur einem vorübergehenden Verbot der Bodennutzung (hier: des Sandabbaus) unterworfen worden war. In Betracht kam, auf einen solchen Sachverhalt die Grundsätze der Rechtsprechung, wonach für eine baurechtliche Veränderungssperre grundsätzlich erst nach Ablauf von vier

Jahren Entschädigung zu leisten ist (§ 18 Abs. 1 Nr. 1 BBauG/
BauGB), entsprechend anzuwenden. Das hat der Bundesgerichtshof
indes für den Denkmalschutz verneint:

Zwar bewirkt auch eine solche Veränderungssperre eine vorübergehende Beschränkung der Bodennutzung. Die städtebauliche Planung,
deren Sicherung die Veränderungssperre bezweckt, erstreckt sich jedoch auch auf das Grundstück des betroffenen Eigentümers und dient
daher letztlich auch seinen Interessen,

vgl. BGHZ 73, 161, 171 f.

Demgegenüber bringt die Beschränkung des Sandabbaus zur Auswertung und Bergung eines Bodenfundes für den Eigentümer des betroffenen Grundstücks ausschließlich Beeinträchtigungen und Nachteile
mit sich. Im Blick auf diese Verschiedenheit der Interessenlage verbietet sich hier eine analoge Anwendung des § 18 Abs. 1 Nr. 1 BBauG.
Der Bundesgerichtshof hat es bisher auch stets abgelehnt, die starre
zeitliche Grenze des § 18 BBauG auf sonstige hoheitliche Maßnahmen, die zu einer vorübergehenden Beschränkung der Grundstücksnutzung führen, auszudehnen,

BGHZ 90, 17, 28 betr. einstweilige Sicher-
stellung aus Gründen des Naturschutzes,
und vom 2.4.1981 - III ZR 15/80, LM BBauG
§ 51 Nr. 2 unter 3 betr. Verfügungs- und
Veränderungssperre nach § 51 BBauG.

Zudem sieht § 14 Abs. 3 BBauG/BauGB ausdrücklich vor, daß die
Fortführung einer bisher ausgeübten Nutzung von der Veränderungssperre nicht berührt wird. Die hier gegebene Konfliktsituation, daß
eine bereits verwirklichte Bodennutzung zeitweise hoheitlich unter-
bunden wird, kann also bei der Veränderungssperre nicht entstehen.

Schließlich zieht der Bundesgerichtshof auch in diesem Urteil für die
Bestimmung der Opferschwelle, von der ab Entschädigung für die vorübergehende Verhinderung der Sandgewinnung aus Gründen des

Denkmalschutzes zu leisten ist, die Grundsätze heran, die er für die
Festlegung der Opfergrenze bei Anliegerbeeinträchtigungen durch
Bauarbeiten für U- und S-Bahnen sowie für die vierspurige Untertun-
nelung eines Straßenzugs zur Bewältigung des innerstädtischen Mas-
senverkehrs entwickelt hat,

BGHZ 57, 359, 365f;
BGH, Urt. v. 7.7.1980 - III ZR 32/79,
NJW 1980, 2703;
BGH, Urt. v. 28.10.1982 - III ZR 71/81,
NJW 1983, 1663;
w.N. bei Nüßgens/Boujong, aaO, Rz. 111
Fußn. 271.

Danach überschreiten die Beeinträchtigungen durch solche Arbeiten
die Schwelle zum entschädigungspflichtigen Eingriff, wenn sie für den
Betroffenen nach Dauer, Art, Intensität und Auswirkung so erheblich
sind, daß ihm eine entschädigungslose Hinnahme nicht mehr zugemutet werden kann,

vgl. BGHZ 57, 359, 366
und Urt. v. 7.7.1980 sowie
v. 28.10.1982, jeweils aaO;
Krohn/Löwisch, aaO, Rz. 139;
Nüßgens/Boujong, aaO, Rz. 111 ff,
jeweils m.w.N.

Diese Voraussetzung hat der Bundesgerichtshof u.a. bei einem mehr-
jährigen "fühlbaren" Ertragsverlust angenommen,

vgl. Urt. v. 28.10.1982, aaO;
s. auch Krohn/Papier, Aktuelle Fragen
der Staatshaftung und der öffentlich-
rechtlichen Entschädigung, 1986, S. 94 f;
vgl. ferner die Zahlenbeispiele bei
Nüßgens/Boujong, aaO, Rz. 112.

Danach hat der Eigentümer als Ausdruck der Sozialbindung einen gewissen "Sockelbetrag" seiner Vermögenseinbuße entschädigungslos hinzunehmen,

BGHZ 57, 359, 366, 368;
BGH, Urt. v. 28.10.1982, aaO, unter 4;
Nüßgens/Boujong, aaO, Rz. 112.

Nach Auffassung des Bundesgerichtshofs lassen sich diese Grundsätze sinngemäß auch auf die hier gegebene Fallgestaltung übertragen. Die Bestimmung der Opferschwelle anhand der erwähnten Zumutbarkeitsklausel ist grundsätzlich für alle Fälle einer vorübergehenden Beschränkung der Bodennutzung geeignet. Das gilt auch und gerade im Anwendungsbereich der Entschädigungsvorschrift des § 24 Abs. 1 BW DSchG, zumal der Landesgesetzgeber insoweit bewußt an die Rechtsprechung des Bundesgerichtshofs zum umfassenden Enteignungsbegriff anknüpfen wollte.

In Fällen der vorliegenden Art besteht die Schwierigkeit der Abgrenzung zwischen entschädigungsloser Sozialbindung und entschädigungspflichtigem Eingriff von enteignender Qualität vornehmlich darin, die dargelegte Zumutbarkeitsklausel sachgerecht auf den konkreten Einzelfall anzuwenden. Das ist weitgehend eine Aufgabe tatrichterlicher Würdigung. Diese hatte das Berufungsgericht hier zutreffend vorgenommen. Es hatte als "Sockelbetrag" im obigen Sinne den Kläger seine Vermögenseinbußen für die Zeit vom 19.7.1982 bis 18.1.1983 selbst tragen lassen. Eine weitere Ausdehnung des entschädigungsfreien Zeitraums erschien dem Bundesgerichtshof aus Rechtsgründen nicht geboten.

Nach den Feststellungen des Berufungsgerichts war dem Kläger (auch unter Berücksichtigung der schrittweisen Rückgabe des Geländes zur Ausbeute) ein mehrjähriger "fühlbarer" Ertragsverlust entstanden. Bei der Würdigung der Nachteile, die dem Kläger durch das zeitweilige Abbauverbot entstanden waren, durfte nicht außer Betracht bleiben, daß die nach und nach wieder freigegebenen Flächen für eine Sandausbeute teilweise einen ungünstigen Zuschnitt besaßen. Der

Kläger vermochte daher die nachteiligen Auswirkungen des Abbauverbots auch nicht dadurch auszugleichen, daß er die Sandgewinnung
in betriebswirtschaftlich sinnvoller Weise auf Flächen verlegte, die von
dem Abbauverbot nicht betroffen waren.

Auch der Umstand, daß die auf dem Gelände des Klägers entdeckten
Bodenfunde von erheblichem historischen und archäologischem Wert
waren, rechtfertigte es nicht, eine Überschreitung der Opfergrenze zu
verneinen. Dem Gedanken der Sozialgebundenheit des Eigentums an
einem Grundstück, das ein wertvolles Bodendenkmal aufweist, wird
schon dadurch Rechnung getragen, daß der Eigentümer in Höhe des
erwähnten "Sockelbetrages" ohne Entschädigung bleibt. In diesem Zusammenhang war zugunsten des Klägers zu berücksichtigen, daß er für
die Fortführung der legalen und Bestandsschutz genießenden Sandgewinnung schon nutzungsvorbereitende Aufwendungen erbracht hatte,
die zeitweise entwertet wurden. Zudem störte die Entdeckung und
Auswertung eines Bodenfundes den Betrieb seines Sandabbauunter-
nehmens erheblich. Anders als bei oberirdischen Baudenkmälern können bei Bodenfunden die betrieblichen Dispositionen regelmäßig nicht
schon im voraus künftigen Eingriffen aus Gründen des Denkmalschutzes Rechnung tragen.

2. Verbot gemeinschädlichen Gebrauchs des Eigentums

23 Eigentum darf im Hinblick auf Art. 14 Abs. 2 GG nicht so genutzt
werden, daß der Eigentümer dadurch zum Störer im polizeilichen
Sinne wird. Ein rechtmäßiges polizeiliches Zugreifen auf störendes Eigentum zur Beseitigung einer Störung der öffentlichen Sicherheit und
Ordnung ist entschädigungslos hinzunehmen, selbst wenn es zur Ver-
nichtung des Eigentumsobjektes führt,

BGHZ 43, 196;
BVerfGE 20, 351
- Tötung tollwutverdächtiger Hunde.

Dieser Grundsatz gilt jedoch nicht unbeschränkt. Er ist in einem Fall gebildet worden, in dem das Halten eines Hundes, der mit tollwutkrankten Tieren in Berührung gekommen war, wegen der Schwere der Tollwuterkrankung und ihres Verlaufs eine besonders große Gefahr für die öffentliche Sicherheit und Ordnung bedeutete, die nur durch die Tötung des Tieres abgewendet werden konnte.

Davon zu unterscheiden ist der Fall der Anscheinsgefahr. Hier stellt sich zunächst die Frage, ob der Halter des Tieres überhaupt Störer im polizeilichen Sinne ist bzw. war, wenn der durch die Ordnungsbehörden vorgenommene Gefahrerforschungseingriff zu dem Ergebnis führt, daß die angenommene Gefahr in Wahrheit nicht bestand. So verhielt es sich in dem Fall eines Kälbermästers, der in den Verdacht geraten war, in unzulässiger Weise hormonell behandelte Tiere zu mästen.

Mit Urteil vom

12.3.1992 - III ZR 128/91
- "Kälbermast" -

hat der Bundesgerichtshof einer Entschädigungsklage des von der probeweisen Tötung einiger Tiere betroffenen Eigentümers auf der Grundlage des nordrhein-westfälischen Ordnungsbehördengesetzes (OBG NW) stattgegeben. Dabei hat er die Frage des Vorliegens einer Gefahr für die Bereiche der Berechtigung der Polizei zum Einschreiten und für die Entschädigungswürdigkeit des Betroffenen unterschiedlich beantwortet.

Die Ordnungsbehörde ist nicht nur dann zum Einschreiten berechtigt, wenn objektiv eine Gefahr tatsächlich besteht. Rechtsprechung und Schrifttum stimmen ungeachtet aller insbesondere terminologischen Unterschiede jedenfalls in der Sache seit langem darin überein, daß die Ordnungsbehörde - entsprechend dem Zweck der polizeilichen Gefahrenabwehr - auch dann eingreifen kann, wenn (nur) der durch Tatsachen begründete Verdacht oder Anschein einer Gefahr besteht,

vgl. BGHZ 5, 144, 149, 152;
BGHZ 43, 196, 204;
BVerwGE 45, 51, 58;
BVerwGE 49, 36, 44;
PrOVGE 77, 333, 338 f;
OVG Münster DVBl 1979, 733 f
= NJW 1980, 138 f;
OVG Münster DVBl 1982, 653 f;
Drews/Wacke/Vogel/ Martens, Gefahren-
abwehr, 9. Aufl., § 13 Nr. 2 c
S. 2 - 25 ff;
Schenke in: Steiner, Bes. VerwR,
4. Aufl., Rz. 37 f;
Knemeyer, Polizei- und Ordnungsrecht,
3. Aufl., Rz. 69 f;
Schleberger, Ordnungs- und Polizei-
recht des Landes Nordrhein-Westfalen,
5. Aufl., S. 35 f;
Friauf, in: v. Münch, Bes. VerwR,
8. Aufl., S. 224;
vgl. auch Götz, Allg. Polizei- und
Ordnungsrecht, 10. Aufl., Rz. 125 ff.

Die Eingriffsermächtigung der polizeilichen Generalklausel, hier des § 14 OBG NW, umfaßt diese Befugnis. Die Ordnungsbehörde handelt rechtmäßig, wenn bei verständiger Würdigung der Sachlage aus der Sicht des handelnden Beamten im Zeitpunkt des Einschreitens eine Gefahr anzunehmen ist, mag diese sich auch aus späterer Sicht als in Wirklichkeit nicht vorhanden erweisen.

Die Berechtigung zum Einschreiten war unter diesen Voraussetzungen im entschiedenen Fall zu bejahen. Der Kläger hatte seinen damaligen Kälberbestand von einem Betrieb erworben, mit dem er in regelmäßiger Geschäftsverbindung stand, indem er Tiere von ihm kaufte und nach der Mästung schlachtreif an ihn verkaufte. Bei diesem Betrieb und bei mehreren von ihm beauftragten Lohnmastbetrieben war die Verwendung verbotener hormoneller Masthilfsmittel festgestellt worden. Eine solche Behandlung führt zu einem absoluten Verwertungsverbot als Lebensmittel,

OVG Münster NJW 1988, 2968 und
BayVGH RdL 1989, 279; vgl. auch
VG Münster NVwZ 1983, 238.

Auch wenn hier der Kläger die Kälbermast nicht als Lohnmäster des
genannten Betriebs, sondern selbständig und auf eigene Rechnung (als
sogenannter "Eigenmäster") durchführte, bestand nach dem vorliegenden Tatsachenmaterial doch der Verdacht oder Anschein, daß die Kälber des Klägers - möglicherweise vor dem Verkauf an ihn - mit entsprechenden Masthilfsmitteln behandelt worden waren.

Ein Eingreifen der Ordnungsbehörde aufgrund der polizeilichen Generalklausel in § 14 NW OBG war hiernach grundsätzlich möglich und
im Einzelfall zulässig.

Insbesondere entsprachen die in der Ordnungsverfügung gegen den
Kläger angeordneten und im einzelnen begründeten streitigen Gefahr-
erforschungsmaßnahmen (Auswahl, Abholung, Schlachtung und Untersuchung von fünf Tieren aus dem Gesamtbestand) dem Grundsatz
der Verhältnismäßigkeit (§ 15 NW OBG). Aus der Befugnis der Ordnungsbehörde, zur Gefahrenabwehr das Eigentum des Klägers in dieser Weise in Anspruch zu nehmen (§ 18 NW OBG), ergab sich aber
noch nicht, daß der Kläger das ordnungsbehördliche Einschreiten auch
entschädigungslos hinnehmen mußte.

Der Entschädigungsanspruch des § 39 Abs. 1 Buchst. a NW OBG
hängt davon ab, ob der Eigentümer im Sinne dieser Vorschrift Störer
(§§ 17, 18 NW OBG) oder Nichtstörer (§ 19 NW OBG) ist. Eine
(verständige) Betrachtung aus der Sicht im Zeitpunkt des Eingriffs ist
hier nicht angebracht. Sie ist um der wirkungsvollen Gefahrenabwehr
willen, die das Polizeirecht anstrebt, zwar geboten, soweit es um die
Voraussetzungen und die Art und Weise des Einschreitens geht. Die
Frage der Entschädigung muß jedoch nach den tatsächlichen Umständen entschieden werden, wie sie wirklich vorlagen. Denn es geht dabei
nicht um die Möglichkeit des raschen Eingriffs zur Verhütung von Ge-

fahren, sondern um den gerechten Ausgleich der erbrachten Opfer. Dafür ist auf die wirkliche Sachlage abzustellen, wie sie sich bei späterer rückschauender Betrachtung objektiv darstellt.

Für ein solches Verständnis des § 39 Abs. 1 Buchst. a NW OBG, dem der Wortlaut der Vorschrift nicht entgegensteht, sprechen sachliche Gründe. Muß der Betroffene nach der Eingriffsermächtigung in § 14 NW OBG, wie sie in Rechtsprechung und Literatur in weiter Auslegung der Bestimmung allgemein verstanden wird, einerseits ein Einschreiten der Ordnungsbehörde nicht nur dann hinnehmen, wenn eine Gefahr für die öffentliche Sicherheit und Ordnung tatsächlich besteht, sondern auch dann, wenn (nur) der durch Tatsachen begründete Verdacht oder Anschein einer Gefahr vorliegt, so ist im Sinne eines gerechten Interessenausgleichs andererseits auch die Entschädigungsvorschrift des § 39 Abs. 1 Buchst. a NW OBG entsprechend weit zu verstehen, nämlich dahin, daß der durch die ordnungsbehördlichen Maßnahmen Betroffene wie ein Nichtstörer zu entschädigen ist, wenn sich entgegen der Annahme beim Eingriff nachträglich herausstellt, daß die angenommene Gefahr in Wirklichkeit nicht bestand. Dies gilt jedenfalls dann, wenn der Geschädigte die den Verdacht oder Anschein begründenden Umstände nicht zu verantworten hat (vgl. § 40 Abs. 4 NW OBG).

So verhielt es sich hier: Dadurch, daß der Kläger Geschäftsbeziehungen zu einem Betrieb unterhielt, bei dem die unerlaubte Verwendung hormoneller Masthilfsmittel festgestellt wurde, und daß er seine Kälber von diesem Betrieb bezog, hatte er den Verdacht oder Anschein der Gefahr noch nicht in zurechenbarer Weise zu verantworten. Wie die tatrichterlichen Feststellungen ergaben, war nichts dafür erkennbar, daß der Kläger den unerlaubten Einsatz der Masthilfsmittel gekannt hatte oder daß er damit beim Erwerb der Kälber hatte rechnen müssen. Unter diesen Umständen stellte sich der Kauf der Tiere lediglich als ein neutrales Beschaffungsgeschäft dar, das als solches für eine Zurechnung nicht ausreicht.

Hiermit hat der Bundesgerichtshof seine bisherigen Rechtsprechungs-
grundsätze in dieser Frage bestätigt,

vgl. BGHZ 5, 144, 152
m. Anm. Pagendarm LM PrPVG § 14 Nr. 1;
BGHZ 43, 196, 204
m. Anm. Kreft LM ViehseuchenG Nr. 4/5;
vgl. auch
VGH Baden-Württemberg DVBl 1990, 1047;
aus dem Schrifttum vgl.
Wolff/Bachof, VerwR III, 4. Aufl.,
§ 125 Rz. 22, S. 55;
Götz, aaO, Rz. 131, 288;
Schenke, aaO, Rz. 38, 93, 232;
Drews/Wacke/Vogel/Martens, aaO, § 13
Nr. 2 c, S. 227 und § 33 Nr. 3 a,
S. 668 f;
Breuer, in: Gedächtnisschrift Martens,
1987, S. 317, 347, 348;
Schleberger, aaO, S. 36, 130, 131.

B. Der enteignungsgleiche Eingriff

I. Rechtsgrundlage und Voraussetzungen

24 Das Haftungsinstitut des enteignungsgleichen Eingriffs wird nach der neueren Rechtsprechung des Bundesgerichtshofs nicht mehr aus Art. 14 Abs. 3 GG abgeleitet, sondern stellt eine richterrechtliche Ausformung des Aufopferungsgedankens (§§ 74, 75 Einl. ALR) dar, der im Bundesgebiet gewohnheitsrechtlich gilt.

Zur Legitimation dieses Richterrechts bezieht sich der Bundesgerichtshof u.a. auf das unabweisbare Bedürfnis, einen Ausgleich für schuldlos rechtswidrige Eingriffe in konkrete Vermögensrechte, die durch die Eigentumsgarantie geschützt werden, zu gewährleisten. Auch der Gesetzgeber des gescheiterten Staatshaftungsgesetzes 1981 hatte dies in Übereinstimmung mit großen Teilen der Rechtswissenschaft für notwendig erachtet. Bemerkenswert ist in diesem Zusammenhang, daß § 232 des Baugesetzbuches vom 8.12.1986 die Geltung des enteignungsgleichen Eingriffs als Rechtsinstitut ausdrücklich erwähnt (vgl. auch § 48 Abs. 6 VwVfG, das allerdings vor dem "Naßauskiesungsbeschluß" des Bundesverfassungsgerichts erlassen wurde). Der Bundesgerichtshof behält trotz der jetzt vollzogenen "Abkoppelung" dieses Rechtsinstituts von der Enteignungsentschädigung (Art. 14 Abs. 3 Satz 2 GG) den Begriff "enteignungsgleich" bei, weil dieser sich seit langem eingebürgert hat (und auch ein ihn ersetzender, ihn zutreffend umschreibender und gleichwohl noch "griffiger" Begriff bisher nicht vorgeschlagen wurde). Das Bundesverfassungsgericht stuft den enteignungsgleichen Eingriff als ein Rechtsinstitut des "einfachen" Rechts ein, der von der Zivilrechtsprechung ergänzend zu den positivrechtlich normierten deliktischen Haftungstatbeständen entwickelt worden sei,

BVerfG, Beschl. v. 29.7.1991 - 1 BvR 868/90,
DVBl 1991, 1253.

Die Rückführung auf die Aufopferung begründet nach § 40 Abs. 2 VwGO die Zuständigkeit der Zivilgerichte. Dazu und zu Vorstehendem grundsätzlich

BGH, Urt. v. 26.1.1984 - III ZR 216/82
- Landschaftsschutz.

Der Entschädigungsanspruch aus enteignungsgleichem Eingriff setzt **25** voraus, daß rechtswidrig in eine durch Art. 14 Abs. 1 GG geschützte Rechtsposition von hoher Hand unmittelbar eingegriffen wird, die hoheitliche Maßnahme also unmittelbar eine Beeinträchtigung des Eigentums herbeiführt und dem Berechtigten dadurch ein besonderes, anderen nicht zugemutetes Opfer für die Allgemeinheit auferlegt wird,

so neuerdings
BGH, Urt. v. 20.2.1992 - III ZR 188/90
- "Immenhof" - st. Rspr.

Nach Tatbestandsvoraussetzungen und Rechtsfolgen liegt der enteig- **26** nungsgleiche Eingriff nunmehr ganz auf der Ebene des "einfachen" Rechts. Der Gesetzgeber kann daher, etwa in Ausübung seiner Annexkompetenz zum Ordnungs- und Polizeirecht, Entschädigungsgesetze erlassen, die dann im Umfang ihrer Ausgestaltung das allgemeine Rechtsinstitut des enteignungsgleichen Eingriffs verdrängen,

vgl.
BGH, Urt. v. 2.10.1978 - III ZR 9/77,
BGHZ 72, 273 - (OBG NW).

Das gilt z.B. für die in einem solchen Gesetz bestimmte Verjährungsfrist (BGH, aaO), aber auch für sonstige Regelungen, etwa die Passivlegitimation. Ist nach der spezialgesetzlichen Regelung nur eine bestimmte öffentliche Körperschaft ersatzpflichtig, so scheidet die Ersatzpflicht einer anderen, etwa "mitbegünstigten" Körperschaft aus. Das im Beitrittsgebiet geltende Staatshaftungsgesetz verdrängt, soweit es um hoheitliches Verhalten von Amtsträgern des betreffenden Landes geht, ebenfalls das allgemeine Rechtsinstitut des enteignungsgleichen Eingriffs (vgl. dazu Rz. 75).

II. Anwendungsbereich

Für den Anwendungsbereich des enteignungsgleichen Eingriffs sind zu unterscheiden:

1. Verstöße des Gesetzgebers gegen die Junktim-Klausel

27 Ermächtigt ein Gesetz zu enteignenden Eingriffen (Art. 14 Abs. 3 GG) in das Eigentum, ohne zugleich Art und Ausmaß der (Enteignungs-)Entschädigung zu regeln (Art. 14 Abs. 3 Satz 2 GG), so steht dem Betroffenen kein "Wahlrecht" dergestalt zu, daß er den rechtswidrigen Eingriff hinnehmen und eine Entschädigung verlangen kann. Der in der früheren Rechtsprechung des Bundesgerichtshofs anerkannte Rechtssatz "dulde und liquidiere" gilt in solchen Fällen nichtiger, gegen die Junktim-Klausel verstoßender Gesetze nicht. Eine Befugnis der Zivilgerichte zur Zubilligung einer "enteignungsgleichen" Entschädigung gibt es insoweit nicht (mehr). Dem Betroffenen bleibt nur die Möglichkeit, den auf der Grundlage des (nichtigen) Gesetzes ergehenden rechtswidrigen Verwaltungsakt bei den zuständigen Fachgerichten anzufechten. "Wer von den ihm durch das Grundgesetz eingeräumten Möglichkeiten, sein Recht auf Herstellung des verfassungsmäßigen Zustandes zu wahren, keinen Gebrauch macht, kann wegen eines etwaigen, von ihm selbst herbeigeführten Rechtsverlustes nicht anschließend von der öffentlichen Hand Geldersatz verlangen",

BVerfGE 59, 300, 324
- "Naßauskiesung".

28 Das Bundesverfassungsgericht (aaO) hält die Verweisung des Betroffenen auf die Anfechtung des Verwaltungsaktes nicht für unzumutbar; denn die Entscheidung, diesen Rechtsschutz in Anspruch zu nehmen, sei nicht schwieriger zu treffen als die, eine Entschädigung einzuklagen. Sie setze "lediglich die Feststellung voraus, ob das Gesetz eine Entschädigung vorsieht". Diese Begründung überzeugt nur für den Bereich der (eigentlichen) Enteignung, wenn diese, wie oben unter A I 2 ausgeführt, nach formalen Kriterien definiert wird. Auf die Fälle inhaltsbestimmender Gesetze, die wegen des Fehlens einer notwendigen Ausgleichsregelung unwirksam sind (s. dazu oben A I 4) oder die ohne Rücksicht auf eine solche Ausgleichsregelung in unzulässiger Weise tief in das Eigentum eingreifen, läßt sich diese Begründung schon nicht mehr ohne weiteres übertragen; denn hier steht der betroffene Bürger unter dem Eindruck einer scheinbar wirksamen Rechtsnorm, deren Nichtigkeit oftmals erst durch subtile Zumutbarkeitserwägungen festgestellt werden kann, die ihrerseits in der Rechtsnorm zumeist nicht hinreichend konkretisiert sind. Hier kann man schwerlich davon sprechen, der Betroffene habe den erlittenen Rechtsverlust selbst herbeigeführt. Insoweit liegt vielmehr das Rechtsanwendungsrisiko grundsätzlich bei der öffentlichen Hand,

vgl. BGH, Urt. v. 25.4.1960 - III ZR 55/59, BGHZ 32, 208, 212, 213.

2. Selbständige Eigentumsverletzungen durch die Verwaltung

Davon zu unterscheiden sind die Fälle, in denen die Verwaltung inhaltsbestimmende Gesetze in einer gegen Art. 14 Abs. 1 Satz 2 GG verletzenden Weise vollzieht und dadurch rechtswidrig handelt. Hier liegt nach dem neuen, engen Enteignungsbegriff keine "Enteignung" i.S.v. Art. 14 Abs. 3 GG vor. Der Betroffene ist zwar auch hier in erster Linie aufgerufen, den rechtswidrigen Vollzugsakt mit Mitteln des Primärrechtsschutzes (s. dazu Rz. 46 ff) abzuwehren. Ist ihm das jedoch im Einzelfall nach dem Rechtsgedanken des § 254 BGB (ausnahmsweise) nicht zumutbar oder nicht vorwerfbar, kommt eine Entschädigung wegen enteignungsgleichen Eingriffs in Betracht. (Zur enteignungsgleichen Wirkung untergesetzlicher Normen vgl. unter Rz. 31).

29

3. Legislatives Unrecht

Wie der Bundesgerichtshof in seiner neueren Rechtsprechung klargestellt hat, gibt der enteignungsgleiche Eingriff keine Grundlage für eine Entschädigung wegen legislativen Unrechts ab.

30

Der Ausgleich von Nachteilen, die unmittelbar durch ein verfassungs-
widriges formelles Gesetz herbeigeführt worden sind ("legislatives Unrecht"), hält sich nach Auffassung des Bundesgerichtshofs nicht mehr
im Rahmen eines richterrechtlich geprägten und ausgestalteten Haf-
tungsinstituts, wie es der enteignungsgleiche Eingriff darstellt. Die Zubilligung einer Entschädigung durch den Richter ohne eine ausdrückliche gesetzliche Grundlage könnte hier für die Staatsfinanzen weitrei-
chende Folgen haben und dadurch in das Haushaltsrecht des Parla-
ments eingreifen. Schon das spricht für die Prärogative des Gesetzgebers. Ein richterrechtliches Tätigwerden ist in diesen Fällen grundsätzlich auch deshalb problematisch, weil oftmals verschiedene, nicht unerheblich voneinander abweichende Lösungen in Frage kommen, unter denen nur das Parlament sachgerecht auswählen kann. Der Bundesgerichtshof verweist insoweit auf die in § 5 Abs. 2 Satz 1 des (gescheiterten) Staatshaftungsgesetzes 1981 enthaltene Regelung, die eine
Haftung nur vorsah, "wenn und soweit ein Gesetz dies bestimmt". Auch
nach dem Entwurf der Staatshaftungskommission (§ 6 Abs. 1) sollte
eine Entschädigungspflicht erst eintreten, "wenn der Gesetzgeber
innerhalb von achtzehn Monaten nach verfassungsrechtlicher Feststellung der Rechtswidrigkeit keine andere Regelung trifft". Nach alledem
vermißt der Bundesgerichtshof eine hinreichende Legitimation für
eine richterrechtliche Einführung und Ausgestaltung der (unmittelbaren) Staatshaftung für die nachteiligen Folgen verfassungswidriger formeller Gesetze,

näher dazu
Boujong, in: Festschrift Geiger,
1989, S. 430, 435 f;
vgl. dazu aus der neueren Recht-
sprechung:
BGH, Urt. v. 12.3.1987 - III ZR 216/85
- Kleingartenpacht;
dazu BVerfG, Beschl. v. 13.11.1987 - 1 BvR 739/87;
BGH, Urt. v. 10.12.1987 - III ZR 220/86
- Waldschäden;

BGH, Urt. v. 7.7.1988 - III ZR 198/87
- Investitionshilfegesetz;
BGH, Urt. v. 7.6.1990 - III ZR 74/88
- KakaoVO.

Diese Grundsätze gelten nicht nur für die unmittelbaren Wirkungen unwirksamer formeller Gesetze, sondern auch für Verwaltungsakte, die auf der Grundlage dieser Gesetze ergehen,

vgl. BVerfGE 58, 300, 320;
BGHZ 100, 136, 145 ff
- Kleingartenpacht.

Dies findet seine Rechtfertigung darin, daß hier die Rechtswidrigkeit des Vollzugsaktes allein auf der Verfassungswidrigkeit des zugrunde liegenden Gesetzes beruht, der rechtswidrige Gesetzesvollzug sich also als fortwirkendes Unrecht des Parlamentsgesetzgebers darstellt,

Boujong, aaO, m.w.N. auch zu abweichenden Auffassungen im Schrifttum.

Das Bundesverfassungsgericht hat in seinem zum Urteil

BGHZ 100, 136 ergangenen Nichtannahmebeschluß vom 13.11.1987 - 1 BvR 739/87 -

dazu ausgeführt, ein umfassender Entschädigungsanspruch für Vermögenseinbußen aus der tatsächlichen Beachtung verfassungswidriger Rechtsnormen lasse sich auch aus dem Sinnzusammenhang der verfassungsrechtlichen Grundrechtsgewährleistungen nicht herleiten.

4.　Normatives Unrecht

Der enteignungsgleiche Eingriff bildet jedoch eine Entschädigungsgrundlage, wenn eine rechtswidrige untergesetzliche Norm (Rechtsverordnung oder Satzung) entweder unmittelbar oder deren Vollzug zu einer Eigentumsbeeinträchtigung führt, falls diese Rechtswidrigkeit 31

nicht wiederum auf die Nichtigkeit eines Parlamentsgesetzes zurückzu-
führen ist. Insoweit handelt es sich um Rechtsetzung im Bereich der
Verwaltung, die - bei Vorliegen der sonstigen Voraussetzungen -
grundsätzlich einen Entschädigungsanspruch wegen enteignungsgleichen Eingriffs eröffnet,

> vgl. BGH, Urt. v. 10.7.1980 - III ZR 160/78,
> BGHZ 78, 41 - "Werbeverbot";
> BGH, Urt. v. 28.6.1984 - III ZR 35/83,
> BGHZ 92, 34 - Bebauungsplan;
> BGH, Urt. v. 7.6.1990 - III ZR 74/88
> - KakaoVO.

III. Bedeutung der eigentumsrechtlichen "Rechtsposition"

32 Der enteignungsgleiche Eingriff ist entgegen abweichender Einschät-
zung im Schrifttum,

> vgl. u.a. Ossenbühl, in: Festschrift
> Geiger, 1989, S. 475 ff,

kein Institut einer allgemeinen staatlichen Unrechtshaftung. Er setzt
wegen seiner Verankerung im Aufopferungsgedanken auch nach seiner "Abkoppelung" von der Enteignung (Art. 14 Abs. 3 GG) eine "Auf-
opferungslage" voraus, d.h. einen zur Förderung des Allgemeinwohls
vorgenommenen (unrechtmäßigen) Eingriff von hoher Hand in die
Rechte des einzelnen, der von dem Betroffenen hingenommen werden
muß; dieser wird also gezwungen, seine Rechte zum Besten des
gemeinen Wohls aufzuopfern. Diese Zweckrichtung muß beim enteignungsgleichen Eingriff nicht etwa in dem Sinne vorliegen, daß die konkrete staatliche Handlung auf das gemeine Wohl ausgerichtet ist; es
fällt noch in die der "Enteignung gleiche" Opferlage, wenn staatliche
Bedienstete, die zur Förderung des öffentlichen Wohls eingesetzt sind,
im Einzelfall ihr Amt mißbrauchen und dadurch die Rechte Dritter
verletzen. Eine Beschränkung der Entschädigungspflicht auf Fälle, in
denen eine zum Wohl der Allgemeinheit vorgenommene hoheitliche

Maßnahme gewissermaßen ungewollt "abgleitet" und dadurch in Einzelfällen fremdes Eigentum beeinträchtigt, würde nach Auffassung des Bundesgerichtshofs dem Schutzbedürfnis des Eigentums vor hoheitlichen Eingriffen nicht gerecht werden.

Vgl. dazu
BGH, Urt. v. 28.2.1980 - III ZR 131/77,
BGHZ 76, 387 - Fluglotsenstreik;
dazu Anm. Kreft LM Nr. 32 zu Art. 14 GG.

Die der "Enteignung gleiche" Einwirkung auf Vermögensrechte ergibt **33** sich daher nicht bereits daraus, daß das staatliche Vorgehen objektiv rechtswidrig ist. Es mag dieses in vielen Fällen "enteignungsgleich" wirken. Vorausgesetzt wird jedoch, daß die hoheitliche Maßnahme - von ihrer Rechtmäßigkeit oder Rechtswidrigkeit abgesehen - überhaupt, ihrer Natur nach, bezogen auf Art und Wirkung, den Tatbestand eines enteignenden Aktes bildet. Das ist nur der Fall, wenn der Hoheitsakt auf eine in die Eigentumsgarantie des Art. 14 Abs. 1 GG einbezogene Rechtsposition einwirkt. Fehlt es an einer solchen Rechtsposition, so kann die Rechtswidrigkeit des staatlichen Vorgehens allein eine "enteignungsgleiche" Wirkung nicht haben. Der enteignungsgleiche Eingriff ist schon aus diesem Grunde kein Institut einer allgemeinen Rechtswidrigkeitshaftung im Bereich des Vermögens,

vgl. dazu namentlich das
BGH, Urt. v. 11.3.1982 - III ZR 174/80,
BGHZ 83, 190 - Bardepot;
vgl. dazu BVerwGE 69, 366
- Folgenbeseitigungsanspruch.

Angesichts dieser Ausrichtung der Entschädigungssanktion auf **34** Rechtspositionen, die dem Schutz der Eigentumsgarantie unterstehen, stellen Eingriffe in die Freiheit der Berufsausübung nach ständiger Rechtsprechung des Bundesgerichtshofs einen enteignungsgleichen Eingriff nicht dar, ausgenommen, die hoheitliche Einwirkung beeinträchtigt konkrete "Rechtspositionen", die in eine berufliche Betätigung bereits einbezogen sind. Die Entschädigungssanktion erstreckt sich - entsprechend der Unterscheidung zwischen den Schutzbereichen der Art. 14 und 12 GG - nur auf das "Erworbene, nicht auf das erst zu Erwerbende". Für eine Ausdehnung des richterrechtlich entwickelten Rechtsinstituts des enteignungsgleichen Eingriffs auch auf den durch Art. 12 GG gegebenenfalls gewährleisteten Erwerbsschutz sieht der Bundesgerichtshof keine Grundlage. Dieser Standpunkt ist durch die Entscheidung des Bundesverfassungsgerichts zum Staatshaftungsgesetz 1981 in BVerfGE 61, 149 eher noch gestärkt worden.

Eine verfassungswidrige Beschränkung in der Berufsausübung (hier: absolutes Verkehrsverbot für ein Puffreis-Produkt mit kakaohaltiger Fettglasur) ist deshalb nicht schon als solche auch eigentumsrechtlich relevant. Der ausgeübte Gewerbebetrieb als Gegenstand des Eigentumsschutzes ist "enteignungsgleich" nicht betroffen, wenn durch die auf die Art und Weise der Produktion einwirkenden Normen nur die Herstellungskosten erhöht werden, ohne daß der Betrieb dadurch "erdrosselt" wird. In einem solchen Fall wirkt sich die Belastung eigentumsrechtlich nicht auf die "Substanz" des Betriebes aus, sondern berührt ihn nur mittelbar,

vgl.
BGH, Urt. v. 7.6.1990 - III ZR 74/88
- KakaoVO.

35   Wie das Bundesverfassungsgericht in seinem zu dieser Entscheidung ergangenen Nichtannahmebeschluß vom 29.7.1991,

- 1 BvR 868/90, DVBl 1991, 1253,

ausgeführt hat, fällt das Recht an einem "auf dem Markt eingeführten" Podukt" in seiner konkreten Beschaffenheit und Zusammensetzung nicht unter den Schutz des Art. 14 Abs. 1 GG, da es dem Berechtigten von der Rechtsordnung nicht in der Weise zugeordnet ist, daß er die damit verbundenen Befugnisse nach eigenverantwortlicher Entscheidung zu seinem privaten Nutzen ausüben darf,

vgl. BVerfGE 83, 201.

Die gewerblich-schöpferische Leistung der Schaffung eines bestimmten Produkts wird im Rahmen des gewerblichen Rechtsschutzes lediglich als erfinderische (Patent- und Gebrauchsmusterrecht), als ästhe-
tisch-gewerbliche (Geschmacksmusterrecht) oder als Werbeleistung
(Warenzeichenrecht) in Form eines subjektiven Rechts geschützt.
Auch aus dem Wettbewerbsrecht läßt sich ein subjektives Recht auf
den Bestand eines am Markt eingeführten Produkts in seiner konkreten Beschaffenheit und Zusammensetzung nicht herleiten. Vielmehr
sind diese Eigenschaften, wenn sie nicht durch die genannten Rechte
im Sinne eines Ausschließlichkeitsrechts einer bestimmten Person zugeordnet sind, durch die weiteren Normen des öffentlichen Rechts
(u.a. des Lebensmittelrechts) und des Wettbewerbsrechts nur mittelbar
geschützt. Dies begründet keine Rechtsposition, die durch Art. 14
Abs. 1 GG geschützt wäre.

Auch in dieser Entscheidung läßt das Bundesverfassungsgericht offen,
ob der eingerichtete und ausgeübte Gewerbebetrieb, den der Bundesgerichtshof dem Eigentumsschutz des Art. 14 Abs. 1 GG unterstellt,
von der verfassungsrechtlichen Eigentumsgewährleistung erfaßt wird,

vgl. dazu
BVerfGE 13, 225;
BVerfGE 17, 232;
BVerfGE 51, 193;
BVerfGE 66, 116;
BVerfGE 68, 193.

Im Ergebnis könne dies dahinstehen, weil auch das genannte Recht
von der Zivilrechtsprechung als eine Figur des "einfachen" Rechts entwickelt worden sei und das Bundesverfassungsgericht dessen Anwendung nur auf - hier nicht erkennbare - Fehler verfassungsrechtlicher
Relevanz überprüfen könne.

Unter Hinweis auf eine fehlende Rechtsposition hat der Bundesge-   **36**
richtshof u.a. den Entschädigungsanspruch des Inhabers einer Fährgerechtigkeit abgelehnt, nachdem diese durch den Bau einer naheliegen-
den Brücke und die damit geschaffenen neuen Verkehrsverbindungen

im Einzugsbereich der Fähre völlig unrentabel wurde und daher der Fährbetrieb aufgegeben werden mußte. Der Bundesgerichtshof hat hierbei insbesondere darauf abgestellt, daß die Fährgerechtigkeit dem Betriebsinhaber kein Abwehrrecht gegenüber dem neuen Verkehrsvorhaben eingeräumt habe:

BGH, Urt. v. 23.5.1985 - III ZR 39/84
- Fähre.

In seinem dazu ergangenen Nichtannahmebeschluß vom 2.4.1986 (1 BvR 1077/85) hat das Bundesverfassungsgericht darauf hingewiesen, daß das Verkehrsaufkommen einer Fähre zu den durch die Eigentumsgarantie nicht geschützten Chancen und Verdienstmöglichkeiten gehöre. Auch die mit einer Fährgerechtigkeit verbundene Betriebspflicht rechtfertige nicht die Folgerung, daß der Staat mit ihrer Gewährung eine rechtlich gesicherte Bestandsgarantie in bestimmtem Umfang und auf bestimmte Zeit einräume,

vgl. auch
BVerfGE 68, 193, 222 ff.

37 Diese Abgrenzung der Rechtsposition einerseits von den bloßen Chancen und Möglichkeiten andererseits, auf deren Eintritt der Eigentümer keinen Rechtsanspruch habe, durchzieht die gesamte Enteignungsrechtsprechung des Bundesgerichtshofs. Sie hat, wie hier nochmals betont werden soll, nicht nur für die Fälle rechtmäßiger Enteignung und der dafür zu leistenden Entschädigung (vgl. dazu Rz. 134 f) Bedeutung, sondern auch für den enteignungsgleichen Eingriff, der dadurch, wenn man so will, seine "enteignungsrechtliche" Herkunft nach wie vor nicht verleugnen kann.

38 Wenn die rechtswidrige Beeinträchtigung einer durch Art. 14 Abs. 1 GG geschützten Rechtsposition festgestellt wird, bedeutet dies noch nicht, daß die dafür zu leistende Entschädigung den vollen Umfang der zugefügten Einbuße erreichen müßte. Zu bedenken ist, daß es Fälle gibt, in denen die Rechtswidrigkeit darin liegt, daß dem Eigen-

tümer unter Verletzung des Grundsatzes der Verhältnismäßigkeit "zuviel" genommen worden ist. Dann kann die Entschädigung nicht die Nachteile mitumfassen, die der Eigentümer auch bei rechtmäßigem staatlichen Handeln hätte auf sich nehmen müssen. Dies ist nicht etwa eine Frage des rechtmäßigen Alternativverhaltens; vielmehr fehlt es im Umfang der zulässigen Beschränkbarkeit bereits an einer nur gegen Entschädigung entziehbaren Rechtsposition,

vgl. BGH, Urt. v. 10.7.1980 - III ZR 160/78,
BGHZ 78, 41 - Werbefahrten;
BGH, Urt. v. 28.6.1984 - III ZR 35/83,
BGHZ 92, 34 - Bebauungsplan;
BGH, Urt. v. 17.4.1986 - III ZR 202/84,
BGHZ 97, 361 - Umwidmung einer städtischen Straße.

IV. Der Eingriff

1. Handlungsform

Der enteignungsgleiche Eingriff setzt positives Handeln der öffentlichen Hand in Betätigung (schlicht-)hoheitlicher Befugnisse voraus. Beispiel: die Absperrung eines Entwässerungsgrabens durch eine Gemeinde, um tieferliegende Grundstücke auf dem Gemeindegebiet vor dem Zufluß von Hochwasser zu schützen, jedoch mit der Folge, daß das höherliegende Gelände nicht mehr entwässert wird und daher überschwemmt wird.   **39**

BGH, Urt. v. 20.2.1992 - III ZR 188/90
- "Immenhof".

Reines Unterlassen oder bloßes Untätigsein stellen keinen Eingriff   **40**
dar,

BGH, Urt. v. 10.12.1987 - III ZR 220/86
- Waldschäden,

auch nicht, wenn sie gegen eine Rechtspflicht zum Handeln verstoßen. Dagegen kann ein "qualifiziertes" Unterlassen wie ein in den Rechtskreis des Betroffenen eingreifendes Handeln qualifiziert werden, z.B. wenn die Bauaufsichtsbehörde durch ständig neue Forderungen nach Änderung eines Bebauungsgesuchs zum Ausdruck bringt, daß sie die ursprüngliche Vorlage nicht genehmigen würde,

> BGH, Urt. v. 28.2.1980 - III ZR 165/78,
> NJW 1980, 1567, 1570, insoweit in
> BGHZ 76, 375 nicht abgedruckt.

Darin liegt dann eine positive Verzögerung der Entscheidung über das Baugesuch in der ursprünglichen Fassung. In einem Urteil vom

> 21.5.1992 - III ZR 158/90 -

hat der Bundesgerichtshof qualifiziertes Unterlassen ("fortgesetzte Weigerung") und damit einen enteignungsgleichen Eingriff darin gesehen, daß eine Gemeinde, die ihr Einvernehmen zu einem Baugesuch gem. § 36 BauGB zunächst zurecht verweigert hatte, diese Erklärung aufrechterhielt, nachdem das Bauvorhaben planungsrechtlich zulässig geworden war.

2.   Hoheitliches Handeln

41   Das erforderliche hoheitliche Handeln muß vom Staat oder einem mit staatlichen Zwangsrechten beliehenen Unternehmer ausgehen,

> zur Ausübung öffentlicher Gewalt
> durch sogenannte Gebührenbeamte
> vgl. Galke, DÖV 1992, 53 f.

Hierunter fallen solche Handlungen nicht, die der Staat in privatrechtlichen Formen vornimmt, mögen damit auch staatliche Ziele verfolgt werden.

Daher stellt es keinen hoheitlichen Eingriff gegenüber dem Mieter dar, wenn die öffentliche Hand sich das Eigentum am vermieteten Grundstück - gegebenenfalls sogar durch Enteignung - verschafft und aufgrund der so erworbenen Stellung das vertraglich vereinbarte oder gesetzliche Kündigungsrecht ausübt,

BGH, Urt. v. 16.12.1976 - III ZR 7/75,
MDR 1977, 821.

Ein der öffentlichen Hand zuzurechnender Eingriff liegt auch nicht vor, wenn diese zur Verwirklichung schlichthoheitlicher Aufgaben private (Werk- oder Dienstvertrags-)Unternehmer einsetzt, sofern diese nicht im Einzelfall wegen der Art und Weise des Gebundenseins an die Weisungen des öffentlichen Auftraggebers nur als dessen "verlängerter Arm" oder als dessen "Werkzeug" erscheinen ,

vgl. BGH, Urt. v. 18.9.1987 - V ZR 219/85
- m.w.N.

Mit dem Urteil vom

21.1.1993 - III ZR 189/91

hat der Bundesgerichtshof die Tätigkeit eines von der Polizei und der Bergung eines Unfallfahrzeuges beauftragten Unternehmers als Ausübung eines Amtes i.S.v. Art. 34 GG anerkannt.

3.   Unmittelbarkeit

Der Eingriff muß auf das Eigentum unmittelbar einwirken. Die in der   **42**
frühen Rechtsprechung des Bundesgerichtshofs geforderte Finalität des Eingriffs ("zielgerichtetes" Handeln) ist aufgegeben. Auf der anderen Seite reicht ein zwischen der hoheitlichen Maßnahme und dem Eigentumsnachteil bestehender adäquater Kausalzusammenhang nicht

aus, ebenso nicht das Schaffen oder Bestehenlassen einer Gefahrenlage, die erst durch das Hinzutreten weiterer Umstände zu einer Ei-
gentumseinbuße führt,

> so namentlich das Urt. BGHZ 55, 229
> - Wasserrohrbruch;
> diese und andere kanalisationsbedingte
> Schäden werden inzwischen weitgehend
> durch die Gefährdungshaftung des § 2
> Abs. 1 Satz 1 HPflG aufgefangen,
> vgl. dazu u.a.
> BGHZ 88, 85;
> BGHZ 109, 8;
> BGH VersR 1987, 365;
> BGH VersR 1988, 1041;
> BGH DVBl 1992, 368.

43   Das Kriterium der Unmittelbarkeit ist kein formales, sondern betrifft
die Zurechenbarkeit der hoheitlichen Maßnahme. Nötig ist daher ein
innerer Zusammenhang mit dieser Maßnahme, d.h. es muß sich eine
besondere Gefahr verwirklichen, die bereits in der hoheitlichen Maßnahme selbst angelegt ist. In diesem Sinne begründet die Unterbrin-
gung eines im Zuge strafrechtlicher Ermittlungen sichergestellten und
bei einem privaten Unternehmer in Verwahrung gegebenen Kraftfahr-
zeuges nicht typischerweise die Gefahr, daß sich Dritte gewaltsam Zu-
tritt zum - verschlossenen - Aufbewahrungsraum verschaffen und das
Fahrzeug vorsätzlich beschädigen,

> vgl. BGH, Urt. v. 9.4.1987 - III ZR 3/86
> - "Vandalismus" - m.w.N.

Dasselbe besagt die in anderen Entscheidungen verwendete Formel,
das dem einzelnen durch den Eingriff auferlegte Sonderopfer müsse
sich als eine "notwendige, aus der Eigenart der hoheitlichen Maßnahme ergebende Folge" darstellen,

> BGH VersR 1976, 757
> - "Funkantenne".

Diese Voraussetzung war vom Bundesgerichtshof noch in einem Urteil vom 15.10.1970

- III ZR 74/88, BGHZ 54, 332 -

in einem Fall verneint worden, in dem eine Verkehrs-(Ampel-)Anlage versagt hatte ("feindliches Grün"). In seinem Urteil vom

18.12.1986 - III ZR 242/85
- Verkehrsampel -

hat der Bundesgerichtshof jedoch bei gleichem Sachverhalt einen Entschädigungsanspruch auf der Grundlage des § 39 Abs. 1 b des nordrhein-westfälischen Ordnungsbehördengesetzes (OBG NW) bejaht und hierbei darauf abgestellt, daß die (nicht aufeinander abgestimmten und daher verkehrsverwirrenden) Lichtzeichen rechtswidrige polizeiliche Allgemeinverfügungen seien. Aus dieser Sicht dürfte bei "feindlichem Grün" auch ein unmittelbarer enteignungsgleicher Eingriff zu bejahen sein. Die Entscheidung enthält im übrigen wichtige Ausführungen zum Rechtswidrigkeitsurteil beim Versagen technischer Einrichtungen, deren sich die öffentliche Verwaltung zum Erlaß von Verwaltungsakten bedient.

In jüngerer Zeit ist mehrfach die Frage aufgeworfen worden, ob Mitwirkungsakte von Behörden, die in bestimmten Verfahren zur Wahrung der von ihnen vertretenen öffentlichen Belange beteiligt werden, im Verhältnis zum Endbetroffenen überhaupt als diesen Behörden zurechenbare "Eingriffe" angesehen werden können. Dies wird vom Bundesgerichtshof bejaht, wenn die Entscheidung der beteiligten Stelle für die zur Endentscheidung berufene Behörde oder Körperschaft verbindlich ist, z.B. bei der Verweigerung des Einvernehmens durch die Gemeinde nach § 36 BauGB, **44**

vgl. BGH, Urt. v. 21.5.1992 - III ZR 158/90,

- anders bei positiver Erteilung des Einvernehmens, weil dann keine Bindung eintritt,

BGHZ 99, 262 - ,

oder beim rechtswidrig versagten Einvernehmen der zuständigen (unteren) Landespflegebehörde zu der Genehmigung eines bergrechtlichen Betriebsplans durch das Bergamt,

vgl. BGH, Urt. v. 5.12.1985 - III ZR 154/84, VersR 1986, 372 - Lavaabbau.

In diesem Fall hat der Bundesgerichtshof den Zeitpunkt des Wirksamwerdens des enteignungsgleichen Eingriffs auf den Zeitpunkt angesetzt, in dem das Bergamt bei ordnungsgemäßer Bearbeitung den Betriebsplan genehmigt hätte, davon aber wegen der rechtswidrigen Versagung der Zustimmung durch die (untere) Landespflegebehörde abgesehen hat (unter Hinweis auf BGHZ 65, 182, 189).

45 Die Versagung einer nicht von dem Eigentümer, sondern einem Dritten, meist dem Mieter, beantragten Baugenehmigung greift nicht (unmittelbar) in das Grundstückseigentum ein. Diese Versagung ist kein "dinglicher" Verwaltungsakt. Sie hat namentlich keine materielle Bestandskraft im Sinne einer Feststellungswirkung gegenüber dem Eigentümer,

vgl. BGH, Urt. v. 30.10.1986 - III ZR 10/86;
BGH, Beschl. v. 7.3.1991 - III ZR 84/90;
BGH, Urt. v. 6.6.1991 - III ZR 221/90.

V.   Enteignungsgleicher Eingriff und Primärrechtsschutz

1.   Grundsätzliches

Im Anschluß an den "Naßauskiesungs"-Beschluß des Bundesverfas-   **46**
sungsgerichts vom 15.7.1981

- BVerfGE 58, 300 -

hat der Bundesgerichtshof die Bedeutung des Primärrechtsschutzes,
d.h. die Möglichkeit der Abwehr rechtswidriger Akte der öffentlichen
Gewalt unter Inanspruchnahme der Fachgerichtsbarkeit (Art. 19
Abs. 4 GG), neu bestimmt. Er stand dabei vor der Frage, ob die dem
Betroffenen vom Grundgesetz gewährten Abwehrinstrumente gegen
rechtswidrige Verwaltungsakte (Art. 19 Abs. 4 GG) den enteignungsgleichen Eingriff nicht überhaupt obsolet machten, wie dies im unmittelbar auf die Naßauskiesungsentscheidung folgenden Schrifttum
zunächst überwiegend angenommen wurde. Damit verbunden ist die
Frage, ob (an sich) rechtswidrige Verwaltungsakte, wenn sie in Bestandskraft erwachsen, dem Zivilrichter nicht überhaupt die Prüfung
verwehren, ob der Verwaltungsakt der Rechtmäßigkeit ermangelt,

    so z.B. Schlichter, in: Festschrift Sendler,
    1991, S. 241, 245: zu "respektierende
    Rechtmäßigkeit des Verwaltungsakts".

Der Bundesgerichtshof hat diese Auffassung inzwischen für den Bereich der Amtshaftung abgelehnt, namentlich wegen der in § 839
Abs. 3 BGB getroffenen gesetzlichen Regelung,

    vgl.BGH, Urt. v. 15.11.1990 - III ZR 302/89
    - Abgabenbescheid;
    dazu vor allem M. Schröder, DVBl 1991, 751.

Für das richterrechtlich bereitete Feld des enteignungsgleichen Eingriffs fehlt eine entsprechende Vorschrift. Es läge an sich nicht fern,
den Aufopferungsgedanken, aus dem auch diese Sanktion für rechts-

widrige Eingriffe in Eigentumspositionen hergeleitet ist, auf den Ausgleich der Nachteile zu beschränken, denen sich der einzelne trotz Inanspruchnahme der Mittel des Primärrechtsschutzes nicht entziehen kann. Für alle darüber hinaus entstehenden Nachteile wäre dann eine Entschädigung zu verneinen, und zwar auch dann, wenn aus der damaligen Sicht des Betroffenen ein Grund, der den Verwaltungsakt als rechtswidrig hätte erscheinen lassen können, selbst bei Ausschöpfung aller Prüfungsmöglichkeiten nicht erkennbar war.

Eine derartige Verabsolutierung des Primärrechtsschutzes, ohne Milderung durch Elemente des Verschuldens oder der Zumutbarkeit, erscheint dem Bundesgerichtshof indes als überzogen.

47   Seit seinem grundlegenden Urteil zur Neuorientierung des enteignungsgleichen Eingriffs vom 26.1.1984

- III ZR 216/82, BGHZ 90, 17
- Landschaftsschutz -

wendet der Bundesgerichtshof bei unterlassener Inanspruchnahme des Primärrechtsschutzes gegen rechtswidrige Verwaltungsakte den in § 254 BGB enthaltenen Rechtsgedanken an. Dies bedeutet:

Der Betroffene ist grundsätzlich verpflichtet, nach Bekanntgabe des Verwaltungsakts zu prüfen, ob der darin enthaltene Eingriff in sein Eigentum rechtmäßig ist oder nicht. Ergeben sich bei dieser Prüfung für ihn begründete Zweifel an der Rechtmäßigkeit des Verwaltungsakts oder hätte die Prüfung zu diesem Ergebnis geführt, so ist er im Regelfall gehalten, die zulässigen verwaltungsrechtlichen Rechtsbehelfe zu ergreifen, um den ihm drohenden Schaden abzuwenden. Unterläßt er eine zumutbare Anfechtung und kann ihm dies im Sinne eines "Verschuldens in eigener Angelegenheit" vorgeworfen werden, so steht ihm im Regelfall ein Entschädigungsanspruch für solche Nachteile nicht zu, die er durch die Anfechtung hätte verhindern können. Denn im Hinblick auf die umfassende Ausgestaltung des verwaltungsgerichtlichen Rechtsschutzes, der in erster Linie dazu bestimmt ist, den Bürger gegen rechtswidrige Eingriffe des Staates zu schützen, wiegt in diesem Fall der in den Verantwortungsbereich des Betroffenen fallende Beitrag zur Entstehung der Nachteile so schwer, daß es gerechtfertigt ist, ihn diesen Teil des Schadens selbst tragen zu lassen,

BGHZ 90, 17, 32.

Diese Grundsätze sind seitdem mehrfach bestätigt worden,

> vgl. insoweit
> BGH, Urt. v. 21.12.1989 - III ZR 132/88
> - Denkmalschutz;
> BGH, Urt. v. 5.5.1988 - III ZR 116/87
> - Graugänse;
> BGH, Urt. v. 11.2.1988 - III ZR 221/86
> - sozialrechtlicher Herstellungsanspruch;
> BGH, Urt. v. 12.3.1987 - III ZR 216/85
> - Kleingartenpacht.

Nach bisher nicht (ausdrücklich) revidierter Auffassung des Bundesgerichtshofs schließt dies den Betroffenen, der die ihm zumutbare Anfechtung eines ihn belastenden Verwaltungsakts überhaupt unterläßt, von Entschädigungsansprüchen nicht grundsätzlich aus. Angesichts dessen, daß ein "Verschulden in eigener Angelegenheit" nach der Grundstruktur des § 254 BGB nur dann anspruchsmindernd wirkt, wenn es für auftretende Nachteile kausal ist, billigt der Bundesgerichtshof dem pflichtwidrig Säumigen Ansprüche auf Entschädigung jedenfalls insoweit zu, als auch eine erhobene Anfechtungsklage - etwa wegen der Verfahrensdauer - Nachteile nicht hätte verhindern können,

48

> vgl. etwa
> BGH, Urt. v. 5.5.1988 - III ZR 116/87
> - Graugänse -
> unter Bezugnahme auf BGHZ 90, 17, 33.

49 Demgegenüber hat das BVerfG in seinem Nichtannahmebeschluß vom 13.11.1987 (1 BvR 739/87) zur Kleingarten-Entscheidung des Bundes- gerichtshofs unter Hinweis auf BVerfGE 58, 300, 332 ff u.a. ausgeführt, aus dem im Grundgesetz eingeräumten umfassenden Primärrechts- schutz (einschließlich der Verfassungsbeschwerde) folge jedenfalls, daß derjenige, der von den Möglichkeiten, sein Recht auf Herstellung des verfassungsmäßigen Zustandes zu wahren, keinen Gebrauch mache, für einen etwaigen von ihm selbst herbeigeführten Rechts- verlust nicht anschließend Geldersatz verlangen könne. Diesen Beschluß hat der Bundesgerichtshof in seinem Urteil zum Hamburger Denkmalschutzgesetz (III ZR 132/88) zustimmend zur Begründung dafür in Bezug genommen, daß der Betroffene eine gesetzlich nicht vorgesehene Entschädigung nicht beanspruchen könne, wenn er gegen den aus seiner Sicht rechtswidrigen Akt der Unterschutzstellung seines Grundstücks als Denkmal nicht im Primärrechtsschutzweg vorgegan- gen sei. Hier deutet sich u.U. eine Abkehr von dem sonst einge- nommenen Standpunkt der teilweisen Unschädlichkeit unterlassener Anfechtung an. Dies würde auch der Bedeutung der Bestandskraft von Verwaltungsakten für die Rechtssicherheit,

> vgl. § 79 Abs. 2 Satz 1 BVerfGG und
> BVerfGE 60, 253, 269;
> dazu u.a. Schröder, DVBl 1991, 751, 753;
> Scherzberg, DVBl 1991, 84, 92;
> Nierhaus, JZ 1992, 209,

in den Fällen zumutbarer Inanspruchnahme des Primärrechtsschutzes besser Rechnung tragen. Eine klärende Entscheidung des Bundesge- richtshofs zu dieser Frage aus jüngster Zeit steht noch aus.

50 Es kann jedoch keinem Zweifel unterliegen, daß der Primärrechts- schutz in der neueren Rechtsprechung des Bundesgerichtshofs eine erhebliche Bedeutung gewonnen hat, sodaß Ansprüche aus enteig- nungsgleichem Eingriff praktisch nur noch in Betracht kommen, wenn während der Anfechtungsfrist des belastenden Verwaltungsakts über- haupt keine Anhaltspunkte für seine Rechtswidrigkeit zutagegetreten

sind und der Betroffene, falls er Primärrechtsschutz in Anspruch nehmen wollte, mehr oder minder "ins Blaue hinein" behaupten müßte,
die Verwaltung habe rechtswidrig gehandelt (vgl. in diesem Zusammenhang das bereits erwähnte Urteil III ZR 302/89 vom 15.11.1990).

Unter dem Eindruck der Bedeutung, die der Primärrechtsschutz in der **51**
neueren Rechtsprechung einnimmt, hat der Bundesgerichtshof - in
Abkehr von seiner früheren Rechtsprechung,

> vgl. noch Urt. v. 12.10.1978 - III ZR 162/76,
> NJW 1979, 34 -

der Inanspruchnahme des Primärrechtsschutzes entsprechend § 209
Abs. 1 BGB verjährungsunterbrechende Wirkung in den Fällen zuer-
kannt, in denen das amtspflichtwidrige Vorgehen der öffentlichen
Hand im Erlaß eines rechtswidrigen Verwaltungsaktes besteht.

Ausdrücklich ist dies bisher zwar nur für den Amtshaftungsanspruch
geschehen. Die tragenden Ausführungen dieser Entscheidungen gelten
jedoch auch - wenn nicht erst recht - für das Rechtsinstitut des enteignungsgleichen Eingriffs,

> vgl. BGH, Urt. v. 11.7.1985 - III ZR 82/84,
> BGHZ 95, 238;
> BGH, Urt. v. 6.2.1986 - III ZR 109/84,
> BGHZ 97, 97;
> BGH, Urt. v. 11.2.1988 - III ZR 221/86,
> BGHZ 103, 242.

2. **"Konfliktlösende" Verwaltungsentscheidungen und**
Primärrechtsschutz

Eine besondere Betrachtung im Hinblick auf den Stellenwert des Pri-   **52**
märrechtsschutzes verdienen dagegen Verwaltungsentscheidungen mit
"Konzentrationswirkung", die darauf angelegt sind, alle mit einem bestimmten Vorhaben verbundenen Konflikte abschließend zu regeln.

Dazu zählen vornehmlich Planfeststellungsbeschlüsse (§§ 74, 75 VwVfG) in der Fachplanung.

Nach der bisherigen Rechtsprechung des Bundesgerichtshofs und des Bundesverwaltungsgerichts konnten Planfeststellungsbeschlüsse insoweit "enteignend" wirken, als die Immissionen der darin zugelassenen öffentlichen Vorhaben die "vorgegebene Grundstückssituation nachhaltig veränderten" und dadurch benachbarte Grundstücke "schwer und unerträglich" trafen,

vgl. u.a. BGHZ 95, 28;
BVerwGE 61, 295;
dazu u.a. Korbmacher, DÖV 1982, 517.

Unterblieb diese "Konfliktbewältigung", so war der Planfeststellungsbeschluß rechtswidrig. In solchen Fällen hat der Bundesgerichtshof seine Zuständigkeit für die Zubilligung von - im bestandskräftigen Planfeststellungsbeschluß nicht festgesetzten - Entschädigungsleistungen zugunsten betroffener Nachbargrundstücke mehrfach angenommen,

vgl. u.a. BGH, Urt. v. 6.2.1986 - III ZR 96/84
- Bundesfernstraße;
BGH, Urt. 23.10.1986 - III ZR 112/85
- Bundesautobahn.

Diese "Ersatzzuständigkeit" des Bundesgerichtshofs im Bereich der Fachplanung ist schwerlich begründbar. Insoweit besteht für den Eigentumsschutz durch Entschädigung keine "Lücke", die durch den - insoweit nur subsidiären - enteignungsgleichen Eingriff geschlossen werden müßte. Das Institut der Planfeststellung ist wie kein anderes dazu bestimmt und geeignet, die vom Vorhaben betroffenen persönlichen und materiellen Rechtsgüter (Leben, Gesundheit, Eigentum) vor unzumutbaren Einwirkungen zu schützen, mögen diese sich unter- oder oberhalb der "Enteignungsschwelle" halten. Alle durch das Vorhaben aufgeworfenen Nutzungskonflikte sind in der Planfeststellung aufzugreifen und planerisch zu bewältigen, gegebenenfalls gegen Zubilligung einer Geldentschädigung, falls Anlagen, die zur Vermeidung nachteiliger Wirkungen auf Rechte anderer erforderlich sind, - in diesen Fällen meist Vorrichtungen des aktiven oder passiven Schallschutzes, untunlich oder mit dem Vorhaben unvereinbar sind (§ 74 Abs. 2 Satz 2 VwVfG). Treten nach Bestandskraft des Planfeststellungsbeschlusses Wirkungen ein, die nicht voraussehbar waren, so hat der Betroffene entsprechende - fristgebundene - Ansprüche auf Ergänzung des Planfeststellungsbeschlusses (§ 75 Abs. 2 und 3 VwVfG). Damit eröffnet das positive Gesetz alle Möglichkeiten des Ausgleichs zwischen den öffentlichen und privaten Belangen. Über diesen Ausgleich kann, wie der Bundesgerichtshof im Urteil vom

10.6.1985 - III ZR 3/84,
BGHZ 95, 28 - Ersatzzufahrt -

ausgesprochen hat, "nur in der Planung selbst entschieden werden, nicht aber außerhalb der Planung in einem (Entschädigungs-)Verfahren, in dem die Planung nicht mehr zur Disposition steht".

In der Verwandtschaft dieser Entscheidung steht das Urteil vom

15.5.1986 - III ZR 241/84,
BGHZ 98, 85 - Flurbereinigung,

in dem der Bundesgerichtshof darauf hingewiesen hat, daß der Teilnehmer eines Flurbereinigungsverfahrens kein "Wahlrecht" dergestalt habe, daß er von der Anfechtung ihn belastender Maßnahmen in der Flurbereinigung absehen und statt dessen Schadensersatz nach Amtshaftungsgrundsätzen fordern könne. Gegen die - hier geltend gemachte - falsche Planung von Bodenverbesserungsmaßnahmen müsse der Teilnehmer im Verfahren selbst vorgehen, gegebenenfalls eine Änderung des Flurbereinigungsplans anstreben. Unterlasse er dies, so könne er später nicht geltend machen, gegen ihn sei rechtswidrig vorgegangen worden; denn der rechtsbeständige Flurbereinigungsplan habe "umfassende rechtsgestaltende Wirkung". Wiewohl diese Entscheidung zu § 839 BGB ergangen ist, erscheint die wiedergegebene

Begründung ohne weiteres auf das Verhältnis des enteignungsgleichen Eingriffs zu Planungsentscheidungen der beschriebenen Wirkung übertragbar.

53 Soweit der Bundesgerichtshof gleichwohl in diesem Feld eine "Ersatzzuständigkeit" bejaht hat, kann der Grund darin gesehen werden, daß dies "Alt"-Fälle waren, bei denen im Zeitpunkt der Feststellung des Plans das Planfeststellungsrecht noch nicht die inzwischen - unter dem Einfluß der Rechtsprechung des Bundesverwaltungsgerichts - erreichte rechtsstaatliche Dimension erlangt hatte, wo also die nachträgliche Verweisung des Betroffenen auf die (unterlasse) Inanspruchnahme des Primärrechtsschutzes der Perpetuierung eines rechtsstaatlichen Defizits der Vergangenheit gleichkäme. In diesen Entscheidungen kann daher nicht unbedingt die Auffassung des Bundesgerichtshofs erkannt werden, auch bestandskräftige Planfeststellungsbeschlüsse "neuen Rechts" im Hinblick auf die unterlasse Festsetzung von Entschädigungsansprüchen im Zivilrechtsweg überprüfen zu wollen,

zutreffend Berkemann, DVBl 1986, 786.

3. **Realhandlungen**

54 In diesem besonderen Anwendungsgebiet des enteignungsgleichen Eingriffs stehen dem Betroffenen Abwehrmöglichkeiten des Primärrechtsschutzes nur in begrenztem Umfang zur Verfügung. Ausgeschlossen sind sie freilich nicht. So kommt etwa gegen eine Schädigung durch Ausschachtungsarbeiten der öffentlichen Hand, die zu Erschütterungsschäden an benachbarten Grundstücken führen, der öffentlichrechtliche Abwehranspruch in Betracht. Bei der Frage nach der Zumutbarkeit eines solchen Vorgehens muß aber die konkrete Situation gewürdigt werden. Auszugehen ist im Beispielsfall davon, daß der Bürger grundsätzlich davon ausgehen darf, die sachkundigen Beamten der tätig werdenden Körperschaft hätten alles Erforderliche veranlaßt, um Schäden zu vermeiden, wie sie typischerweise bei Ausschachtungsarbeiten aufzutreten pflegen. Erst wenn im Verlauf der Arbeiten erste

Schadensanzeichen erkennbar werden, besteht für den Betroffenen ein Anlaß, eine Abwehrklage zu erheben (BGHZ 72, 289; dort auch zur Gleichbehandlung des zivilrechtlichen nachbarrechtlichen Ausgleichsanspruchs und des öffentlich-rechtlichen Entschädigungsanspruchs aus enteignungsgleichem Eingriff). Für eine vorbeugende Unterlassungsklage wird in diesen Fällen regelmäßig kein Anlaß und daher auch kein Rechtsschutzbedürfnis bestehen. In diesen Fällen ist weiter zu bedenken, daß der Bürger grundsätzlich darauf vertrauen kann, daß die öffentliche Hand auf konkrete Hinweise über drohende Schäden in eine Prüfung eintritt und gegebenenfalls ihr Vorgehen ändert, ohne vorher durch ein Gericht dazu angehalten werden zu müssen. Der Bundesgerichtshof hat dazu für § 839 Abs. 3 BGB ausgesprochen, daß der Betroffene regelmäßig nicht schuldhaft handelt, wenn er nicht sofort ein förmliches "Rechtsmittel" einlegt, sondern zunächst versucht, die Behörde im Verhandlungswege zur Änderung ihrer Haltung zu bestimmen,

BGH, Urt. v. 31.1.1991 - III ZR 184/89,
DÖV 1991, 798;
BGHR BGB § 839 Abs. 3 Primärrechtsschutz 9.

C.   Staatshaftungsgesetze

I.   Die Staatshaftung in den neuen Bundesländern

1.   Staatshaftungsgesetz und Einigungsvertrag

55   Die DDR hatte 1969 die unmittelbare und verschuldensunabhängige Staatshaftung für schädigende Folgen rechtswidrigen hoheitlichen Handelns gesetzlich eingeführt

> - Gesetz vom 12.5.1969, GBl DDR 1969 S. 34
> mit Änderungsgesetz vom 14.12.1988,
> GBl DDR 1988 S. 329
> - Staatshaftungsgesetz - StHG.

Das Staatshaftungsgesetz gilt mit Wirksamwerden des Beitritts in den Ländern der früheren DDR und den früheren Teilen von Ostberlin als Landesrecht fort

> - Art. 9 Abs.1 Satz 1 Einigungsvertrag
> - EinigungsV.
> Zum Rechtszustand in Sachsen-Anhalt
> vgl. unten II.

Das Staatshaftungsgesetz wird durch die gleichzeitige Einführung von § 839 BGB i.V.m. Art. 34 GG,

> vgl. EinigungsV Anlage I Kapitel III
> Sachgebiet B Abschnitt II Nr. 1 zu
> Artikel 232 § 10,

nicht verdrängt; die Regelungsgegenstände - einerseits unmittelbare öffentlich-rechtliche Haftung des Staates - andererseits zivilrechtliche Amtswalterhaftung, die vom Staat übernommen wird - sind nicht identisch. Es besteht daher Anspruchskonkurrenz zwischen Ansprüchen nach dem StHG und § 839 BGB i.V.m. Art. 34 GG,

dies übersehen Steinberg/Lubberger,
Aufopferung - Enteignung und Staatshaftung, 1991, S. 393, 398.

2. Regelungsgegenstand

(a) Nach § 1 Abs. 1 StHG in der durch den Einigungsvertrag er- **56**
gänzten Fassung "haftet das jeweilige staatliche Organ oder die staatliche Einrichtung "..." für Schäden, die einer natürlichen oder juristischen Person hinsichtlich ihres Vermögens oder ihrer Rechte durch
Mitarbeiter oder Beauftragte staatlicher oder kommunaler Organe in
Ausübung staatlicher Tätigkeit rechtswidrig zugefügt werden.

Von der herkömmlichen Amtshaftung mit schuldbefreiender Haf- **57**
tungsübernahme durch den Staat unterscheidet sich diese Form der
unmittelbaren Staatshaftung vor allem durch den Verzicht auf ein Verschulden des Amtswalters. Die Regelung steht damit in der Verwandtschaft landesrechtlicher Staatshaftungsnormen u.a. in Nordrhein-Westfalen (§ 39 OBG NW; für Berlin (West) vgl. § 37 II ASOG Bln). Während diese Gesetze aber nur den Bereich der Ordnungsbehörden ab-
decken, erfaßt § 1 Abs. 1 StHG den gesamten Bereich (schlicht-)ho-
heitlicher Tätigkeit der neuen Bundesländer und ihrer Gliederungen.
Damit gelten diese Haftungsgrundsätze für alle Formen staatlichen
Handelns - die Selbstverwaltungstätigkeit der Gemeinden nicht ausgenommen -

Ossenbühl, Staatshaftungsrecht,
4. Aufl., 1991, S. 377, 397 -

das nicht auf dem Gebiet fiskalischer Betätigung liegt,

vgl. Duckwitz/Schulze, Verwaltung und Gesetzlichkeit,
NJ 1989, 146;
Lübchen, Die Gesetzliche Regelung der
Staatshaftung, NJ 1969, 394.

58   (b)   Hoheitliche Tätigkeit kann sich als positives Handeln in
Rechtsakten und in Realhandlungen ausdrücken. Beide Formen werden von § 1 StHG erfaßt. Der Realakt setzt kein zielgerichtetes (fina-
les) Verhalten voraus. Es genügt, daß der Erfolg unbeabsichtigt eintritt, außer wenn er nur "bei Gelegenheit" der Amtstätigkeit verursacht
wurde. Insoweit dürften im Interesse eines umfassenden Schutzes der
von nachteiligen Auswirkungen der Verwaltungstätigkeit betroffenen
Bürger die Grundsätze anzuwenden sein, die der Bundesgerichtshof
für den Begriff des (unmittelbaren) "Eingriffs" bei schuldlos rechtswidrigen Einwirkungen auf private Rechte entwickelt hat (namentlich:
Verwirklichung einer für die konkrete hoheitliche Betätigung typi-
schen Gefahrenlage, s. die Nachweise bei Rz. 43). Als haftungsbegründendes Verhalten kommt nach dem Gesetzeswortlaut auch das Unterlassen eines rechtlich gebotenen hoheitlichen Handelns in Betracht.
Dieser Haftungsstandard, der bereits in der früheren DDR anerkannt
war,

vgl. Duckwitz/Schulze, aaO, S. 146, 147,

soll aus rechtsstaatlichen Gründen bei der Fortgeltung des Staatshaftungsgesetzes bewahrt werden,

vgl. Erläuterungen zum EinigungsV
Anlage II Kapitel III Sachgebiet B
Abschnitt III Nr. 1.

Insoweit reicht § 1 StHG über § 39 OBG NW hinaus, das unter
"Maßnahme" nur positive Handlungen der öffentlichen Hand versteht,

BGHZ 99, 249
und unter Rz. 103 ff;

dasselbe gilt für die Rechtsfigur des enteignungsgleichen Eingriffs,

BGHZ 102, 350, 358, 359
und unter Rz. 39, 40.

(c)   Ob zu den Rechtsakten auch Kollektiventscheidungen im   **59**
Bereich der Verwaltung, darunter auch Planungsakte der Gemeinde-
vertretungen in Gestalt von Satzungsrecht (Bebauungsplan; Veränderungssperre) gehören, ist zweifelhaft.

Nach einer im Schrifttum der früheren DDR vertretenen Meinung
sollte die Haftung nur für fehlhaftes Verhalten einzelner Mitglieder
staatlicher Organe eintreten, nicht auch für Kollektiventscheidungen
wie Ratsbeschlüsse, Beschlüsse der Volksvertretung u.ä.,

> so zum früheren Rechtsverständnis
> Lübchen, aaO, S. 396;
> ebenso zum heutigen Rechtszustand
> Ossenbühl, Staatshaftungsrecht,
> aaO, S. 399;
> Rüfner, BADK-Mitteilungen 4/1991,
> S. 96, 99, die beide jedoch darauf
> hinweisen, daß bei der Ausführung
> fehlerhafter Ratsbeschlüsse ein rechts-
> widriges Handeln des ausführenden
> Organs vorliege;
> anders - wie hier -
> Boujong, in: Festschrift Gelzer,
> 1991, S. 273, 278, 279.

Diese Auffassung mag dem früheren Gesetzeszweck entsprochen haben, der den einzelnen Mitarbeiter in die "Vervollkommnung und Fe-
stigung der sozialistischen Gesetzlichkeit" einbinden wollte (so die jetzt
weggefallene Präambel des StHG 1969). Im nun maßgebenden Gesetz-
zeswortlaut, nach dem Wegfall der früheren Präambel, hat sie keinen
Niederschlag mehr gefunden. Falls die Ausklammerung von Gremien
der örtlichen Volksvertretung sich weiter darauf gründen würde, daß
der örtliche Rat in der DDR juristische Person war,

> vgl. Gesetz über die örtlichen Volks-
> vertretungen in der DDR vom 4.7.1985,
> GBl I S. 213,

wäre auch diese Ausgangslage mit dem Beitritt entfallen.

60 Zweifelhaft ist darüber hinaus, ob auch Rechtssetzungsakte der Verwaltung (Satzung, Verordnung) zur "verfügenden" Tätigkeit zählen. § 1 StHG enthält insoweit - abweichend von § 39 OBG NW und § 37 ASOG Bln - keine Beschränkung auf bestimmte Hoheitsakte.

Grundsätzlich dürfte auch Rechtssetzungstätigkeit im Bereich der Exekutive aus dem Anwendungsbereich des StHG nicht auszusondern sein, wobei darauf hinzuweisen ist, daß § 1 des - gescheiterten - Staatshaftungsgesetzes der Bundesrepublik von 1981 rechtswidrige kommunale Satzungen als Ausdruck der vollziehenden Gewalt ebenfalls dem Haftungstatbestand des § 1 StHG zuordnete,

Schäfer/Bonk, StHG § 1 Rz. 10, 67.

Dies entspräche auch der Rechtslage beim enteignungsgleichen Eingriff,

BGHZ 92, 34
und bei Rz. 31.

Andernfalls bliebe mit der öffentlichen Planung ein ganz wesentlicher Teil moderner Verwaltungstätigkeit, die "Eingriffs" - Charakter haben kann, haftungsrechtlich vernachlässigt, wofür bei dem heutigen Staatsverständnis, in welches das StHG (jetzt) hineingestellt ist, stichhaltige Gründe nicht ersichtlich sind,

ebenso Ossenbühl, aaO, S. 402.

Dies gilt nicht zuletzt auch deshalb, weil die für Planungsakte wählbaren Rechtsformen - z.B. Bebauungsplan als Satzung oder aber Planfeststellungsbeschluß als Verwaltungsakt - in vielen Fällen austauschbar sind. Zu bedenken ist auch, daß eine Auslegung des StHG im Sinne eines möglichst umfassenden Schutzes des Bürgers gegen rechtswidrige Maßnahmen der öffentlichen Gewalt dem bei den Verhandlungen über den Einigungsvertrag von beiden Partnern geäußerten Wunsch entsprechen würde, daß das in der früheren DDR auf dem

Gebiet der Staatshaftung (jedenfalls nach der formellen Gesetzeslage) Erreichte den Weg für die nach wie vor angestrebte Reform dieses Rechtsgebiets in den alten Bundesländern ebnen möge. Allerdings wird diese "Rechtssetzungstätigkeit" wohl überwiegend in Erfüllung allgemeiner, nicht individualschützender Pflichten vorgenommen; dabei auftretende Schäden berechtigen dann nicht zu einem Ersatz, wenn - wie weiter unten angenommen - die Haftung auch nach dem StHG die Verletzung einer subjektiv begünstigenden öffentlichen Pflicht voraussetzt.

> Wie hier Boujong, aaO, S. 279, der darauf
> hinweist, daß auf das allgemeine Rechts-
> institut des enteignungsgleichen Eingriffs
> zurückzugreifen wäre, wenn derartige Rechts-
> setzungsakte der Exekutive aus dem Anwen-
> dungsbereich des StHG ganz herausgenommen
> würden.

Dagegen dürfte die Tätigkeit des Parlamentsgesetzgebers vom Gesetz **61** nicht erfaßt werden. Schon die Formulierung "Mitarbeiter oder Beauftragte" in § 1 Abs. 1 StHG deutet darauf hin, daß das Gesetz von einem hierarchisch strukturierten Verwaltungsaufbau ausgeht und nur das Handeln von Behörden und deren Bediensteten innerhalb dieser Struktur erfassen will.

(d)   Gehaftet wird für das Verhalten von Mitarbeitern oder Be- **62** auftragten staatlicher oder kommunaler Organe in Ausübung hoheitlicher Tätigkeit, § 1 Abs. 1 StHG (geänderte Fassung). Nach der Vorstellung des damaligen Gesetzgebers sind "Mitarbeiter" Personen, die zu der staatlichen Einrichtung in einem arbeitsrechtlichen Verhältnis stehen, ohne Rücksicht auf ihre Dienststellung; "Beauftragter" ist jeder Bürger, dem die Befugnis zur Ausübung staatlicher Tätigkeit von einer mit hoheitlicher Gewalt ausgestatteten Stelle übertragen wird, ohne daß er zu dem Staatsorgan oder der staatlichen Einrichtung in einem Arbeitsverhältnis steht (Beispiele: Angehörige der Freiwilligen Feuerwehr; ehrenamtliche Helfer der Staatlichen Bauaufsicht; Mitglieder von Wohnungskommissionen, etc). Ausgenommen sind Personen, die nicht "vollziehend" oder "verfügend" tätig werden, namentlich Private, die aufgrund "zivilrechtlicher und arbeitsrechtlicher Verträge" für den Staat und seine Einrichtungen eingesetzt werden,

vgl. Duckwitz/Schulze, aaO, S. 146, 147.

Damit deckt sich der Begriff "Mitarbeiter" bzw. "Beauftragter" weitgehend mit dem Amtsträger, dem i.S.v. Art. 34 Satz 1 GG ein öffentliches Amt anvertraut ist. Solche "Beamte" im Haftungssinne sind daher auch nach § 1 StHG alle diejenigen, die in einem öffentlich-rechtlichen Dienstverhältnis (Beamte) oder Amtsverhältnis (Regierungsmitglieder, Bürgermeister, Mitglieder von Gemeinderäten usw.) zum Staat stehen, daneben aber auch Privatpersonen, denen hoheitliche Befugnisse übertragen sind, wie etwa der beliehene Unternehmer, weiter die unselbständigen "Verwaltungshelfer" (z.B. Schülerlotsen), sowie Personen, die für den Staat als "Werkzeug" der öffentlichen Verwaltung tätig werden und gewissermaßen als der "verlängerte Arm der Behörde" erscheinen,

vgl. u.a. BGHZ 48, 98, 103
und bei Rz. 41.

Auszuscheiden sind dagegen die selbständigen Werk- oder Dienstunternehmer, die der Staat zur Wahrnehmung (auch) schlicht-hoheitlicher Aufgaben aufgrund Privatvertrages zu bestimmten Leistungen heranzieht (Beispiele: privater Wartungsdienst von Ampelanlagen; Straßenbauunternehmer). Die haftungsrechtliche Einordnung privater Unternehmer, deren Tätigkeit im unmittelbaren staatlichen Interesse liegt, ist auch im bundesrechtlichen Amtshaftungsrecht streitig,

vgl. BGH VersR 1978, 1070
betr. den von der Polizei herangezogenen Abschleppunternehmer.

Die Teilnahme öffentlich Bediensteter am allgemeinen Straßenverkehr wird m.E. durch das StHG nicht erfaßt, sofern diese im Verkehr keine Sonderrechte i.S.v. § 35 Abs. 1 oder 6 StVZO in Anspruch nehmen,

> zur Inanspruchnahme von Sonderrechten
> im Verkehr durch die öffentliche Hand
> vgl. aus neuerer Zeit
> BGH, Urt. v. 13.12.1990 - III ZR 14/90,
> BGHZ 113, 164.

Dies würde auch den für das Rechtsinstitut des enteignungsgleichen Eingriffs anerkannten Kriterien für den hoheitlichen "Eingriff" entsprechen (vgl. dazu bei Rz. 41).

(e)   Ob § 1 StHG auch Ersatzansprüche wegen des Versagens   **63**
technischer Einrichtungen erfaßt, durch deren Einsatz die Verwaltung "öffentliche Gewalt selbständig ausüben läßt" (so die Formulierung in § 1 Abs. 2 StHG 1981 der Bundesrepublik), ist nach dem Wortlaut des § 1 Abs. 1 StHG (DDR) offen. Die Frage dürfte jedenfalls insoweit zu bejahen sein, als der Staat sich dieser Einrichtungen als "Werkzeuge" im hoheitlichen Bereich bedient und mit ihrer Hilfe Rechtsakte setzt, die andernfalls von natürlichen Personen erlassen werden müßten. Der Rechtsschutz des Bürgers vor Schädigungen durch fehlerhafte Hoheitsmaßnahmen wäre unvollkommen, wenn er nicht auch den Tätigkeitsbereich abdeckte, in dem menschliche Amtswalterfunktionen im vollen Umfang und selbständig von automatisch arbeitenden Maschinen übernommen werden,

> Schäfer/Bonk, aaO, Rz. 310 ff;
> Boujong, aaO, S. 277, 278.

Aus solchen Erwägungen heraus hat der Bundesgerichtshof in Abkehr von seiner früheren Rechtsprechung in einer neueren Entscheidung die objektive Staatshaftung nach § 39 OBG NW für das technische Versagen einer Verkehrsampelanlage bejaht,

BGH, Urt. v. 18.12.1986 - III ZR 242/85,
BGHZ 99, 249
- "feindliches Grün".

64 (f) Das StHG stellt bei der Rechtswidrigkeit dem Wortlaut nach allein auf den Erfolg staatlichen Handelns ab, nicht darauf, ob dieser Erfolg durch Verstoß gegen bestimmte Pflichten des Amtsträgers herbeigeführt wird. Rechtswidrigkeit sollte nach dem bisherigen Verständnis des StHG dann vorliegen, "wenn für den Eingriff in die Rechte der Bürger nach den geltenden Gesetzen und anderen Rechtsvorschriften keine Grundlage gegeben ist",

> vgl. Lübchen, aaO, S. 396;
> s. auch Lehrbuch des Verwaltungsrechts,
> hrsg. von der Akademie für Staats- und
> Rechtswissenschaft der DDR, 2. Aufl.,
> 1988, S. 210 ff, 215: "Unter Rechtswidrig-
> keit ist jede Beeinträchtigung eines durch
> Gesetz oder andere Rechtsvorschriften ge-
> schützten subjektiven Rechts eines Bürgers
> zu verstehen".

Damit folgt das Gesetz dem Modell des Erfolgsunrechts: die Rechtswidrigkeit ergibt sich regelmäßig aus der Verletzung des geschützten Rechtsguts, wenn nicht ausnahmsweise Rechtfertigungsgründe bestehen.

Das damit geschaffene Haftungspotential im vermögensrechtlichen Bereich war angesichts der nach dem früheren Gesetzesverständnis eher gering einzuschätzenden Bedeutung des "persönlichen Eigentums" und mit Rücksicht auf die davon zu unterscheidende Sphäre der unternehmerischen Tätigkeit des Staates (s. dazu Rz. 66 ff) relativ gering. Nach der Erweiterung - eigentlich Neugestaltung - des Katalogs der geschützten Rechte durch die Neufassung des StHG stellt sich die Frage, ob das Verständnis des StHG als ein Institut rein erfolgsbezogener Rechtswidrigkeitshaftung nicht durch Schutzzweck-Überlegungen begrenzt werden muß, um nicht eine Dimension zu gewinnen, die fast die Züge einer Gefährdungshaftung annimmt. M.E. ist es zur Abgrenzung namentlich gegenüber dieser Haftungsform geboten und zulässig, die Schutzrichtung der jeweils verletzten Amtspflichten haftungsbegrenzend zu berücksichtigen. Hierbei kann einmal an die bereits früher anerkannte Meinung angeknüpft werden, daß der an einem "durch Gesetz oder andere Rechtsvorschriften geschützten subjektiven Recht" angerichtete Schaden ausgeglichen werden solle (vgl. oben Rz. 56).

Darüber hinaus stellt es einen allgemeinen Grundsatz des bundesdeutschen Amts- und Staatshaftungsrechts dar, daß Ersatzansprüche gegen die öffentliche Hand dem einzelnen nur zustehen, wenn Pflichten verletzt werden, die einen auch ihn individuell begünstigenden Schutzzweck haben,

> vgl. § 839 Abs. 1 Satz 1 BGB;
> zu § 39 Abs. 1 b OBG NW:
> BGHZ 86, 356, 362 ff;
> BGHZ 109, 380, 393 ff;
> BGH, Urt. v. 12.12.1991 - III ZR 10/91,
> VersR 1992, 823;
> s. dazu auch Rz. 100 ff;
> zustimmend
> Rüfner, BADK-Mitteilungen 4/1991, S. 96, 99;
> Boujong, aaO, S. 277;
> Wurm, JA 1992, 1 ff, 10;
> für eine Neuinterpretation des Rechtswidrig-
> keitsmerkmals in § 1 Abs. 1 Satz 1 StHG auch
> Steinberg/Lubberger, aaO, S. 396;
> anders wohl Ossenbühl, aaO, S. 397.

Bei einem solchen Verständnis der Haftungsnorm würden daher Schäden, die - gleichsam nur als "Reflex" rechtswidrigen Verhaltens - durch die Verletzung allgemeiner, nicht (auch) individualschützender öffentlicher Pflichten entstehen, aus dem Anwendungsbereich des § 1 Abs. 1 StHG auszunehmen sein. Dadurch würde eine an sich mögliche Haftung auch für rechtswidrige Rechtssetzung durch die Verwaltung (s. dazu oben) in weiten Bereichen wieder entfallen. Ob darüber hinaus die Worte: "Schaden ... zufügen" auf eine etwa erforderliche "Finalität" des schadensverursachenden staatlichen Handelns hindeuten,

> so Ossenbühl, aaO, S. 396;
> dagegen Rüfner, aaO,

ist hingegen fraglich.

3. Geschützte Rechtsgüter

(a) Persönlichkeitsrechte

65 Nach der alten Fassung des § 1 Abs. 1 StHG umfaßte die Haftung "Schäden, die einem Bürger oder seinem persönlichen Eigentum" zugefügt wurden. Mit dem Hinweis auf den Verletzten selbst sollten alle Nachteile im nichtvermögensrechtlichen Bereich erfaßt werden (Leben, Gesundheit, Freiheit, Persönlichkeitsrecht),

> vgl. Lübchen, aaO, S. 396;
> Duckwitz/Schulze, aaO, S. 147.

Gehaftet wurde daher auch für ein Schmerzensgeld,

> Lübchen, aaO, S. 397.

Ob dies auch heute noch der Fall ist, wird von Rüfner,

> aaO, S. 100,

mit dem Hinweis darauf bezweifelt, daß das Zivilgesetzbuch der früheren DDR wieder durch das Bürgerliche Gesetzbuch ersetzt sei und danach ein Geldersatz für Nicht-Vermögensschäden nur in den durch das Gesetz bestimmten Fällen gefordert werden könne (§ 253 BGB). Diese Begründung erscheint stichhaltig. Die in § 3 Abs. 2 StHG n.F. "wegen des Umfangs des Schadensersatzes" gemachte Verweisung auf die "zivilrechtlichen Vorschriften" steht nicht entgegen; sie erfaßt nicht auch § 847 BGB, weil diese Vorschrift eine Verschuldenshaftung voraussetzt. Selbst wenn also in der Neufassung des § 1 Abs. 1 StHG mit den "Schäden . . ., die einer natürlichen Person hinsichtlich ihres Vermögens oder ihrer Rechte . . . zugefügt werden", nach wie vor auch die höchstpersönlichen Rechte erfaßt sein sollten, würde dies allein einen Schmerzensgeldanspruch noch nicht begründen. Soweit allerdings die bundesdeutsche Rechtsprechung in § 253 BGB kein Hindernis dafür gesehen hat, einen materiellen Ausgleich unter Umständen - insbesondere wegen der Schwere der Beeinträchtigung oder des Verschuldens - auch für die Verletzung immaterieller Güter zuzuerkennen,

> vgl. u.a.
> BGHZ 35, 363;
> BGHZ 39, 124
> - "Fernsehansagerin",

kommt ein solcher Ersatzanspruch wohl auch nach § 1 StHG in Betracht, freilich nur dann, wenn allein die Schwere der Verletzung nach einer Entschädigungs-Sanktion verlangt.

(b)   "Eigentums" - Problematik

"Persönliches" Eigentum konnte nach der sozialistischen Eigentumslehre nur an Gebrauchsgütern bestehen, nicht dagegen an Produktionsmitteln. Eine nähere Bestimmung enthielt § 23 ZGB: "Zum persönlichen Eigentum gehören insbesondere die Arbeitseinkünfte und Ersparnisse, die Ausstattung der Wohnung und des Haushalts, Gegenstände des persönlichen Bedarfs, die für die Berufsausbildung, Weiterbildung und Freizeitgestaltung erworbenen Sachen sowie Grundstücke und Gebäude zur Befriedigung der Wohn- und Erholungsbedürfnisse des Bürgers und seiner Familie. Zum persönlichen Eigentum gehören auch die dem Wesen des persönlichen Eigentums entsprechenden Rechte, einschließlich vermögensrechtlicher Ansprüche aus Urheber-, Neuerer- und Erfindungsrechten".

66

67 Davon war das "Privateigentum" zu unterscheiden. Es war nach marxistischem Verständnis individuelles Eigentum an Produktionsmitteln, für das in der DDR grundsätzlich kein Raum war,

> vgl. Klaus Westen (Hrsg.), Das neue Zivilrecht der DDR nach dem Zivilgesetzbuch von 1975, Berlin 1977, S. 78, 79.

Es wurde, anders als das "persönliche Eigentum", von der Verfassung nicht mehr gewährleistet, sondern nur noch geduldet,

> vgl.Roggemann, Zivilgesetzbuch und Zivilprozeßordnung der DDR mit Nebengesetzen, in: Quellen zur Rechtsvergleichung aus dem Osteuropa-Institut der Freien Universität Berlin, 1976, S. 34.

Da der Umfang dieses privaten Eigentums im Bereich von Gewerbe und Landwirtschaft schließlich bis auf etwa 3,5 % abgesunken war, wurde es bei der Verfassungsänderung 1974 insoweit "legitimiert", als es sich auf Handwerks- oder andere Gewerbebetriebe bezog und "auf überwiegend persönlicher Arbeit" beruhte,

> Westen, aaO, S. 79;
> s. auch § 23 II ZGB-DDR.

Schädigungen des "privaten" Eigentums lösten die Staatshaftung nicht aus,

> vgl. dazu Lörler, Die Staatshaftung in der DDR, NVwZ 1990, 830.

Diese Beschränkung der Haftung im Bereich geschädigter Vermögensrechte ist in den Einigungsvertrag nicht übernommen worden. An die Stelle der oben wiedergegebenen Passage ist in § 1 Abs. 1 StHG n.F. getreten: "Schäden, die einer natürlichen oder einer juristischen Person hinsichtlich ihres Vermögens oder ihrer Rechte" ... zugefügt werden. Damit erstreckt sich der Schutz des Gesetzes nunmehr auf alle vermögenswerten Rechte natürlicher oder juristischer Personen ohne Rücksicht auf die Quelle dieser Rechtsgüter,

> a.A. Lörler, aaO, der wohl aber noch vom
> früheren Text der Vorschrift ausgeht.

Die "Übernahme" des Staatshaftungsgesetzes stellt sich daher nicht bloß als ein Akt der Bewahrung des Erreichten (wie die bereits erwähnten Erläuterungen zum Einigungsvertrag annehmen) dar; vielmehr hat die Neubestimmung der geschützten Rechtsgüter und ihrer Träger eine erhebliche Erweiterung des Haftungsrahmens bewirkt. Darauf muß sich die an das Gesetz gebundene Rechtspraxis einstellen. Ihr ist es daher grundsätzlich versagt, etwa durch eine restriktive Anwendung des im Staatshaftungsgesetz (n.F.) "sozial determiniert großzügigen Haftungsrahmens" die Erweiterung der Staatshaftung auf den Ersatz von Schäden der Privatwirtschaft in Grenzen zu halten,

> so aber Lörler, aaO, der mit dieser Begrün-
> dung auch für eine Haftungsüberwälzung auf
> private Schadensversicherungen bei Anwendung
> der Subsidiaritätsklausel eintritt.

4.   Umfang des Schadensersatzes

(a)   Schadensersatz, nicht Entschädigung

Der Umfang des Schadensersatzes bestimmt sich nach den zivilrechtli- **68** chen Vorschriften, soweit in Gesetzen oder anderen Rechtsvorschriften nichts anderes bestimmt ist (§ 3 Abs. 2 StHG),

> zu den Ausnahmen vgl.
> Lörler, aaO, S. 830, 831;
> vgl. auch § 70 I 2 des Gesetzes über die
> Aufgaben und Befugnisse der Polizei vom

13.9.1990, GBl DDR I Nr. 61 S. 1489, wonach bei Schädigung durch eine rechtswidrige polizeiliche Maßnahme für entgangenen
Gewinn, der über den Ausfall des gewöhnlichen Verdienstes oder Nutzungsentgeltes
hinausgeht und für Nachteile, die nicht in
unmittelbarem Zusammenhang mit der polizeilichen Maßnahme stehen, ein Ausgleich nur
gewährt wird, wenn und soweit dies zur Abwendung unbilliger Härten geboten ist.
Diese Regelung entspricht inhaltlich § 40
I 2 OBG NW - s. dazu Rz. 115 ff -
und § 38 I 2 ASOG Bln.

69   Der Verletzte soll nach dem Grundanliegen des StHG ebenso gestellt
werden, wie wenn er durch einen anderen Bürger geschädigt worden
wäre,

Grundsatz der Einheitlichkeit auf dem
Gebiet des gesamten Schadensersatzrechts,
vgl. Lübchen, aaO, S. 397.

Deshalb ist der Ersatzanspruch grundsätzlich auf vollen Schadensersatz einschließlich des entgangenen Gewinns gerichtet. Die im
Schrifttum der früheren DDR genannten Beispiele zu bejahender oder
zu verneinender Entschädigungsfähigkeit von Nachteilen,

vgl. die Übersicht "Staatshaftung und Entschädigung" in Lehrbuch des Verwaltungsrechts,
hrsg. von der Akademie für Staats- und Rechtswissenschaft der DDR, 2. Aufl., S. 210 ff, 212, 213,

sind dagegen, wenn sie den nunmehr auch in den Ländern der früheren DDR geltenden Schadensersatznormen des BGB (Art. 230
EGBGB in der Fassung des EinigungsV) widersprechen, nicht mehr
verwertbar.

(b)   Schäden am Vermögen

Mit dem Rechtsinstitut des enteignungsgleichen Eingriffs kann - in   **70**
Anlehnung an die Rechtsgrundsätze der Enteignungsentschädigung
nach Art. 14 Abs. 3 Satz 3 GG - kein Ersatz reiner Vermögensschäden
erreicht werden, weil nur bereits bestehende vermögensrechtliche
Positionen geschützt sind,

> "Schutz des Erworbenen, nicht des
> erst zu Erwerbenden", vgl. neuerdings
> BGHZ 111, 349
> - "Kakaoverordnung";
> dazu näher unter Rz. 35.

Es ist fraglich, ob diese Grundsätze auch bei der Anwendung des § 1
Abs. 1 StHG zum Tragen kommen.

> Ablehnend Rüfner, aaO, S. 100;
> zurückhaltend Ossenbühl, aaO,
> S. 394, 395.

Selbst wenn man den Ersatz auf die Verletzung vorhandener Rechtsgüter beschränkt, öffnet sich noch ein weites Haftungsfeld: wegen des
auch zu ersetzenden entgangenen Gewinns sind hypothetische Scha-
densentwicklungen möglich, die im herkömmlichen "Staatshaftungs" -
Modell, d.h. bei zunächst eintretender, sodann vom Staat übernomme-
ner (Art. 34 GG) Amtshaftung (§ 839 BGB) nur bei Vorliegen eines
Verschuldens in Betracht kommen. Sachverhalte wie der des
"Bardepots" (BGHZ 83, 190 - der freilich schon damals als Eingriff in
eine vorhandene Rechtsposition hätte behandelt werden können) oder
der objektiv rechtswidrige, vorübergehende Eingriff in die Baufreiheit,
der keinen Anspruch auf Ersatz gestiegener Baukosten, vielmehr nur
auf die "Bodenrente" begründet,

> vgl. Krohn/Löwisch, Eigentumsgarantie,
> Enteignung, Entschädigung, 3. Aufl.,
> Rz. 494,

werden in den neuen Bundesländern auf der Grundlage des § 253 BGB zu weitaus höheren Ersatzansprüchen führen, als dies auf der Grundlage des enteignungsgleichen Eingriffs möglich ist. Die Haftungsdimension wird jedoch vollends "gesprengt", wenn als "Vermögensnachteile" auch rechtswidrig "verhinderte Vermögensmehrungen" begriffen werden, etwa durch die (schuldlos) rechtswidrige Versagung gewerberechtlicher Zulassungen. In der DDR war fast das gesamte wirtschaftliche Handeln des Staates als wirtschaftliche Tätigkeit aus der Staatshaftung ausgegliedert und der zivilrechtlichen Haftung zugeordnet. Mit der jetzt eingetretenen Privatisierung der Unternehmen eröffnet sich durch die staatliche Kontrolle und Aufsicht über die Privatwirtschaft ein ganz neues, besonders haftungsträchtiges Haftungsgeld. Wenn in das geschützte "Vermögen" also auch Ansprüche auf Erteilung gewerberechtlicher Genehmigungen nach Maßgabe der dafür bestehenden Gesetze einbezogen werden, würde ein objektiv rechtswidriges Fehlgreifen der Verwaltung in allen Fällen des "einfachen" Genehmigungsvorbehalts zu einer vollen Haftung auch für den dadurch entgangenen Gewinn, der von dem verhinderten privatwirtschaftlichen Unternehmen sonst erzielt worden wäre, führen müssen. Lediglich dort, wo die Verwaltung noch einen Ermessens- oder Gestaltungsspielraum hat, wären diese Folgen - in Grenzen - zu vermeiden.

71 Ein solches Verständnis des geschützten "Vermögens" wird weder dem herkömmlichen Zuschnitt des StHG 1969 noch den Intentionen gerecht, die bei der Neugestaltung des StHG hinsichtlich seiner Übernahme bei den Verhandlungen über den Einigungsvertrag angestellt worden sind. Das StHG a.F. handelte, wie ausgeführt, von "durch die Gesetze oder andere Rechtsvorschriften geschützten subjektiven Rechten" der Bürger. Das bezog sich unzweifelhaft nur auf vorhandene Vermögenswerte des "persönlichen Eigentums". Ein gegen den Staat einklagbarer Anspruch auf Vermögensmehrung im wirtschaftlich-unternehmerischen Bereich war ausgeschlossen und dem Gesetz unbekannt. Die historische Auslegung des StHG bietet daher für die Annahme, die Staatshaftung gewähre auch einen isolierten, nicht als Annex zur Schädigung einer vorhandenen Vermögensposition ausgestalteten Erwerbsschutz, keine Grundlage.

Es kann aber auch nicht angenommen werden, daß der DDR -Gesetzgeber mit der Neufassung des StHG eine Haftung, wie sie beim Schutz auch des an staatliche Genehmigungen gebundenen Erwerbs künftigen Vermögens eintreten würde, gewollt hat. Als Auslegungshilfe stehen dazu vor allem die aus den Verhandlungen über den Einigungsvertrag überlieferten Erwägungen zur Verfügung. Danach sollte das mit dem StHG "Erreichte bewahrt" werden, um aus "rechtsstaatlichen Gründen" diesen Haftungsstandard zu sichern,

> vgl. die Erläuterungen zum EinigungsV
> Anlage II Kapitel III Sachgebiet B
> Abschnitt III Nr. 1.

Eine Ausuferung der Staatshaftung, wie sie die Folge ein extensiven Vermögensbegriffes wäre, ließe sich mit dem Willen des Gesetzgebers zur "Erhaltung" des "erreichten" Haftungsstandards nicht mehr rechtfertigen. Dabei muß berücksichtigt werden, daß die dadurch eröffnete Haftung allen bekannten Vorbildern im Bereich der unmittelbaren Staatshaftung widersprechen würde. Wenn das volle Risiko der Rechtsanwendung durch die Verwaltung namentlich im Bereich gewerblicher Aufsicht und Kontrolle nach Maßgabe der zivilrechtlichen Bestimmungen (§§ 249 ff BGB) ersatzbewehrt wäre, könnte zudem eine klare Grenze zur Gefährdungshaftung nicht mehr gezogen werden.

Geboten und zulässig erscheint hiernach eine auf den Schutz vorhandener Vermögenspositionen ausgerichtete restriktive Auslegung des Gesetzes. Der Betroffene ist damit im Bereich des "Erwerbsschutzes" nicht unangemessen benachteiligt oder gar rechtlos gestellt. Ihm steht ein auf Geldentschädigung gerichteter Rechtsschutz gegen rechtswidrige Beeinträchtigung schutzwürdiger Interessen im Bereich der Vermögenssphäre in Form der Amtshaftung zusätzlich zur Verfügung.

72

5. Verweisungsklausel

73 Gem. § 3 Abs. 3 StHG besteht ein Ersatzanspruch insoweit nicht, als ein Ersatz des Schadens auf andere Weise erlangt werden kann. Nach dem früheren Verständnis sollte dadurch der Geschädigte vorrangig auf Ersatzmöglichkeiten des Zivil- oder Arbeitsrechts oder bestehender Haftpflicht- und Sachversicherungen verwiesen sein,

vgl. Duckwitz/Schulze, aaO, S. 148.

Hier wird die neuere Rechtsprechung zur Frage des "anderweitigen Ersatzes" zu beachten sein, die den Geschädigten grundsätzlich nicht auf Ersatzmöglichkeiten verweist, die er unter Aufwendung eigener Mittel oder durch (von ihm verdiente) Leistungen Dritter erlangt hat,

BGHZ 70, 7;
BGHZ 79, 26;
BGHZ 79, 35;
BGHZ 85, 230.

Gleichwohl wird der Subsidiaritätsvorbehalt eine wichtige haftungsbegrenzende Funktion überall dort haben, wo am Haftungsgeschehen weitere Schädiger beteiligt sind, an die der Verletzte sich (zumutbarerweise) halten kann.

Zu bemerken ist, daß die Verweisungsklausel des StHG auch vorsätzliche Schädigungen mit einbezieht. Das kann angesichts der Aussparung des Verschuldens als haftungsbegründendes Merkmal auf den ersten Blick als konsequent erscheinen. Rechtsstaatliche Bedenken ergeben sich jedoch, wenn im Einzelfall der Amtsträger mit Schädigungsvorsatz handelt. Es erscheint zweifelhaft, einen am Schaden mit minderer Schuldform beteiligten Dritten im Ergebnis das volle Schadensrisiko deshalb tragen zu lassen, weil angesichts der Verweisungsklausel dem Geschädigten gegenüber keine Gesamtschuldnerschaft zwischen dem Dritten und dem Staat eintritt.

6. Schadensabwendungspflicht

Nach § 2 StHG n.F. haben "natürliche und juristische Personen alle ih- **74**
nen möglichen und zumutbaren Maßnahmen zu ergreifen, um einen
Schaden zu verhindern oder zu mindern. Verletzen sie diese Pflicht
schuldhaft, so wird die Haftung des staatlichen oder kommunalen Organs entsprechend eingeschränkt oder ausgeschlossen". Das gilt vor
allem für die Ausschöpfung des Primärrechtsschutzes gegenüber
Rechtsakten der Verwaltung. Diese Regelung des mitwirkenden Verschuldens bei der Schadensentstehung und beim Schadensumfang enthält den Rechtsgedanken des § 254 BGB. Sie ist flexibler als § 839
Abs. 3 BGB, weil sie eine einzelfallbezogene Abwägung der beidersei-
tigen Verantwortungsanteile erlaubt und bei Verletzung der Obliegenheit zur Schadensabwendung durch Gebrauch von Rechtsmitteln nicht
stets zum Totalverlust des Ersatzanspruchs führt,

- diese Rechtsfolge ist allerdings
durch die neuere Rechtsprechung des
BGH relativiert worden,
vgl. BGH VersR 1986, 575 -.

Daß im Nichtgebrauchmachen von Rechtsmitteln ein Verstoß gegen
die Obliegenheit zur Schadensverhütung liegen kann, war bereits früher in der DDR anerkannt,

vgl. Lübchen, aaO, S. 397.

Angesichts der Bedeutung, die der Bundesgerichtshof dem Primärrechtsschutz (auch) bei der Rechtsfigur des enteignungsgleichen Eingriffs beimißt,

BGHZ 90, 17, 31 ff und ständig;
dazu oben Rz. 46 ff,

wird auch bei der Anwendung des § 2 StHG ein Schadensersatzan-
spruch insoweit abzulehnen sein, als der Verletzte durch Gebrauch von
Rechtsmitteln den Schaden hätte vermeiden können. Im übrigen werden die von der Rechtsprechung zu § 254 BGB entwickelten Grund-

sätze, namentlich auch zur Zumutbarkeit der Einlegung von Rechtsmitteln, heranzuziehen sein. Dabei wird angesichts der durch das
StHG gegenüber dem allgemeinen Amtshaftungsrecht verschärften
Haftung eine mitwirkende Fahrlässigkeit des Verletzten gegebenenfalls auch dann berücksichtigt werden können, wenn der Schaden
durch eine vorsätzliche Verletzung zu beachtender öffentlich-rechtli-
cher Pflichten (anders bei vorsätzlicher Schadenszufügung) verursacht
worden ist,

> vgl. BGH VersR 1987, 1112;
> BGH WM 1989, 502.

7. Verjährung

75 Die Verjährungsfrist des Ersatzanspruchs beträgt nach § 4 Abs. 1
StHG ein Jahr. Darin weicht die Regelung von den Verjährungsfristen
ab, die für die Amtshaftung (§ 852 BGB) und für öffentlich-rechtliche
Entschädigungsansprüche des Ordnungsbehördenrechts (etwa nach
OBG NW, vgl. unten Rz. 125 ff) gelten. Für den Beginn der Frist ergeben sich gegenüber dem Bundesrecht keine Abweichungen. Die Verjährung wird jedoch durch den Antrag auf Schadensersatz, der auch
bei einer anderen als der für den Schaden verantwortlichen Einrichtung gestellt werden kann (§ 5 Abs. 1 und Abs. 2 StHG), unterbrochen,
§ 4 Abs. 3 StHG. Diese Besonderheit ergibt sich aus dem vorgeschalte-
ten Verwaltungsverfahren, das erst mit der Beschwerdeentscheidung
den Zugang zu den - jetzt - Zivilgerichten eröffnet. Diese Regelung
wirft u.a. die Frage auf, ob Ansprüche aus enteignungsgleichem Eingriff, für die der Bundesgerichtshof auf den allgemeinen Aufopfe-
rungsgrundsatz zurückgreift,

> BGHZ 90, 17, 29 ff,

und die regelmäßig erst in 30 Jahren verjähren, neben den Ansprüchen
aus dem StHG und über dessen Verjährungsfrist hinaus bestehen können. Dies wird zu verneinen sein. Der Bundesgerichtshof hat zum Ent-

schädigungsanspruch nach § 39 OBG NW ausgesprochen, daß landesrechtlich eröffnete Ersatzansprüche wegen rechtswidrigen Verhaltens einer Ordnungsbehörde als spezialgesetzliche Konkretisierung den allgemeinen Grundsätzen über den enteignungsgleichen Eingriff vorgehen und daß der Landesgesetzgeber befugt ist, für solche Ersatzansprüche eine kürzere Verjährungsfrist zu bestimmen als sie nach bundesrechtlichen Grundsätzen gilt,

BGHZ 72, 273, 276 ff;
dazu Rz. 125.

Dies wird auch im Anwendungsbereich des StHG anzunehmen sein, soweit das Gesetz - generalisierend -Tatbestände erfaßt, die sonst nach allgemeinen Aufopferungsgrundsätzen zu behandeln wären. Angesichts des weiten, nicht auf bestimmte Formen der Verwaltung beschränkten Anwendungsbereichs des § 1 StHG wird diese "Verdrängungswirkung" mehr oder minder umfassend sein, soweit Landesbehörden bzw. - körperschaften - auch bei der Ausführung von Bundesrecht - beteiligt sind. Für rechtswidriges Verhalten von Bundesbehörden fehlt es an der "Annexkompetenz" des Landesgesetzgebers zum Erlaß entsprechender Entschädigungsnormen,

BGHZ 72, 273, 277.

Die Verjährung von öffentlich-rechtlichen Ersatzansprüchen wird nach **76** der neueren Rechtsprechung des Bundesgerichtshofs unterbrochen (§ 209 Abs. 1 BGB), wenn der Verletzte gegenüber ihn belastenden (Rechts-)Akten der öffentlichen Gewalt vor den Gerichten um Primärrechtsschutz nachsucht,

BGHZ 95, 238;
BGHZ 97, 97;
BGH VersR 1988, 741;
vgl. dazu Rz. 51.

Dieser Grundsatz dürfte auch für Ansprüche nach dem StHG gelten.
Er wird sich regelmäßig aber nicht auswirken, weil entweder schon das
geschilderte Vorschaltverfahren zur Unterbrechung der Verjährung
führt oder - bei Untätigkeit des Verletzten - der Ablauf der einjährigen
Verjährungsfrist die Beschreitung des Rechtsweges aussichtslos macht.

Eine Besonderheit besteht in den Fällen, in denen der Verletzte über
rechtlich durchsetzbare Möglichkeiten zur Naturalrestitution verfügt,
die mit dem Entschädigungsanspruch nach § 1 StHG konkurrieren
können. Dies kann sich ergeben, wenn durch die rechtswidrige Handlung eines Amtsträgers, etwa eine falsche Auskunft über Rentenfra-
gen, sozialversicherungsrechtliche Nachteile entstehen, die durch Zu-
erkennung eines sozialrechtlichen Herstellungsanspruchs (einer besonderen Spielart des Folgenbeseitigungsanspruchs) ausgeglichen werden können. Beschreitet hier der Verletzte den Rechtsweg zu den So-
zialgerichten, so tritt Unterbrechung der Verjährung auch des aus diesem Sachverhalt erwachsenden Entschädigungsanspruchs ein,

BGH VersR 1988, 741,

sodaß dem Verletzten die Versäumung der Jahresfrist im Antragsverfahren nach § 5 StHG nicht schadet.

8. Ausländer

77 Nach § 10 StHG n.F. sind anspruchsberechtigt auch Angehörige fremder Staaten, die im Geltungsbereich des StHG keinen Wohnsitz oder
ständigen Aufenthalt haben. Die noch in § 10 Abs. 3 StHG 1969 enthaltene Einschränkung verbürgter Gegenseitigkeit ist entfallen. Es
reicht also aus, daß ein (beliebiger) Ausländer durch hoheitliche Gewalt, die im Beitrittsgebiet durch Angehörige der Landes- oder Kom-
munalverwaltung ausgeübt wird, Schaden erleidet (vgl. aber insoweit
die in Sachsen-Anhalt eingetretene Rechtsänderung, Rz. 89).

9. Passivlegitimation

Der Ersatzanspruch richtet sich gem. § 1 Abs. 1 StHG n.F. gegen das **78** "jeweilige staatliche oder kommunale Organ". Da der Anspruch im Rechtsweg vor den Zivilgerichten zu verfolgen ist, genügt insoweit nicht Beteiligtenfähigkeit nach § 61 Nr. 3 VwGO. Es bedarf vielmehr der Rechtsfähigkeit. Insoweit ist die Lage im Beitrittsgebiet z.T. noch unklar, weil das Landesrecht aufgerufen ist, die seit 1985 bestehende Organfähigkeit der örtlichen Volksvertretungen oder der kollektiven Leitungsorgane in den Gemeinden neu zu ordnen. Soweit eine Neuordnung noch aussteht, dürfte als Haftungssubjekt die jeweilige juristische Person anzusehen sein, die durch das zuständige Organ vertreten wird,

vgl. Rüfner, aaO, S. 100;
Ossenbühl, NJW 1991, 1206;
ders., Staatshaftungsrecht,
aaO, S. 402.

Im übrigen ist derjenige (rechtsfähige) Träger der Verwaltung Anspruchsschuldner, dessen Bediensteter den Schaden verursacht hat, beim "Beauftragten" der Verwaltungsträger, der dem Beauftragten die Ausübung staatlicher Tätigkeit anvertraut hat,

Ossenbühl, Staatshaftungsrecht,
aaO, S. 403.

10. Vorschaltverfahren

Der Ersatzanspruch nach dem StHG kann nicht unmittelbar gericht- **79** lich geltend gemacht werden. Es ist ein zweistufiges Verwaltungsverfahren vorgeschaltet (Antragsverfahren und Beschwerdeverfahren):

(a)   Der Schadensersatz ist zunächst bei dem "staatlichen Organ **80** oder der staatlichen Einrichtung" - zu ergänzen ist: kommunales Organ oder kommunale Einrichtung, vgl. § 1 Abs. 1 StHG n.F. - zu beantragen, "durch deren Mitarbeiter oder Beauftragten der Schaden verursacht wurde" (§ 5 Abs. 1 StHG 1969). Der Leiter des Organs bzw. der Einrichtung entscheidet (regelmäßig) über Grund und Höhe des Ersatzanspruchs (§ 5 Abs. 3 Satz 1). Die Entscheidung ist zu begründen und mit einer Rechtsmittelbelehrung zu versehen (§ 5 Abs. 3 Satz 3).

Die Anbringung des Antrages bei einer unzuständigen Stelle (vgl. § 5 Abs. 2) unterbricht die Verjährungsfrist (§ 4 Abs. 3).

81   (b)   Gegen die Entscheidung über den Schadensersatzantrag ist innerhalb eines Monats nach Zustellung ihrer Bekanntgabe die Beschwerde zulässig, die bei dem Organ oder der Einrichtung einzulegen ist, dessen Entscheidung angefochten wird (§ 6 StHG 1969). Das weitere Verfahren ist durch die Neufassung geändert worden: Gegen die Zurückweisung der Beschwerde steht der Rechtsweg zu den ordentlichen Gerichten offen. Ohne Rücksicht auf den Wert des Streitgegenstandes ist das Kreisgericht (Landgericht) zuständig, in dessen Bezirk das Organ seinen Sitz hat, aus dessen Verhalten der Anspruch hergeleitet wird (§ 6a StHG n.F.).

82   Diese Rechtslage kann in verfahrensrechtlicher Hinsicht zu Überschneidungen zwischen dem Amtshaftungs- und dem Staatshaftungsanspruch führen. Grundsätzlich kann der Geschädigte zweispurig vorgehen, wobei die kürzere Verjährungsfrist des Anspruchs nach dem StHG zu beachten ist. An der Geltendmachung eines Amtshaftungsanspruchs kann durchaus ein Interesse bestehen, wenn, wie hier vorgeschlagen, die Staatshaftung auf den Schutz bestehender Rechtsgüter beschränkt wird.

II.   Staatshaftung in Sachsen - Anhalt

Das Land Sachsen-Anhalt hat das StHG mit Gesetz vom 24.8.1992 (GVBl LSA 34/1992 - nachfolgend ÄndG genannt) erheblich geändert und darin die sehr weitgehende Haftung auf den Haftungsmaßstab des allgemeinen enteignungsgleichen Eingriffs reduziert. Die Grundzüge der Änderung lassen sich wie folgt beschreiben:

(1)   Die in § 1 StHG bestimmte Haftung für Schäden an Vermö-   **83**
gen oder Rechten natürlicher oder juristischer Personen wird ersetzt
durch eine Entschädigung für Vermögensnachteile, die solchen Personen des Privatrechts durch einen unmittelbaren hoheitlichen Eingriff
in ihr Eigentum zugefügt werden.

Damit entfällt die bisherige Konzeption einer auf vollen Schadensersatz gerichteten Rechtswidrigkeitshaftung. Mit der Beschränkung auf
das zu schützende Rechtsgut "Eigentum", die Ersetzung des nach den
zivilrechtlichen Vorschriften zu bestimmenden Schadensersatzes durch
eine "angemessene Entschädigung", und durch die Einführung der
Rechtsfigur des "unmittelbaren hoheitlichen Eingriffs" wird der enteignungsgleiche Eingriff in seiner richterrechtlich entwickelten Form
übernommen (§ 1 ÄndG), allerdings mit der weiteren Einschränkung,
daß es bei der Verweisungsklausel des § 3 Abs. 3 StHG n.F. verbleibt.

Ein Entschädigungsanspruch gegen den Mitarbeiter ist ausgeschlossen
(§ 1 Abs. 2 ÄndG). Auch ohne ausdrückliche Erwähnung dürften darunter auch "Beauftragte" fallen, denn auch deren rechtswidriges Verhalten führt nach § 1 Abs. 1 StHG zur unmittelbaren Haftung der juristischen Person des öffentlichen Rechts, die dem Beauftragten die
Ausübung hoheitlicher Tätigkeit anvertraut hat (vgl. oben Rz. 56, 62
und 78).

(2)   Die Beschränkung auf rechtswidrige Handlungen von   **84**
"Mitarbeitern oder Beauftragten eines Trägers öffentlicher Gewalt" hat
gegenüber der Fassung des StHG n.F. ("Mitarbeiter oder Beauftragte
staatlicher oder kommunaler Organe") nur klarstellende Bedeutung.

(3)   Die Schadensabwendungspflicht des Geschädigten ist gegen-   **85**
über der Regelung im StHG n.F. materiell und verfahrensrechtlich
verschärft worden: Der Geschädigte muß sich im Einzelfall entlasten,
wenn er geltend machen will, aus von ihm nicht zu vertretenden Gründen den Schaden nicht durch Gebrauch von Rechtsmitteln oder
Rechtsbehelfen (einschließlich solchen des vorläufigen Rechts-

schutzes) abgewendet zu haben (§ 2 Abs. 2 Satz 2 ÄndG). Fraglich ist,
ob hier auch das Kriterium der Zumutbarkeit Berücksichtigung finden
kann. Trotz Vorwerfbarkeit kann der Geschädigte gleichwohl eine
Entschädigung erhalten, "soweit" diese "zur Abwendung einer besonderen Härte geboten ist". Die Voraussetzungen dieser Ausnahme vom
Grundsatz des Wegfalls der Entschädigungspflicht sind im Gesetz
nicht weiter bestimmt.

86   (4)   In § 3 Abs. 2 ÄndG wird die bisherige Verweisung auf
"Umfang des Schadensersatzes nach den zivilrechtlichen Vorschriften"
gestrichen. Damit und durch begleitende redaktionelle Änderungen
wird klargestellt, daß weder materieller noch immaterieller Schadensersatz begehrt werden kann.

87   (5)   Die Verjährung beträgt jetzt drei Jahre von dem Zeitpunkt
an, zu welchem der Betroffene von dem Vermögensnachteil und der
Behörde oder Stelle, aus deren Verhalten der Anspruch hergeleitet
wird, Kenntnis erlangt, ohne Rücksicht auf diese Kenntnis dreißig
Jahre nach dem Eingriff (§ 4 ÄndG). Dies entspricht im wesentlichen
der Verjährungsregelung in § 852 BGB.

88   (6)   Die Bestimmungen des StHG über das Vorverfahren und das
nachgeschaltete Beschwerdeverfahren (§§ 5 und 6 StHG) werden gestrichen. In § 6a ÄndG wird klargestellt, daß für Streitigkeiten die Zivilgerichte zuständig sind. Zuständig sind im ersten Rechtszug das
"Kreisgericht oder das Landgericht".

89   (7)   Die Zurückdrängung des Gedankens der Gegenseitigkeit im
StHG wird in § 7 ÄndG wieder relativiert: Die Landesregierung kann
"zur Herstellung der Gegenseitigkeit durch Verordnung bestimmen,
daß einem ausländischen Staat und seinen Angehörigen, die im Geltungsbereich des Gesetzes keinen Wohnsitz odser ständigen Aufenthalt haben, Ansprüche aus diesem Gesetz und wegen Amtspflichtverletzung nicht zustehen, wenn der Bundesrepublik Deutschland oder
Deutschen nach dem ausländischen Recht bei vergleichbaren Schädi-

gungen kein gleichwertiger Schadensausgleich von dem ausländischen Staat geleistet wird". Ausgenommen hiervon sind allerdings "die Mitgliedstaaten der Europäischen Gemeinschaft und deren Angehörige".

Interessant ist insoweit die Behandlung auch der Ansprüche aus Amtspflichtverletzung, soweit es um deren Übernahme durch die nach Art. 34 GG bestimmte Körperschaft geht.

(8)   In einer "Übergangsvorschrift" (§ 8 ÄndG) werden "Ansprü-   **90**
che bei hoheitlichem Handeln zur Durchführung der Rechtsvorschriften zur Investitionsförderung einschließlich der Verordnung über den Verkehr mit Grundstücken und der Verordnung über die Anmeldung vermögensrechtlicher Ansprüche" von dem Gesetz ausgenommen.

Nach § 8 Abs. 1 ÄndG bleiben "Ausgleichsleistungen wegen rechtswidriger hoheitlicher Schadenszufügung, die nach den für sie bisher geltenden Rechtsvorschriften bestandskräftig zuerkannt worden sind", von dem Gesetz "unberührt". Bei diesem Gesetzesaufbau liegt die Auslegung nahe, daß noch nicht bestandskräftige Erkenntnisse dem neuen Rechtszustand unterworfen sein sollen. Das würde eine echte Rückwirkung bedeuten, die bereits entstandene Rechtspositionen wieder entziehen würde. Aus rechtsstaatlicher Sicht wäre dies nicht hinnehmbar, sodaß ein solches Verständnis der Norm einer verfassungskonformen Auslegung wohl nicht standhalten würde.

(9)   Insgesamt stellt das Änderungsgesetz eine völlige "Kehrtwen-   **91**
dung" des Landesgesetzgebers gegenüber dem Haftungsrahmen des Staatshaftungsgesetzes dar, das insoweit ein Novum darstellt, als hier zum erstenmal in der neueren deutschen Rechtsentwicklung der von der Rechtsprechung entwickelte enteignungsgleiche Eingriff nahezu lupenrein kodifiziert wird, allerdings um den Preis der Einführung der Verweisungsklausel. Gerade dieses muß verwundern, weil einer der Gründe für die richterrechtliche Entwicklung des enteignungsgleichen Eingriffs die Subsidiärhaftung bei fahrlässiger Amtspflichtverletzung

gewesen ist. Ein um die Verweisungsklausel angereicherter enteignungsgleicher Eingriff stellt den Bürger in Sachsen-Anhalt schlechter,
als wenn das StHG für dieses Land ganz aufgehoben worden wäre.

III. Gesetzliche Staatshaftung im Bereich des Polizei- und Ordnungsbehördenrechts

92   (1)   Die - verschuldensunabhängige - Unrechtshaftung für
rechtswidrige Maßnahmen der Polizei- und Ordnungsbehörden hat
sich aus dem allgemeinen Aufopferungsgedanken entwickelt. Werden
vermögenswerte Rechtspositionen durch rechtswidrige Maßnahmen
beeinträchtigt, stellt dies einen enteignungsgleichen Eingriff dar; die
rechtswidrige Verletzung nichtvermögenswerter höchstpersönlicher
Rechtsgüter einen aufopferungsgleichen Eingriff,

> vgl. dazu näher Kreft, RGRK, 12. Aufl.,
> Vorbem. 22 zu § 839 BGB m.w.N.

93   (2)   Die Polizei- und Ordnungsbehördengesetze der Bundesländer

> - vgl. Art. 41 ff PolG Baden-Württemberg;
> Art. 49 ff Bayer. PolizeiaufgabenG;
> §§ 37 ff ASOG Berlin;
> § 56 Brem. PolG;
> § 10 III Hamb. SOG;
> §§ 30 ff Hess. SOG;
> §§ 58 ff Nds. SOG;
> §§ 39 ff OrdnungsbehördenG NW;
> §§ 68 ff PVG Rheinland-Pfalz;
> §§ 70 ff PVG Saarland;
> §§ 188 ff LandesverwaltungsG Schl.-Holst. -

sehen in unterschiedlicher Weise verschuldensunabhängige Entschädigungsansprüche bei der Inanspruchnahme als Nichtstörer oder für
rechtswidrige Eingriffe von Polizei- und Ordnungsbehörden vor. Dabei
ist der Kreis von Behörden, die der Polizei im organisatorischen Sinne

zugerechnet werden, in den einzelnen Bundesländern unterschiedlich weit gezogen. Baden-Würrtemberg, Bremen, Rheinland-Pfalz und das Saarland haben das sogenannte Einheitssystem beibehalten und der Polizei die Aufgabe der Gefahrenabwehr insgesamt zugewiesen; dagegen haben die übrigen Bundesländer - im Zuge der "Entpolizeilichung" - durch die Einführung des Trennungssystems die Aufgaben der Gefahrenabwehr auf grundsätzlich zwei Behördenzweige verteilt. Auch die neuen Bundesländer folgen, mit Ausnahme von Sachsen, dem Trennungssystem,

> vgl. dazu Schenke, in: Steiner, Besonderes Verwaltungsrecht, 4. Aufl., 1992, Teil II H (Polizei- und Ordnungsrecht), Rz. 141 ff, 150 ff.

Beispielhaft soll dazu im folgenden die Regelung der Entschädigung für rechtswidrige Handlungen der Ordnungsbehörden nach dem nordrhein-westfälischen Ordnungsbehördengesetz in einer Übersicht dargestellt werden.

IV. Ordnungsbehördengesetz Nordrhein-Westfalen - OBG NW -

(1)   Den Ordnungsbehörden fällt die Aufgabe zu, Gefahren für **94** die öffentliche Sicherheit oder Ordnung abzuwehren (§ 1 Abs. 1 OBG). Die Aufgaben der örtlichen Ordnungsbehörden nehmen die Gemeinden, die Aufgaben der Kreisordnungsbehörden die Kreise und kreisfreien Städte als Pflichtaufgaben zur Erfüllung nach Weisung (§ 9) wahr; dies gilt auch für die ihnen als Sonderordnungsbehörden übertragenen Aufgaben (§ 3 Abs. 1 OBG). Sonderordnungsbehörden sind die Behörden, denen durch Gesetz oder Verordnung auf bestimmten Sachgebieten Aufgaben der Gefahrenabwehr oder in ihrer Eigenschaft als Sonderordnungsbehörden andere Aufgaben übertragen worden sind (§ 12 Abs. 1 OBG). Für diese Behörden gelten die Vorschriften des OBG NW, vorbehaltlich anderer Regelungen durch Gesetz oder Verordnung (§ 12 Abs. 2 OBG).

Sonderordnungsbehörden haben im Rahmen ihres Aufgabenbereichs die Aufgaben der Gefahrenabwehr regelmäßig umfassend wahrzunehmen. Zu ihnen gehören u.a. die Bauaufsichtsbehörden (§ 57 BauO NW), nicht hingegen die Feuerwehr, der zur Wahrnehmung ihrer Aufgaben nur begrenzte Eingriffsbefugnisse (§§ 30, 31 FSHG NW) zustehen,

> vgl. Bergmann/Schumacher, Die Kommunal-
> haftung, 1991, Rz. 1140 m.w.N.

95 (2) Nach der Rechtsprechung des Bundesgerichtshofs stellt der im Ordnungsbehördengesetz NW normierte Ersatzanspruch wegen rechtswidrigen Verhaltens einer Ordnungsbehörde eine spezialgesetzliche Konkretisierung der allgemeinen Grundsätze über den enteignungsgleichen Eingriff dar. Der Landesgesetzgeber war hierbei befugt, für Ersatzan-sprüche nach dem OBG eine kürzere Verjährungsfrist zu bestimmen, als sie nach bundesrechtlichen Grundsätzen (entsprechend der einfachgesetzlichen Regelung des § 195 BGB) für Entschädigungsansprüche aus dem Gesichtspunkt des allgemeinen enteignungsgleichen Eingriffs gilt. Nach den bundesverfassungsrechtlich gewährleisteten Grundlagen des Rechtsinstituts des enteignungsgleichen Eingriffs hat der Betroffene Anspruch auf "angemessene" Entschädigung. Dieser weite Rahmen kann durch einfaches Gesetz in den Einzelheiten und Modalitäten - mithin auch in der Verjährungsfrage - näher ausgestaltet werden. Dazu war hier der Landesgesetzgeber berechtigt; denn ihm steht als Annexkompetenz zur Sachkompetenz (Art. 30, 70 GG) die Befugnis zu, für das Gebiet des Ordnungsrechts und Polizeirechts Entschädigungsregelungen zu treffen,

> vgl. auch BGHZ 29, 95, 97.

Der abschließende Charakter der landesrechtlichen Regelung verbietet es daher dem Geschädigten, nach Verjährung seiner Ansprüche nach dem OBG auf das allgemeine Haftungsinstitut des enteignungsgleichen Eingriffs zurückzugreifen,

s. dazu auch BGHZ 45, 58, 82 für
das Verhältnis von Art 5 Abs. 5
Menschenrechtskonvention - MRK -
zum allgemeinen Aufopferungsanspruch;
BGHZ 103, 113 und
BGHZ 106, 313 zum Verhältnis der
in § 7 des Gesetzes zur Entschädigung für erlittene Strafverfolgungs-
maßnahmen - StrEG - enthaltenen Ent-
schädigungsregelung zur Aufopferung;
Ossenbühl, Staatshaftungsrecht,
4. Aufl., S. 223.

Dabei ist zu beachten, daß der Ersatzanspruch nach § 39 Abs. 1 b
OBG - wenn man die Verjährungsfrage außer Betracht läßt - im
Hinblick auf die (begrenzte) Ersatzfähigkeit auch des entgangenen
Gewinns nach § 40 Abs. 1 Satz 2 OBG für den Geschädigten durchaus
günstiger ist als der allgemeine Anspruch aus enteignungsgleichem
Eingriff,

vgl. BGH, Urt. v. 2.10.1978 - III ZR 9/77,
BGHZ 72, 273;
BGH, Urt. v. 17.12.1981 - III ZR 88/80,
BGHZ 82, 361;
BGH, Urt. v. 25.2.1982 - III ZR 76/81,
VersR 1982, 582, sowie
BGH, Beschl. v. 25.2.1987 - III ZR 216/86
- betr. § 37 ASOG Berlin;
zur Revisibilität dieses Gesetzes im
Hinblick auf das VwVfG neuerdings
BGH, Urt. v. 4.6.1992 - III ZR 39/91.

(3)   Grundlage für Entschädigungsansprüche wegen rechtswidri-   **96**
ger Eingriffe ist § 39 OBG.

(a)   Der dem gem. § 19 OBG in Anspruch genommenen Nicht-   **97**
störer entstandene Schaden ist gem. § 39 Abs. 1 a OBG zu ersetzen.
Dazu wird auf das bereits oben I 3 b behandelte Urteil des Bundesgerichtshofs

v. 12.3.1992 - III ZR 128/91
- "Kälbermast";
s. dazu bei Rz. 23 -

verwiesen.

98   (b)   Gem. § 39 Abs. 1 b OBG ist ein Schaden, den jemand durch Maßnahmen der Ordnungsbehörden erleidet, sonst zu ersetzen, wenn er durch rechtswidrige Maßnahmen, gleichgültig, ob die Ordnungsbehörden ein Verschulden trifft oder nicht, entstanden ist.

99   (c)   Der Bundesgerichtshof billigt jedoch auch im Anwendungsbereich des OBG NW dem Geschädigten keinen Ersatz von "reinen" Vermögensschäden zu: § 39 OBG setzt voraus, daß der Geschädigte unmittelbar in seinen Rechten beeinträchtigt und nicht nur mittelbar in seinen wirtschaftlichen Interessen betroffen ist. Für diesen Tatbestand einer Haftung wegen rechtswidrigen Verhaltens der öffentlichen Hand, der eine Inanspruchnahme aus dem allgemeinen Haftungsinstitut des enteignungsgleichen Eingriffs ausschließt, ist in gleicher Weise wie für einen Anspruch aus enteignungsgleichem Eingriff erforderlich, daß unmittelbar auf die Rechtsposition des Geschädigten eingewirkt wird,

BGH, Beschl. v. 7.3.1991 - III ZR 84/90.

100   (d)   § 39 OBG stellt, anders als die Amtshaftung nach § 839 BGB, nicht auf die Verletzung drittgerichteter Amtspflichten ab. Um so größere Bedeutung kommt deshalb im Rahmen des Rechtswidrigkeitsurteils dem Schutzzweck der jeweils verletzten Norm als haftungsbegrenzendem Kriterium zu. Hierzu hat der Bundesgerichtshof, beginnend mit dem Urteil vom

27.1.1983 - III ZR 131/81,
BGHZ 86, 356

entschieden, daß es auch bei der Anwendung des § 39 Abs. 1 b OBG darauf ankommt, ob der entstandene Schaden im Schutzbereich der Norm liegt, deren Verletzung die Rechtswidrigkeit der konkreten "Maßnahme" herbeiführt. Wenn daher eine baurechtliche Vorschrift, von der bei der Erteilung der Baugenehmigung zum Nachteil des Nachbarn abgewichen wurde, nicht (wenigstens auch) dessen Individualschutz bezweckt, sondern allein im öffentlichen Interesse an einer geordneten städtebaulichen Entwicklung erlassen wurde, so schützt diese Norm auch nicht das benachbarte Eigentum gegen Wertminderungen durch die rechtswidrige Genehmigung von Bauvorhaben. Die nachbarschützende Funktion einer Vorschrift kann auf der Ebene der (verwaltungsgerichtlichen) Nachbarklage und des Entschädigungsanspruchs nach § 39 Abs. 1 b OBG NW nur einheitlich beurteilt werden. Auf diese Weise wird eine Gleichbehandlung in den Voraussetzungen für die öffentlich-rechtliche Nachbarklage, die Amtshaftung (Schutz von "Dritten") und den Entschädigungsanspruch nach § 39 Abs. 1 b OBG erreicht.

Namentlich in seiner Rechtsprechung zu den Altlasten hat der Bundesgerichtshof diese Rechtsprechung konsequent weitergeführt. Auch hier ist zu prüfen, ob die verletzte Norm mindestens auch dem Individualinteresse des Verletzten zu dienen bestimmt ist. Wenn sich die Rechtswidrigkeit der Bebauungsplanung aus der Verletzung der gesetzlichen Pflicht ergibt, Gefahren für Leben und Gesundheit der im Plangebiet (jetzt oder künftig) Wohnenden zu vermeiden, so setzt ein Entschädigungsanspruch voraus, daß dieser Zustand als Folge der Planung auch eintritt. Dagegen reicht es nicht aus, daß das Bewohnen möglich bleibt, jedoch Wertverluste an den (bebauten) Grundstücken auftreten, die in Einzelfällen ganz erheblich sein können. Solche Schäden liegen nicht mehr im Schutzbereich der zu beachtenden öffentlich-rechtlichen Normen. Daher stellt die unter diesen Umständen erteilte (rechtswidrige) Baugenehmigung für den Eigentümer eine zum Ersatz verpflichtende Maßnahme nach § 39 Abs. 1 b OBG nur dann und insoweit dar, als das damit zugelassene Bauwerk - wegen der Bodenbeschaffenheit des Baugrundes - selbst mit Gefahren für Leben und Gesundheit der Bewohner behaftet ist,

vgl. BGH, Urt. v. 21.12.1989 - III ZR 118/88,
BGHZ 109, 380, 393 ff,

zur "Altlastenrechtsprechung" des Bundesgerichtshofs vgl. im übrigen
die Urteile

    v. 19.3.1992 - III ZR 16/90;
    v. 5.12.1991 - III ZR 167/90;
    v. 26.1.1989 - III ZR 194/87;
    v. 21.2.1991 - III ZR 245/89 und
    v. 6.7.1989 - III ZR 251/87.

101   (e)   In einem Beschluß

    v. 9.7.1992 - III ZR 105/91 -

hat der Bundesgerichtshof überdies das Kriterium der Rechtswidrigkeit, wenn diese sich aus dem objektiven Vorwurf gegenüber einer Behörde ergibt, nicht alle zur Verfügung stehenden Erkenntnisquellen
ausgeschöpft zu haben, an die Voraussetzung geknüpft, daß die prü-
fende Behörde bei Anlegung eines objektiven Sorgfaltsmaßstabes nach
den seinerzeit verfügbaren Erkenntnisquellen die Gefährdung hätte
erkennen können. Andernfalls würde die Haftung nach dem OBG NW
aus einer Unrechtshaftung in eine öffentlich-rechtliche Gefährdungshaftung umschlagen. - Es wird zu verfolgen sein, ob der Bundesgerichtshof diese Überlegungen, die in die Nähe einer (objektivierten)
Verschuldensanforderung geraten, auf seine "Altlasten"-Rechtspre-
chung beschränkt oder auch auf andere Gebiete der Staatshaftung
überträgt.

102   (f)   Im Mittelpunkt des § 39 OBG steht der Begriff der
"Maßnahme".

Er ist vom Gesetz bewußt weit gefaßt worden,

vgl. BGH, Urt. v. 23.2.1978 - III ZR 97/76,
NJW 1978, 1522;
Rietdorf/Heise/Böckenförde/Strehlau, Ord-
nungs- und Polizeirecht in Nordrhein-Westfalen,
2. Aufl., § 41 OBG Rz. 11;
vgl. auch Krämer/Müller, OBG NW,
2. Aufl., § 41 Rz. 4.

(g)   Eine "Maßnahme" setzt positives Handeln voraus; reines Un-   **103**
terlassen genügt nicht. Es sind insoweit die zum enteignungsgleichen
Eingriff entwickelten Grundsätze des "Eingriffs" verwertbar (vgl. dazu
oben Rz. 39 ff). Es genügt daher u.a. nicht die bloße Verzögerung bei
der Erteilung einer Genehmigung. Anders verhält es sich, wenn das
Verhalten der Ordnungsbehörde sich als qualifiziertes Unterlassen
darstellt (vgl. oben Rz. 40).

Nach dem Urteil vom   **104**

10.2.1983 - III ZR 105/81,
NVwZ 1983, 500 = UPR 1983, 269, 270
= BauR 1983, 451

kann eine rechtswidrige Maßnahme i.S.d. § 39 Abs. 1 b OBG nicht nur
in der förmlichen Ablehnung eines Baugesuchs, sondern auch darin
liegen, daß eine Behörde durch ihr faktisches Verhalten einen Bauin-
teressenten davon abhält, ein Baugesuch einzureichen oder einen gestellten Bauantrag weiterzuverfolgen. Die Geltung dieser Auffassung
ist nach der neueren Rechtsprechung des Bundesgerichtshofs, die den
Stellenwert des Primärrechtsschutzes erheblich angehoben hat (vgl.
dazu oben B 5), fraglich. Grundsätzlich wird man dem Bauinteressen-
ten zumuten müssen, bei Zweifeln über die Zulässigkeit des geplanten
Vorhabens die dafür vom öffentlichen Baurecht zur Verfügung gestellten Instrumente zu gebrauchen, namentlich den baurechtlichen Vorbescheid. Nur in Ausnahmefällen, in denen die Verwaltung einen ersichtlich unkundigen und auch aus ihrer Sicht ihr kritiklos vertrauen-
den Bürger davon abhält, den zulässigen und seinen Interessen die-
nenden Verfahrensantrag zu stellen, wird der "faktische" Eingriff noch

Verwendung finden können. Das Verhalten der Verwaltung nähert sich dann jedoch derart der Erteilung einer behördlichen Auskunft (vgl. dazu die untenstehenden Ausführungen) über die bauliche Nutzbarkeit eines Grundstücks, daß in diesen Fällen diese Haftungsform in Betracht kommen dürfte.

105   (h)   Als "Maßnahme" sind in der Rechtsprechung des Bundesgerichtshofs u.a. anerkannt worden:

106   Die Ablehnung einer Bauvoranfrage oder beantragten Baugenehmigung,

> BGH, Urt. v. 2.10.1978 - III ZR 9/77,
> BGHZ 72, 273, 275;
> BGH, Urt. v. 17.12.1981 - III ZR 88/80,
> BGHZ 82, 361;
> BGH, Urt. v. 24.6.1982 - III ZR 169/80,
> BGHZ 84, 292, 294.

Die Erteilung einer (rechtswidrigen) Baugenehmigung kann eine rechtswidrige Maßnahme zu Lasten des Nachbarn darstellen,

> vgl. BGH, Urt. v. 12.10.1978 - III ZR 162/76,
> NJW 1979, 34,

aber auch gegenüber dem antragstellenden Eigentümer selbst, wenn sie (wegen ihrer Rechtswidrigkeit) später wieder aufgehoben oder beschränkt wird,

> vgl. BGH, Urt. v. 21.12.1989 - III ZR 117/88;
> BGH, Urt. v. 27.1.1983 - III ZR 131/81,
> BGHZ 86, 356;
> BGH, Beschl. v. 29.6.1989 - III ZR 274/88;
> BGH, Beschl. v. 27.2.1992 - III ZR 204/90.

Weitere Fälle einer "Maßnahme" sind:

Die Erteilung einer (rechtswidrigen) Teilungsgenehmigung (§ 19   **107**
BauGB):

> BGH, Urt. v. 11.10.1984 - III ZR 27/83,
> BGHZ 92, 302.

Die Befreiung von den Festsetzungen eines Bebauungsplans durch die
Baugenehmigungsbehörde (§ 31 BauGB):

> BGH, Urt. v. 12.10.1978 - III ZR 162/76,
> DVBl 1979, 112;

die Inanspruchnahme eines Grundstücks zur Abwehr einer vom Nach-
bargrundstück drohenden Gefahr:

> BGH, Beschl. v. 31.1.1980 - III ZR 140/78;

die Zurückstellung (§ 15 BauGB) eines Baugesuchs durch die Baugenehmigungsbehörde:

> BGH, Urt. v. 17.12.1981 - III ZR 88/80,
> BGHZ 82, 361.

Jedoch stellen der Erlaß eines Bebauungsplans oder einer Veränderungssperre (§ 14 BauGB) durch Satzungsbeschluß keine "Maßnahmen" nach dem Ordnungsbehördengesetz dar, weil der Bereich der
städtebaulichen Planung vom Gesetz nicht erfaßt wird.

Ob auch die rechtswidrige Versagung des Einvernehmens durch die   **108**
Gemeinde im Baugenehmigungsverfahren gem. § 36 BauGB eine
"Maßnahme" i.S.d. OBG ist, wurde bislang vom Bundesgerichtshof
nicht entschieden . Die Frage kann indes dahinstehen, weil darin jedenfalls ein unmittelbarer enteignungsgleicher Eingriff zu Lasten des
Eigentümers zu sehen ist, wenn der Baugenehmigungsantrag daraufhin
abgelehnt wird,

vgl. BGH, Beschl. v. 30.10.1986
- III ZR 208/85 - unter Hinweis auf
BGHZ 65, 182.

Dagegen scheidet eine, wenn auch rechtswidrige, positive Erteilung des Einvernehmens als "Maßnahme" aus, weil sie die endentscheidende Behörde nicht bindet,

vgl. BGH, Urt. v. 18.12.1986 - III ZR 174/85
- dazu bereits oben Rz. 44.

109 Auch dem betroffenen Nachbarn gegenüber kann eine zu Unrecht erteilte Baugenehmigung eine entschädigungspflichtige rechtswidrige Maßnahme darstellen,

BGH, Urt. v. 27.1.1983 - III ZR 131/81,
BGHZ 86, 356, 358;
s. dazu jedoch die obigen Ausführungen
zum Schutzzweck.

110 Die Entziehung der Erlaubnis zum Betrieb eines Hotels gem. § 15 Abs. 2 GastG ist als vom weiten Begriff der Maßnahme erfaßt angesehen worden,

BGH, Urt. v. 30.10.1984 - VI ZR 18/83,
VersR 1985, 140.

111 Nicht nur den förmlich erlassenen Verwaltungsakt hat der Bundesgerichtshof als Maßnahme i.S.d. § 39 Abs. 1 b OBG gewertet, sondern auch die Erteilung einer mündlichen Auskunft, wenn und solange der auskunftsuchende Bürger auf ihre Richtigkeit vertrauen durfte,

BGH, Urt. v. 23.2.1978, aaO.

Zur Schutzwürdigkeit des einer behördlichen Auskunft entgegengebrachten Vertrauens und deren Bedeutung für das Vorliegen einer "Maßnahme" macht das

BGH-Urteil v. 16.1.1992 - III ZR 18/90 -

jedoch einschränkende Ausführungen. Danach begründet die in einem förmlichen Bauvoranfrageverfahren abgegebene mündliche Erklärung eines Sachbearbeiters, der zuständige Beamte des Bauamts werde den beantragten Vorbescheid erlassen, kein schutzwürdiges Vertrauen dahin, daß der Verwaltungsakt entsprechend erlassen werde. Dies gilt auch, wenn dem Antragsteller der nicht unterzeichnete Entwurf des Vorbescheids von dem Sachbearbeiter bereits ausgehändigt worden ist. In derartigen Erklärungen und in der Übergabe eines solchen Entwurfs liegt (noch) keine "Maßnahme" i.S.d. § 39 Abs. 1 b OBG, die - wenn rechtswidrig - den Antragsteller zum Ersatz von Aufwendungen berechtigen würde, wenn der Vorbescheid dann doch nicht erlassen wird.

Für den Bereich des Einsatzes technischer Einrichtungen hat der Bundesgerichtshof im Urteil vom 112

18.12.1986 - III ZR 242/85
- Verkehrsampel -
vgl. dazu auch oben Rz. 43 -

die Abgabe von Wechsellichtzeichen nach § 37 StVO durch eine Lichtzeichenanlage als Maßnahme i.S.d. § 39 Abs. 1 b OBG eingestuft. Die einzelnen Lichtzeichen einer Verkehrssignalanlage stellen Verwaltungsakte in der Form von Allgemeinverfügungen dar. Sie richten sich an die anwesenden Verkehrsteilnehmer,

BGH, Urt. v. 14.6.1971 - III ZR 120/68,
NJW 1971, 2220, 2222;
BGH, Urt. v. 4.12.1964 - 4 StR 307/64,
BGHSt 20, 127;
BVerwG VRS 33 Nr. 64;
OLG Köln VRS 59 Nr. 224;
vgl. auch Bull, Verwaltung durch Maschinen, S. 147.

Auch durch Automaten gegebene Gebots- oder Verbotszeichen sind danach Maßnahmen, soweit sie dem Handeln der Behörde ihre Existenz verdanken und ihr deshalb zuzurechnen sind.

113 (i)   In dieser Aufstellung mag verwundern, daß der Bundesgerichtshof auch rechtswidrige begünstigende Verwaltungsakte als "Maßnahme" anerkennt. Für den Bereich staatlicher Genehmigungen geht dies auf die zur Amtshaftung (§ 839 BGB) entwickelte Rechtsprechung zurück, daß für den Antragsteller mit der Genehmigung klargestellt werden soll, daß er, wenn er entsprechend der Genehmigung disponiert und baut, nicht Gefahr laufen muß, ein unzulässiges Bauvorhaben durchzuführen,

BGH, Urt. v. 25.1.1973 - III ZR 256/68,
BGHZ 60, 112, 118,
st. Rspr.

Diese Grundsätze hat der Bundesgerichtshof auf den Bereich des Ordnungsbehördenrechts übertragen. Inzwischen hatte er Gelegenheit, sich auch mit der Frage zu beschäftigen, in welchem Verhältnis der Ersatzanspruch nach § 39 Abs. 1 b OBG zu dem Anspruch auf Ersatz von Vermögensnachteilen bei Rücknahme eines begünstigenden (rechtswidrigen) Verwaltungsakts gem. § 48 Abs. 3 VwVfG steht. Im Beschluß

v. 27.2.1992 - III ZR 204/90,
BGHR NW OBG § 39 Abs. 1 b
- Maßnahme 6 -

hat er darauf hingewiesen, daß § 39 Abs. 1 b OBG NW gegenüber § 48 Abs. 3 VwVfG NW eine andere Zweckrichtung und einen weitergehenden Anwendungsbereich hat. Im übrigen regelt § 48 Abs. 3 VwVfG NW gerade nicht den - hier gegebenen - Fall, daß eine Baugenehmigung von einem Dritten angefochten und im Widerspruchsverfahren aufgehoben wird, soweit dadurch dem Widerspruch abgeholfen wird (§ 50 VwVfG NW). Im übrigen tritt der Bundesgerichtshof der Auffassung entgegen, nicht die Erteilung der rechtswidrigen Baugenehmigung sei das schadenstiftende Ereignis, sondern erst die spätere Rücknahme. Der Bauherr wird vielmehr bereits dadurch geschädigt, daß die Baugenehmigung infolge ihrer Rechtswidrigkeit mit dem Risiko der Rücknahme behaftet ist und deshalb keine verläßliche Grundlage für etwaige finanzielle Dispositionen abgibt.

(4)   Zum Umfang des Ersatzes bestimmt § 40 Abs. 1 Satz 1 OBG,   **114**
daß nur der Vermögensschaden ersetzt wird, nicht also auch immateri-elle Schäden.

Für entgangenen Gewinn, der über den Ausfall des gewöhnlichen   **115**
Verdienstes oder Nutzungsentgelts hinausgeht, und für Vermögens-nachteile, die nicht in unmittelbarem Zusammenhang mit der zu ent-schädigenden Maßnahme stehen, ist jedoch eine Entschädigung nur zu leisten, wenn und soweit dies zur Abwendung unbilliger Härten gebo-ten erscheint (§ 40 Abs. 1 Satz 2 OBG).

Es liegt nahe, für den Ersatz entgangenen Gewinns die zu § 252 Satz 2 BGB entwickelten Grundsätze der Rechtsprechung heranzuziehen, soweit es sich um den nach dem "gewöhnlichen Verlauf der Dinge" mit Wahrscheinlichkeit zu erwartenden Gewinn handelt. Dagegen dürfte eine nach etwa getroffenen besonderen Anstalten oder Vorkehrungen wahrscheinliche Gewinnerwartung nur zur Abwendung einer sonst ein-tretenden unbilligen Härte ersatzfähig sein. Exemplarisch für diese Unterscheidung erscheint u.a. das aus den Gesetzesberatungen berich-tete Beispiel des Gemüsehändlers,

> Rietdorf/Heise/Böckenförde/Strehlau, Ord-
> nungs- und Polizeirecht in Nordrhein-West-
> falen, 2. Aufl., 1972, § 42 OBG Rz. 12,

dessen mit leicht verderblicher Ware beladener Wagen auf dem Weg zum Wochenmarkt zum Transport eines Schwerverletzten in Anspruch genommen wird. Muß der Händler, wenn er erst kurz vor Marktende seinen Marktstand erreicht, die Ware unter Preis abgeben, so soll er die Differenz zu dem an diesem Tage durchschnittlich erzielten Marktpreis ersetzt verlangen können, nicht hingegen das Interesse, die

Ware sonst an einen hieran besonders interessierten Käufer zu einem weit über dem "gewöhnlichen" Marktpreis liegenden Preis veräußern zu können.

116   Zur "unbilligen Härte" im Bereich des öffentlichen Entschädigungsrechts (§§ 20, 21 SchutzbauG, § 12 SchutzberG) verhält sich das Urteil des Bundesgerichtshofs

> v. 9.4.1992 - III ZR 228/90
> - Hochbunker.

117   Der Bundesgerichtshof hat zu § 40 Abs. 1 OBG nur in wenigen Entscheidungen Stellung genommen. Im Urteil vom

> 30.10.1984 - VI ZR 18/83,
> VersR 1985, 140 = NJW 1986, 182 -

hat er einem Gaststätten-Pächter, dessen Erlaubnis zum Betreiben einer Gaststätte rechtswidrigerweise widerrufen worden war, den ihm durch die dadurch veranlaßte Kündigung des Pachtverhältnisses und Aufgabe des Hotelbetriebes entgangenen Gewinn nach § 40 Abs. 1 Satz 2 OBG zugesprochen. Dabei kommt es - so der Bundesgerichtshof - nach der insoweit klaren Fassung der Vorschrift nicht darauf an, ob der Gewinnausfall in "unmittelbarem Zusammenhang" mit der zu entschädigenden Maßnahme steht. Unter dieser Einschränkung werden nur andere Vermögensnachteile, die keinen entgangenen Gewinn, Verdienst oder Nutzungsentgelt darstellen, ersetzt.

118   Jedoch gehen gewerbliche Gewinne, die der Geschädigte erst nach einer erheblichen Erweiterung seines Betriebes zu erzielen hofft, über den "Ausfall des gewöhnlichen Verdienstes" hinaus. Materielle Nachteile, die dem Geschädigten aus der - angeblich wirtschaftlich erzwungenen - Aufgabe des seiner Ehefrau gehörenden Betriebes erwachsen, stellen regelmäßig Vermögensnachteile dar, die "nicht in unmittelbarem Zusammenhang mit der (hier: Entziehung der Fahrerlaubnis beim Geschädigten) stehen,

vgl. BGH, Urt. v. 6.10.1983 - III ZR 50/82,
VersR 1984, 41.

Baumehrkosten, die dem Bauherrn durch die Verzögerung seines **119**
Bauvorhabens wegen verspäteter Erteilung einer - zunächst abgelehnten, sodann im Verwaltungsrechtsweg erstrittenen - Baugenehmigung
erwachsen, sind i.S.v. § 40 Abs. 1 OBG Vermögensnachteile, die in
unmittelbarem Zusammenhang mit der zu entschädigenden Maßnahme stehen,

> vgl. BGH, Beschl v. 17.12.1987 - III ZR 45/87,
> BGHR NRW OBG § 40 Abs. 1 Satz 2 Vermö-
> gensnachteil 1;
> vgl. zur Haftungszurechnung auch das vorer-
> wähnte BGH, Urt. v. 30.10.1984.

Auch die Rechtsprechung zu Entschädigungsansprüchen, die durch **120**
andere gesetzliche Ausprägungen des Aufopferungsgedankens gewährt
werden, kann - mit Abstrichen, die den jeweiligen Besonderheiten
Rechnung tragen - Anhaltspunkte für die Berechnung des Vermögens-
schadens nach dem OBG geben. Deshalb wird hier auf die Rechtsprechung des Bundesgerichtshofs zu § 7 des Gesetzes über die Entschädigung bei Straverfolgungsmaßnahmen - StrEG - verwiesen:

> vgl. BGHZ 65, 170;
> BGHZ 103, 113;
> BGH VersR 1979, 179;
> BGH VersR 1975, 763
> - Entziehung der Fahrerlaubnis;
> BGHZ 72, 302
> - Beschlagnahme;
> BGHZ 68, 86
> - Erstattung der Anwaltskosten;
> BGHZ 106, 313;
> BGH VersR 1989, 94
> - Gesellschaftsschaden;
> BGH VersR 1988, 52
> - Anrechnung des Arbeitsverdienstes
> in der JVA.

121   (5)   Ein Verweisungsprivileg wie in § 839 Abs. 1 Satz 2 BGB kennt das OBG nicht. Gem. § 40 Abs. 3 OBG ist jedoch die Entschädigung nur gegen Abtretung der Ansprüche zu gewähren, die dem Entschädigungsberechtigten aufgrund der Maßnahme, auf der die Entschädigungsverpflichtung beruht, gegen Dritte zustehen. Dies entspricht der Regelung in § 255 BGB. Bestehen solche Ansprüche, so ist die Ordnungsbehörde nur Zug um Zug gegen die Abtretung solcher Ansprüche gegen Dritte zur Leistung der Entschädigung verpflichtet. Zu den danach in Betracht kommenden "kongruenten" Ersatzansprüchen vgl. das zu § 7 StrEG ergangene Urteil des Bundesgerichtshofs

> v. 26.1.1989 - III ZR 192/87,
> BGHR StrEG § 1 Drittschädiger 1
> (mit Überblick über die Entschädigungs-
> gesetze im Bereich der Aufopferungsent-
> eignung).

122   (6)   Gem. § 40 Abs. 4 OBG ist ein Mitverschulden des Geschädigten bei der Bemessung der Entschädigung zu berücksichtigen, wenn bei der Entstehung des Schadens ein Verschulden des von der Maßnahme der Ordnungsbehörde Betroffenen mitgewirkt hat. Dies entspricht dem in § 254 BGB enthaltenen Rechtsgedanken.

Wie der Bundesgerichtshof mit Urteil vom

> 30.10.1984 - VI ZR 18/83,
> BGHZ 92, 302 -

ausgeführt hat, ist auch § 254 Abs. 2 BGB entsprechend anzuwenden. § 40 Abs. 4 OBG ist den Regelungen für andere Haftungstatbestände nachgebildet, die eine verschuldensunabhängige Haftung begründen, z.B. § 34 LuftVG; § 9 StVG, § 4 HaftpflG, § 85 Arzneimittelgesetz (AMG), wonach ebenfalls § 254 (nur) gelten soll, wenn bei der Entstehung des Schadens ein Verschulden des Verletzten bzw. Geschädigten mitgewirkt hat. Insoweit wird jedoch allgemein davon ausgegangen, daß auch ein Mitverschulden bei den die Haftung "ausfüllenden" Schadensfolgen zu berücksichtigen ist,

vgl. zu § 34 LuftVG:
Hofmann, LuftVG, § 34 Rz. 4;
zu § 9 StVG:
Steffen, in: Krumme, Straßenver-
kehrsgesetz, § 11 Rz. 6 u. 13;
zu § 4 HaftpflG:
Filthaut, HaftpflG, § 4 Rz. 4;
zu § 85 AMG:
Sander/Scholl, Arzneimittelrecht,
§ 85 AMG, Erl. 1 u. 3;
Kullmann, in: Kullmann/Pfister,
Produzentenhaftung, Kennzahl 3805,
S. 10.

Nichts anderes kann für § 40 Abs. 4 OBG gelten, zumal es sich hier um eine spezialgesetzliche Konkretisierung eines Entschädigungsanspruchs aus enteignungsgleichem Eingriff handelt,

BGHZ 72, 273, 276,

bei dessen Bemessung grundsätzlich § 254 Abs. 2 BGB sinngemäße Anwendung findet,

BGHZ 56, 57, 64.

Bei der späteren Aufhebung einer dem Bauherrn zunächst erteilten **123** (rechtswidrigen) Baugenehmigung stellt sich die Frage eines möglichen Mitverschuldens besonders oft. In diesen Fällen prüft der Bundesgerichtshof in seiner neueren Rechtsprechung ein etwaiges Mitverschulden regelmäßig auch unter dem Blickwinkel, ob das Vertrauen des Bauherrn in die Richtigkeit und Rechtsbeständigkeit der Genehmigung schutzwürdig war.

Die Erteilung einer Bauerlaubnis begründet für den Bauherrn einen Vertrauenstatbestand dahin, daß er sein Bauvorhaben nunmehr verwirklichen kann, ohne mit öffentlich-rechtlichen Hindernissen rechnen zu müssen. Ob ein Bauherr die Entstehung von Schäden mitzuverantworten hat, die bei ihm infolge der Aufhebung einer Baugenehmigung entstanden sind, hängt daher entscheidend davon ab, ob er auf die Rechtmäßigkeit der Baugenehmigung vertrauen konnte, oder ob er Anlaß hatte, daran zu zweifeln, und deshalb im eigenen Interesse gehalten war, dies bei der Inangriffnahme des Baues zu berücksichtigen,

BGH, Urt. v. 10.6.1975 - III ZR 34/73,
NJW 1975, 1968.

Das kann im Einzelfall dazu führen, daß er den gesamten Schaden, der ihm durch den - wie sich später herausstellt - voreiligen Baubeginn entstanden ist, selbst tragen muß,

BGH, Urt. v. 28.6.1984 - III ZR 182/83,
WM 1984, 1139.

Der Bürger darf zwar grundsätzlich von der "Rechtmäßigkeit der Verwaltung" ausgehen und demgemäß darauf vertrauen, daß die Behörden das ihnen Obliegende richtig und sachgemäß tun,

BGH, Urt. v. 27.6.1968 - III ZR 71/66,
WM 1968, 1167.

Ein solches Vertrauen ist jedoch nicht in dem Maße schutzwürdig, in dem der Bürger selbst erkennt oder es sich ihm aufdrängen muß, daß der erteilte Verwaltungsakt geltendes Recht verletzt,

vgl. BGH, Urt. v. 29.6.1989 - III ZR 274/88,
BGHR BGB 254 Abs. 2 Satz 2 Baugenehmigung 1.

Beim Mitverschulden kann die Bildung einer (einheitlichen) Quote auch dadurch beeinflußt werden, daß die Mitverantwortung für bestimmte Zeitabschnitte unterschiedlich groß ist. Dies hat der Bundesgerichtshof im Urteil vom

16.10.1983 - III ZR 50/92,
VersR 1984, 41 = VRS 66, 118 -

ausgesprochen. Dort hatte der Betroffene durch sein Verhalten die
Entziehung der Fahrerlaubnis herausgefordert, weil er sich trotz aufge-
tretener Zweifel an seiner körperlichen Tauglichkeit zunächst gewei-
gert hatte, sich einer ärztlichen Untersuchung zu stellen. Erst im verwaltungsgerichtlichen Verfahren hatte er sich - auf Anraten des Gerichts - dann dazu bereitgefunden. Obwohl das Verwaltungsgericht
später die Einziehung der Fahrerlaubnis als rechtswidrig bezeichnete,
hat der Bundesgerichtshof den "Mitverantwortungsanteil" des Klägers
so bemessen, daß die durch die Entziehung der Fahrerlaubnis bis zu
dem Zeitpunkt der - nachgeholten - fachärztlichen Untersuchung entstandenen Nachteile überwiegend dem Geschädigten angelastet wurden.

(7)   Bei der Bemessung der Entschädigung ist auch der Grund-   **124**
satz der Vorteilsausgleichung zu beachten. Ist deshalb ein zur Schaffung von zu verkaufenden Eigentumswohnungen bestimmtes Bauvorhaben durch die zeitweise Verweigerung der Baugenehmigung für längere Zeit verzögert worden und führt dies zu einer späteren Veräußerung der Eigentumswohnungen, dann muß der Eigentümer sich auf die
ihm zustehende Entschädigung als auszugleichenden Vorteil die Wertsteigerung des Grundstücks anrechnen lassen, die er durch die Verzögerung erlangt.

Wird dadurch die beabsichtigte (ersatzweise geplante) Vermietung des
geplanten Gebäudes verhindert, dann muß der Eigentümer sich auf
die ihm zustehende Entschädigung als auszugleichenden Vorteil anrechnen lassen, daß ihm mit der Vermietung verbundene Verluste er-
spart geblieben sind,

vgl. BGH, Urt. v. 15.12.1988 - III ZR 110/87.

(8)   Die Verjährungsfrist beträgt drei Jahre (§ 41 OBG). Die Re-   **125**
gelung entspricht § 852 Abs. 1 BGB. Wenn diese Verjährungsfrist für
Entschädigungsansprüche wegen rechtswidriger ordnungsbehördlicher
Maßnahmen nach § 39 OBG abgelaufen ist, kann der Geschädigte

keine Ansprüche mehr wegen (allgemeinen) enteignungsgleichen Eingriffs, die einer dreißigjährigen Verjährung unterliegen, geltend machen,

vgl. BGH, Urt. v. 2.10.1978 - III ZR 9/77,
BGHZ 72, 273;
BGH, Urt. v. 25.2.1982 - III ZR 76/81,
VersR 1982, 582.

126 Auch insoweit dürften die von der Rechtsprechung des BGH entwikkelten Grundsätze zur Unterbrechung der Verjährung der Ersatz- bzw. Entschädigungsansprüche aus Amtshaftung bzw. enteignungsgleichem Eingriff (vgl. dazu oben Rz. 51) bei Ausschöpfung des Primärrechtsschutzes gelten. Die in den Urteilen des Bundesgerichtshofs

v. 11.7.1985 - III ZR 62/84,
BGHZ 95, 238;
v. 6.2.1986 - III ZR 109/84,
BGHZ 97, 97 und
v. 11.2.1988 - III ZR 221/86,
BGHZ 103, 242 -

dafür angeführten Gründe, namentlich die gestiegene Bedeutung des Primärrechtsschutzes, treffen auch auf den Ersatzanspruch aus § 39 Abs. 1 b OBG zu.

V. **Gemeinschaftsrechtlicher Staaatshaftungsanspruch - Staatshaftung bei unterlassener Umsetzung von EG-Richtlinien**

127 (1) Mit Urteil vom 19.11.1991

- Rs. C-6/90 und C-9/90, DVBl 1992, 1017
= NJW 1992, 165 -

hat der Europäische Gerichtshof in einer vielbeachteten Entscheidung eine mitgliedstaatliche Haftung zugunsten italienischer Arbeitnehmer wegen säumiger Umsetzung von EG-Richtlinien durch die Italienische

Republik bejaht. Diese hatte die Richtlinie 80/987 EWG des Rates, die Arbeitnehmern bei Zahlungsunfähigkeit ihres Arbeitgebers auf Gemeinschaftsebene einen Mindestschutz für die Befriedigung nichterfüllter Arbeitsentgelte gewährleistet, nicht bis zu der dafür bestimmten Frist in das nationale Recht umgesetzt. Der Europäische Gerichtshof stellte daraufhin mit Urteil vom

2.2.1989- 22/87 - Slg. 1989, 143 -

fest, daß die Italienische Republik gegen den EWG-Vertrag verstoßen habe.

Im Urteil vom 19.11.1991 (aaO) bejaht der Europäische Gerichtshof **128** einen neben der nationalstaatlichen Staatshaftung bestehenden eigenständigen gemeinschaftsrechtlichen Staatshaftungsanspruch des Marktbürgers gegen seinen Heimatstaat. Die rechtliche Grundlage sieht der Europäische Gerichtshof im Gemeinschaftsrecht, während die Ausformung des Anspruchs im einzelnen und dessen Verwirklichung der Ebene der Mitgliedstaaten zugewiesen wird. Der Europäische Gerichtshof formuliert die Voraussetzungen dieser gemeinschaftsrechtlichen Staatshaftung wie folgt (Tz. 31 bis 36):

"31. Der EWG-Vertrag hat eine eigene Rechtsordnung geschaffen, die in die Rechtsordnungen der Mitgliedstaaten aufgenommen und von den nationalen Gerichten anzuwenden ist. Rechtssubjekte dieser Rechtsordnung sind nicht nur die Mitgliedstaaten, sondern auch die einzelnen, denen das Gemeinschaftsrecht, ebenso wie es ihnen Pflichten auferlegt, auch Rechte verleihen soll. Solche Rechte entstehen nicht nur, wenn der Vertrag dies ausdrücklich bestimmt, sondern auch aufgrund von eindeutigen Verpflichtungen, die der Vertrag den einzelnen wie auch den Mitgliedstaaten und Organen der Gemeinschaft auferlegt . . .

32. Nach ständiger Rechtsprechung müssen die nationalen Gerichte, die im Rahmen ihrer Zuständigkeit die Bestimmungen des Gemeinschaftsrechts anzuwenden haben, die volle Wirkung dieser Bestimmungen gewährleisten und die Rechte schützen, die das Gemeinschaftsrecht den einzelnen verleiht . . .

33. Die volle Wirksamkeit der gemeinschaftsrechtlichen Bestimmungen wäre beeinträchtigt und der Schutz der durch sie begründeten Rechte gemindert, wenn die einzelnen nicht die Möglichkeit hätten, für den Fall eine Entschädigung zu erlangen, daß ihre Rechte durch einen Verstoß gegen das Gemeinschaftsrecht verletzt werden, der einem Mitgliedstaat zuzurechnen ist.

34. Die Möglichkeit einer Entschädigung durch den Mitgliedstaat ist vor allem dann unerläßlich, wenn die volle Wirkung der gemeinschaftsrechtlichen Bestimmungen ... davon abhängt, daß der Staat tätig wird, und die einzelnen deshalb im Falle einer Untätigkeit des Staates die ihnen durch das Gemeinschaftsrecht zuerkannten Rechte vor den nationalen Gerichten nicht geltend machen können.

35. Der Grundsatz einer Haftung des Staates für Schäden, die den einzelnen durch dem Staat zurechenbare Verstöße gegen das Gemeinschaftsrecht entstehen, gehört somit untrennbar zu der durch den EWG-Vertrag geschaffenen Rechtsordnung.

36. Die Verpflichtung der Mitgliedstaaten zum Ersatz dieser Schäden findet auch in Art. 5 EWGV eine Stütze, nach dem die Mitgliedstaaten alle geeigneten Maßnahmen allgemeiner oder besonderer Art zur Erfüllung ihrer Verpflichtungen aus dem Gemeinschaftsrecht zu treffen haben. Zu diesen Verpflichtungen gehört auch diejenige, die rechtswidrigen Folgen eines Verstoßes gegen das Gemeinschaftsrecht zu beheben ..."

Das Bestehen eines Entschädigungsanspruchs hängt von der Art des Verstoßes gegen das Gemeinschaftsrecht ab, der dem verursachten Schaden zugrunde liegt. Verstößt ein Mitgliedstaat gegen seine Verpflichtung aus Art. 189 Abs. 3 EWGV, alle erforderlichen Maßnahmen zur Erreichung des durch eine Richtlinie vorgeschriebenen Ziels zu erlassen, so besteht ein Entschädigungsanspruch, wenn drei Voraussetzungen erfüllt sind:

"40. Erstens muß das durch die Richtlinie vorgeschriebene Ziel die Verleihung von Rechten an einzelne beinhalten. Zweitens muß der Inhalt dieser Rechte auf der Grundlage der Richtlinie bestimmt werden können. Drittens muß ein Kausalzusammenhang zwischen dem Verstoß gegen die dem Staat auferlegte Verpflichtung und dem den Geschädigten entstandenen Schaden bestehen".

- 123 -

Unter diesen Voraussetzungen hat ein - säumiger -Mitgliedstaat im
Rahmen des nationalen Haftungsrechts die Folgen des verursachten
Schadens zu beheben. Mangels einer gemeinschaftsrechtlichen Regelung ist es Sache der nationalen Rechtsordnung der einzelnen Mitgliedstaaten, . . . das Verfahren für die Klagen auszugestalten, die den
vollen Schutz der den einzelnen aus dem Gemeinschaftsrecht erwachsenden Rechte gewährleisten soll. Dabei dürfen die im Schadensersatzrecht der einzelnen Mitgliedstaaten festgelegten materiellen und
formellen Voraussetzungen nicht ungünstiger sein als bei ähnlichen
Klagen, die nur nationales Recht betreffen, und sie dürfen nicht so
ausgestaltet sein, daß sie es praktisch unmöglich machen oder übermäßig erschweren, die Entschädigung zu erlangen,"

vgl. EuGH Rs. 199/82 Slg. 1983, 3595.

Die gemeinschaftsrechtliche Staatshaftung setzt nicht den vorherigen
Erlaß eines Vertragsverletzungsurteils voraus, ebenso nicht das Vorliegen von Verschulden.

Im vorliegenden Fall haben nach dem Urteil "die . . . Gerichte im Rahmen des nationalen Haftungsrechts das Recht der" - vor den italieni-
schen Gerichten klagenden - "Arbeitnehmer auf Ersatz der Schäden si-
cherzustellen, die ihnen dadurch entstehen, daß die Richtlinie nicht
umgesetzt worden ist".

(2)   Die Entscheidung hat bereits ein lebhaftes Echo im Schrift-   **129**
tum ausgelöst,

vgl. u.a. Hailbronner, Staatshaftung bei
säumiger Umsetzung von EG-Richtlinie,
JZ 1992, 284;
Häde, Staatshaftung für legislatives
Unterlassen, BayVBl 1992, 449;
Fischer, Zur unmittelbaren Anwendung von
EG-Richtlinien in der öffentlichen Ver-
waltung, NVwZ 1992, 635;

Ossenbühl, Der gemeinschaftsrechtliche
Staatshaftungsanspruch, DVBl 1992, 993;
Pieper, Mitgliedstaatliche Haftung für
die Nichtbeachtung von Gemeinschaftsrecht,
NJW 1992, 2454.

Man geht wohl nicht fehl in der Annahme, daß mit dem genannten
Urteil das Staatshaftungsrecht eine neue Dimension gewonnen hat.
Ersichtlich geraten die nationalen Rechtsstrukturen und Dogmatiken
mit zunehmender Geschwindigkeit in die Abhängigkeit des Gemeinschaftsrechts und empfangen von dort Vorgaben, die ihre Weiterentwicklung bestimmen und womöglich zu einem Umdenken zwingen,

Ossenbühl, aaO.

130 Welchen Stellenwert in diesem Kontext die Auffassung des Bundesgerichtshofs hat, daß der enteignungsgleiche Eingriff keinen Entschädigungsanspruch gegen den Staat wegen legislativen Unrechts begründet
(vgl. oben Rz. 30), ist offen. Im Schrifttum wird bereits erwogen, ob
nicht künftig ein "gespaltenes" Staatshaftungsrecht gelten müsse, je
nachdem, ob der Rechtsfall gemeinschaftsrechtliche Bezüge aufweist
oder nicht. Hierüber läßt sich derzeit aber eine einigermaßen fundierte
Prognose nicht aufstellen. Auch der Bundesgerichtshof hätte in einer
solchen Sache nicht das letzte Wort, weil er die Frage, ob mit dem ihm
verfügbaren Instrumentarium des nationalen Haftungsrechts, ohne
eine "Nachbesserung" durch den Gesetzgeber, ein unmittelbarer, ver-
schuldensunabhängiger Ersatz- oder Entschädigungsanspruch gegen
die Bundesrepublik wegen legislativen Unterlassens begründbar ist,

- nach den im Urt. v. 10.12.1987
- III ZR 220/86, BGHZ 102, 350, 364 ff
gemachten Ausführungen würde hierfür zumindest eine evidente Verletzung grund-
rechtsbezogener Schutzpflichten durch
den Gesetzgeber vorausgesetzt -

schwerlich ohne eine Vorlage an den Europäischen Gerichtshof gem. Art. 177 EWGV entscheiden könnte. Bei diesem liegt daher in solchen Fällen die eigentliche Entscheidungskompetenz, solange die mit dem Urteil vom 19.11.1991 (aaO) aufgeworfenen vielfältigen Probleme nicht so geklärt sind, daß eine Anrufung des Europäischen Gerichtshofs entbehrlich ist.

D.   Die Enteignungsentschädigung

Vorbemerkung:

Es werden vornehmlich neuere Entscheidungen des Bundesgerichtshofs zur Höhe und zur Ermittlung der Enteignungsentschädigung be-
sprochen. Wegen der früheren Rechtsprechung wird auf die Erläuterungen bei Krohn/Löwisch,

> Eigentumsgarantie, Enteignung, Entschädigung,
> 3. Aufl., 1984, Teil B, S. 114 ff,

verwiesen. Aus dem neueren Schrifttum ist auf Aust/Jacobs,

> Die Enteignungsentschädigung,
> 3. Aufl., 1991,

zu verweisen, des weiteren auf die Zusammenstellungen der
Rechtsprechung des Bundesgerichtshofs bei Kreft,

> WM 1985, Sonderbeilage Nr. 6

und Schwager/Krohn,

> WM 1991, 33 - 53.

Nahezu alle bedeutsamen Entscheidungen des Bundesgerichtshofs
zum Enteignungs- und Entschädigungsrecht sind in den Bänden Nr. 19
(Jahre 1959/1968), Nr. 26 (Jahre 1968/1973), Nr. 34 (Jahre 1973/1979)
und Nr. 45 (Jahre 1979/1986) der Baurechtssammlung wiedergegeben,

> Zitat: BRS Band Nr. der Entscheidung.

Das Erscheinen eines neuen Sammelbandes ist für 1993 angekündigt.
Die ab Mitte 1986 erscheinende neue Sammlung der Rechtsprechung
des Bundesgerichtshofs - BGHR - gibt die einschlägigen Teile der Entscheidungen an der jeweiligen Gesetzesstelle, dort weiter unterteilt

nach Schlagworten, wieder. Sie enthält namentlich auch sonst unveröffentlichte Beschlüsse des für das Enteignungsrecht zuständigen III. Zivilsenats.

I.   **Bedeutung des Art. 14 Abs. 3 Satz 3 GG**

Nach Art. 14 Abs. 3 Satz 3 GG hat der Gesetzgeber die Enteignungs-   **131**
entschädigung "unter gerechter Abwägung der Interessen der Allgemeinheit und der Beteiligten" zu bestimmen. Wie das Bundesverfassungsgericht in

> BVerfGE 24, 367, 421
> - Deichurteil -

ausgesprochen hat, ist dem Grundgesetz eine starre, allein am Marktwert orientierte Entschädigung fremd; dem Enteigneten muß auch nicht stets das "volle Äquivalent für das Genommene" zuteil werden,

> vgl. auch BVerfGE 46, 268, 297, 298
> - Bodenreform.

Die Reichweite dieser - im dort entschiedenen Fall wohl nicht tragenden - Aussage ist unklar,

> zum Schrifttum vgl.
> Nüßgens/Boujong, Eigentum, Sozialbindung,
> Enteignung, 1987, S. 171 Rz. 146, 147.

Es sollte jedoch berücksichtigt werden, daß das Bundesverfassungsgericht den Fall der Gruppenenteignung durch Gesetz zu beurteilen hatte, während der Bundesgerichtshof es in den Fällen der Administrativenteignung mit Einzelenteignungen zu tun hat, für die in der Regel eine Entschädigung nach dem Verkehrswert gesetzlich vorgeschrieben ist (vgl. §§ 95, 194 BauGB; entsprechend die Enteignungsgesetze der Länder). Für die Einzelenteignung muß es schon aus Gründen der

Gleichheit bei der vollen Entschädigung für das abgeforderte Sonderopfer bleiben. Hiervon weicht auch der Große Zivilsenat des Bundesgerichtshofs in seinem Beschluß vom

10.6.1952 - GSZ 2/52, BGHZ 6, 270 -

nicht ab, wenn er ausführt, die Höhe der Entschädigung habe sich nach
den im jeweiligen Einzelfall gegebenen Verhältnissen zu richten, und
eine Entschädigung unter dem gemeinen Wert könne niemals als angemessen betrachtet werden, wenn keine besonderen Gründe eine
Festsetzung unter dem gemeinen Wert im Einzelfall als erforderlich
erscheinen lassen,

aaO, S. 293;
dazu neuerdings
Leisner, NJW 1992, 1409 ff.

Der "volle Wertausgleich für das Genommene" müßte vor allem gelten, wenn der Staat die Enteignung als Mittel der Güterbeschaffung
einsetzt.

132 Die Frage nach dem Regelungsspielraum des Gesetzgebers bei der
Bemessung der Enteignungsentschädigung (Art. 14 Abs. 3 Satz 3 GG)
hat inzwischen durch den Prozeß der deutschen Wiedervereinigung besondere Aktualität erlangt. Nach dem Urteil des Bundesverfassungsgerichts

v. 23.4.1991 - 1 BvR 1170/90,
BVerfGE 84, 90 = ZIP 1991, 614
= WM 1991, 824 = DVBl 1991, 575
= NJW 1991, 1597 = BayVBl 1991, 398
= DÖV 1991, 600 = JZ 1992, 200
- Bodenreform;
vgl. dazu die Besprechungen von
Leisner, NJW 1991, 1569;
Biehler, DVBl 1991, 1237;

Maurer, JZ 1992, 183;
Herdegen, Jura 1992, 21;
Sendler, ZfBR 1992, 55 -

ist es verfassungsrechtlich nicht zu beanstanden, daß Enteignungen auf besatzungsrechtlicher oder besatzungshoheitlicher Grundlage auf dem Gebiet der späteren DDR (vor allem die sogenannte Bodenreform in der sowjetisch besetzten Zone; zu deren Zweck und Umfang vgl. BVerfGE 84, 90, 96 ff) grundsätzlich nicht rückgängig gemacht werden.

Dagegen hat der Gesetzgeber für die entschädigungslosen Enteignungen, die nicht unter diese Regelung fallen, eine Wiedergutmachungsregelung getroffen, die vom Grundsatz der Rückgabe der enteigneten Objekte ausgeht. Dies kann, wie das Bundesverfassungsgericht (aaO) ausführt,

"auch für die Höhe der anstelle einer Restitution zu gewährenden Entschädigung von Bedeutung sein . Wählt (der Gesetzgeber) eine solche Lösung, darf er für die entschädigungslosen Enteignungen auf besatzungsrechtlicher oder besatzungshoheitlicher Grundlage nicht jegliche Wiedergutmachung ausschließen. Die rechtsstaatlichen Defizite, die beide Gruppen von Enteignungen nach den Gerechtigkeitsvorstellungen des dem Grundgesetz verpflichteten Gesetzgebers aufweisen, mögen verschieden sein. Diese Unterschiede können aber jedenfalls eine Ungleichbehandlung dieses Ausmaßes zu Lasten der von der Bodenreform Betroffenen nicht rechtfertigen. Weitere Umstände, die für eine Differenzierung herangezogen werden können - etwa der größere zeitliche Abstand der von der angegriffenen Regelung erfaßten Enteignungen und die Tatsache, daß diese Enteignungen maßgeblich durch die Hoheitsgewalt der Besatzungsmacht veranlaßt oder jedenfalls gedeckt worden sind - rechtfertigen es ebenfalls vor Art. 3 I GG weder für sich allein noch zusammen mit den übrigen Umständen, daß für diese Enteignungen jegliche Ausgleichsleistung ausgeschlossen wird",

aaO, S. 129.

Die bekannt gewordene Absicht des Gesetzgebers, beide Gruppen von Enteignungen dahin gleich zu behandeln, daß bei entzogenen oder nicht mehr zurückzuerstattenden Grundstücken etwa das 1,3 - fache des Einheitswertes 1935 als Entschädigung gewährt werden soll, ab-

133

züglich früher erhaltenen Lastenausgleichs, und mit der Möglichkeit
eines Abschlags von bis zu 40 % bei größeren Entschädigungssummen,
ist im Schrifttum bereits kritisch untersucht worden,

> vgl. Leisner, Die Höhe der Enteignungs-
> entschädigung - Unterschreitung des
> Verkehrswertes?, NJW 1992, 1409 ff.

II. Ausgleichsfunktion der Enteignungsentschädigung

134   Bestimmt der Gesetzgeber - wie z.b. in §§ 95 Abs. 1, 194 BauGB -, daß
die Entschädigung für den durch die Enteignung eintretenden Rechtsverlust nach dem Verkehrswert des zu enteignenden Gegenstandes zu
bemessen ist, so hat der Betroffene Anspruch auf das "volle Äquivalent
für das Genommene".

135   Aufgabe der Enteignungsentschädigung ist es, das dem Enteigneten
auferlegte Sonderopfer und die in diesem liegende Vermögenseinbuße
auszugleichen. Das bedeutet - vorbehaltlich der Entschädigung für sogenannte Folgekosten der Enteignung, vgl. § 96 BauGB - einen angemessenen Ausgleich für den erlittenen "Substanzverlust" als Ausdruck
der "vermögenswerten Rechtsposition",

> vgl. u.a. BGH, Urt. v. 19.1.1989 - III ZR 6/87
> - Pächterentschädigung.

136   Hinsichtlich dieser Nachteile soll die Entschädigung dem Betroffenen
einen wirklichen Wertausgleich verschaffen. Dieser muß in der Regel
so bemessen sein, daß mit seiner Hilfe eine Sache gleicher Art und
Güte, ein gleichwertiges Objekt, erlangt werden kann. Darin kommt
zum Ausdruck, daß dem Enteigneten durch die Entschädigung das
"volle Äquivalent für das Genommene" gegeben werden muß. Dabei
wird nicht vorausgesetzt, daß der Enteignete sich im Einzelfall wirklich
einen gleichwertigen Gegenstand wiederbeschaffen könnte oder
wollte.

Der Grundgedanke dieser Rechtsprechung: Der Enteignete soll durch **137** die Entschädigung - bezogen auf den Zeitpunkt der Zahlung - in den Stand gesetzt werden, sich eine Sache (oder ein Recht) gleicher Art und gleicher Güte zu verschaffen, konkretisiert sich in Grundsätzen der Rechtsprechung, die alle auf den Leitgedanken zurückführbar sind:

-       das Abstellen auf den objektiven Wiederbeschaffungswert der entzogenen Sache (Ausgleichsgedanke),

vgl. Krohn/Löwisch, aaO, Rz. 248 m.w.N.;
s. dazu unten Rz. 217 f;

-       die Nichtberücksichtigung von konkreten Wiederbeschaffungskosten (denn der Ausgleich findet nur "bildhaft" statt),

vgl. Krohn/Löwisch, aaO, Rz. 249,
321 m.w.N.;
s. dazu Rz. 136;

-       die Berücksichtigung steigender Preise bei verzögerter Zahlung der Entschädigung oder bei Teilleistungen (Ausgleichsgedanke),

vgl. BGH, Urt. v. 2.4.1992 - III ZR 108/90,
BGHR BauGB § 95 Abs. 1 Satz 2
- Steigerungsrechtsprechung 1;

-       die "Sperrwirkung" angemessener Erwerbsangebote zur Vermeidung der Enteignung, bei deren Annahme der Betroffene den ihm gebührenden Ausgleich auch ohne Enteignung erlangen würde,

vgl. BGH, Urt. v. 18.9.1986 - III ZR 83/85,
BGHR GG Art. 14 Abs. 3 Satz 3
- Gewerbebetrieb 1;

BGH, Beschl. v. 22.9.1988 - III ZR 161/85,
BGHR GG Art. 14 Abs. 3 Satz 3
- Angebot 1;
s. dazu unten Rz. 170 f;

-	die Bewertung der "Zinsen" als entgangene Nutzung des - an
die Stelle des Enteignungsobjekts tretenden - Entschädigungskapitals,

vgl. unten Rz. 184 f.

**III.	Enteignungsentschädigung kein Schadensersatz**

138	Anders als die Schadensersatzleistung - die dem Geschädigten in ver-
mögensmäßiger Hinsicht die Stellung verschaffen soll, wie er sie ohne
das schädigende Ereignis haben würde - dient die Enteignungsentschädigung dazu, die durch die Enteignung herbeigeführte Vermö-
gensverschiebung auszugleichen. Sie ist also nicht wie die Schadens-
ersatzleistung an einer fiktiven Vermögenslage ausgerichtet, sondern
allein an dem Wert des durch die Enteignung dem Betroffenen genommenen Rechts,

BGHZ 59, 250;
vgl. auch BFHE 105, 75;
zum sogenannten merkantilen Minderwert
eines enteignungsbetroffenen Grundstücks
vgl. BGH, Urt. v. 2.4.1981 - III ZR 186/79,
NJW 1981, 1663;
zu anfallenden Wiederherstellungskosten vgl.
BGH, Urt. v. 7.2.1980 - III ZR 153/78,
VersR 1980, 459.

139	Bei Eingriffen in den "eingerichteten und ausgeübten Gewerbebe-
trieb",

vgl. Krohn/Löwisch, aaO, Rz. 151 ff,

führen diese Grundsätze zur Begrenzung der Entschädigung auf die vorhandene betriebliche Substanz, wobei auch die Frage nach dem Umfang der jeweils vorhandenen "Rechtsposition" mit berührt wird. Im

Urt. v. 18.9.1986 - III ZR 83/85,
BGHR GG Art. 14 Abs. 3 Satz 3
- Gewerbebetrieb 1 -

hat der Bundesgerichtshof die (für den Bau einer Straße in Anspruch genommenen) "Reserveflächen" eines Gesteinsabbaubetriebes von diesem Bestandsschutz ausgenommen. Nach den dortigen Ausführungen genießt der eingerichtete und ausgeübte Gewerbebetrieb zwar den Schutz des Art. 14 Abs. 1 Satz 1 GG,

BGHZ 23, 157, 161 ff;
BGHZ 78, 41, 44;
st. Rspr.

Art. 14 Abs. 1 GG vermittelt jedoch nur Bestandsschutz, nicht Erwerbsschutz,

BGHZ 92, 34, 46.

Daher erstreckt sich die geschützte Rechtsposition des Inhabers eines eingerichteten und ausgeübten Gewerbebetriebs nicht auf künftige Chancen und Erwerbsmöglichkeiten (BGH, aaO). Das gilt auch für beabsichtigte Betriebserweiterungen,

BGHZ 34, 188, 190;
BGHZ 92, 34, 46 und
BGH, Urt. v. 26.4.1979 - III ZR 100/77,
NJW 1980, 387.

Eigentumsmäßig geschützt ist nur das Recht auf Fortsetzung des Betriebes im bisherigen Umfange nach den schon getroffenen betrieblichen Maßnahmen. Eine hoheitliche Einwirkung auf ein gewerblich nutzbares Grundstück stellt erst dann einen enteignungsrechtlich relevanten Eingriff in den Gewerbebetrieb dar, wenn es bereits in die Betriebsorganisation einbezogen ist. Es muß also im Betrieb schon eine produktive Aufgabe haben, so daß die hoheitliche Maßnahme einen "im Betrieb bereits wirkenden Wert" nachteilig betrifft,

BGHZ 30, 338, 356f;
BGH, Urt. v. 31.1.1972 - III ZR 133/69,
NJW 1972, 758, 759;
BGH, Urt. v. 5.7.1979 - III ZR 64/78,
LM § 31 WasserhaushaltsG Nr. 3;
BGH, Urt. v. 10.1.1972 - III ZR 139/70,
DVBl 1973, 137, 138 = WM 1972, 371, 372.

Auch wenn eine Betriebserweiterung geplant und sorgfältig vorbereitet ist, können Grundstücke, die erst in den Betrieb einbezogen werden sollen, grundsätzlich noch nicht seiner Substanz zugerechnet werden, selbst wenn sie sich in räumlicher Nähe zu den Betriebsanlagen befinden,

BGH, Urt. v. 31.1.1972, aaO, und
BGH, Urt. 29.5.1972 - III ZR 119/70,
DVBl 1972, 827.

Nur wenn der (noch nicht in Gang gesetzte) Gewerbebetrieb bereits so eingerichtet ist, daß er ohne weiteres und unbeschränkt ausgeübt werden kann, wird er vom Eigentumsschutz umfaßt,

BGHZ 30, 338, 356 m.w.N.

Das gilt auch für Folgeschäden der Enteignung. Auch bei diesen ist grundsätzlich nur die Beeinträchtigung von rechtlich geschützten konkreten Werten, nicht aber die Vereitelung von Erwartungen und Chancen oder die Beeinträchtigung bloßer wirtschaftlicher Interessen zu entschädigen,

BGHZ 83, 1, 3 m.w.N.

Art. 14 Abs. 1 GG schützt den Eigentümer nur gegen Beeinträchtigungen, die ihn in einer (ihm schon zustehenden) Rechtsposition treffen,

BGHZ 94, 373, 375 m.w.N.

Nur die Einbuße an einer eigentumsmäßig geschützten Rechtsposition ist entschädigungsfähig. Der Gewerbebetrieb genießt dabei grundsätzlich keinen weitergehenden Schutz als seine wirtschaftlichen Grundlagen,

BVerfGE 58, 300, 353;
BGHZ 84, 223, 227 m.w.N.

Unabhängig von der Frage, ob die Wegnahme eines Grundstücks bereits einen Eingriff in einen bestehenden Gewerbebetrieb bedeutet, kann die Werteinschätzung des Grundstücks, für sich allein betrachtet, dadurch beeinflußt sein, daß es für gewerbliche Zwecke nutzbar ist (vgl. unten Rz. 217). **140**

Es wird also grundsätzlich nur Ausgleich für die entzogene Vermögenssubstanz gewährt. Bewirkt beispielsweise der Eingriff in einen Gewerbebetrieb dessen endgültige Schließung, dann muß der Wert des Betriebes ermittelt und dieser Betrag als Entschädigung geleistet werden, damit der Inhaber diesen Ersatzbetrag anstelle des entzogenen Rechts nutzbringend verwerten kann. Bei einer vorübergehenden Stilllegung des Betriebes müßte deshalb zunächst der Gesamtwert des Betriebes ermittelt, danach die entgangene Nutzung oder Verzinsung dieses Kapitals errechnet und hiervon für die streitige Zeit ein entsprechender Teil zugesprochen werden. Der Einfachheit halber hat die Rechtsprechung bei solchen vorübergehenden Eingriffen jedoch zugelassen, daß ohne die Ermittlung des Betriebswertes, die regelmäßig nur unter erheblichen Schwierigkeiten möglich ist, sofort der für diese Zeit ausgebliebene Ertrag aus der entzogenen Vermögenssubstanz zugesprochen wird, weil das als eine angemessene Nutzung des im Betrieb steckenden Substanzwerts betrachtet werden kann, **141**

vgl. BGH, Urt. v. 20.12.1971 - III ZR 79/69,
BGHZ 57, 359
- "Frankfurter U-Bahn".

Substanz in diesem Sinne sind grundsätzlich nur vorhandene konkrete
Werte. Hierin drückt sich die Schutzgarantie des Art. 14 GG für bereits bestehende Rechtspositionen, für das "Erworbene, das Ergebnis
der Betätigung" aus. Darauf beruht die Ablehnung einer "Zuwachs-
rate" bei vorübergehenden Eingriffen in Gewerbebetriebe. Der Eingriff mag dahin führen, daß der betroffene Betrieb gegenüber der
Konkurrenz in dauernden Rückstand gerät ("verlorener Marktanteil");
dies rechtfertigt es jedoch nicht, diese künftigen Ertragsaussichten bei
der Entschädigung zu berücksichtigen, denn sie sind nicht Ausdruck
der vorhandenen Substanz, in die hier nur zeitweise eingegriffen
wurde,

vgl. BGH, Urt. v. 26.6.1972 - III ZR 203/68,
DVBl 1973, 147 = NJW 1972, 1574.

Ebenso hat der Bundesgerichtshof es abgelehnt, für den Zeitraum eines länger andauernden Eingriffs durch Straßenbaumaßnahmen den
Ertragsausfall auf der Grundlage eines immer mehr steigenden künftigen Umsatzes zu berechnen,

vgl. BGHZ 57, 359.

Der Grundsatz, daß für die Enteignungsentschädigung alle hypothetischen Weiterentwicklungen und Wertverbesserungen, die sich ohne
den Eingriff eingestellt hätten, unberücksichtigt bleiben,

vgl. dazu auch
BGH, Urt. v. 11.3.1976 - III ZR 154/73,
DVBl 1976, 532
- "Münchener S-Bahn",

hindert es andererseits nicht, die Entschädigung auf der Grundlage einer sich - trotz der hoheitlichen Behinderung - vermehrenden betrieblichen Substanz zu berechnen, und zwar dann, wenn der Betrieb wäh-

rend eines über längere Zeit andauernden Eingriffs sein Betriebspotential tatsächlich erweitert hat. Geschützt ist auch in diesem Fall die jeweils vorhandene "Substanz",

vgl. BGH, Urt. v. 11.3.1976, aaO;
BGH, Urt. v. 3.3.1977 - III ZR 181/74,
NJW 1977, 1817.

Besonders augenfällig wird die Verschiedenheit von Enteignungsentschädigung und Schadensersatz in den Fällen, in denen eine hoheitliche Maßnahme die Entwicklung des Eigentumsobjekts in eine höherwertige Qualität abschneidet, das Objekt selbst jedoch dem bisherigen Eigentümer nicht entzogen wird. Für diese Fallgruppe ist typisch, daß die Wirkungen der hoheitlichen Maßnahme das Eigentumsobjekt gewissermaßen nur "mittelbar" erreichen, meist dadurch, daß die Verhältnisse, in die das konkrete Objekt eingebunden ist, durch hoheitliche Maßnahmen, meist solche der Bauleitplanung oder der Fachplanung, geändert werden. Das Abschneiden der Entwicklung von Grundstücken zu "Bauland" ist dann enteignungsrechtlich nur insoweit relevant, als hierdurch eine "Rechtsposition" des Eigentümers verkürzt wird. Regelmäßig handelt es sich aber in diesem Bereich nur um eigentumsrechtlich nicht verfestigte "Chancen, Erwartungen und Hoffnungen", die am Eigentumsschutz des Art. 14 GG nicht teilhaben. Selbst existenzbedrohende Auswirkungen solcher Maßnahmen etwa auf Gewerbebetriebe treffen nicht auf eine geschützte "Rechtsposition" und berechtigen daher nicht zu einer Enteignungsentschädigung,

142

vgl. namentlich
BGH, Urt. v. 8.2.1971 - III ZR 33/68,
BGHZ 55, 261
- "Soldatengaststätte";
BGH, Urt. v. 28.1.1974 - III ZR 11/72,
BGHZ 62, 96
- "Hansalinie".

Diese nicht eigentumsrechtlich verfestigten Belange können - und müssen - bei der jeweiligen Planung als Instrument der Bestimmung von Inhalt und Grenzen des Eigentums i.S.d. Art. 14 Abs. 1 Satz 1 GG aufgegriffen und bewältigt werden. Ein etwa rechtswidriges Übergehen dieser Belange im Planfeststellungsbeschluß kann nach Enteignungsgrundsätzen nicht zur Zubilligung einer Entschädigung führen (vgl. oben Rz. 29).

143   Nur scheinbar im Widerspruch dazu steht, daß dem Eigentümer, dem die Sache durch hoheitlichen Zugriff entzogen wird, mit der Enteignungsentschädigung auch Aussichten auf die künftige Bebaubarkeit seines betroffenen Grundstücks mitvergütet werden, sofern diese "Hoffnungen und Chancen" im Rechtsverkehr honoriert werden. Auch dies ist letztlich Ausdruck des Ausgleichs für die entzogene Substanz des Eigentums: Zur Rechtsmacht des Eigentümers gehört es, über das Eigentumsobjekt durch Veräußerung zu verfügen,

> BVerfGE 52, 1
> - Kleingartenpacht.

Diese umfaßt die Befugnis, das Eigentumsobjekt nach Maßgabe seiner wertbildenden Eigenschaften im Zeitpunkt des hoheitlichen Zugriffs zu verwerten. Kann der von einer Enteignung nicht betroffene Eigentümer die im "gesunden Grundstücksverkehr" honorierten Qualitätsmerkmale seines Grundstücks nutzen, so ist es auch ein Gebot des Art. 3 Abs. 1 GG, den "zufällig" von einer Enteignung betroffenen Eigentümer insoweit nicht zu benachteiligen. Dies übersieht die Lehrmeinung, die auch beim Entzug von Eigentum die in ihm angelegten und bei den Vergleichsgrundstücken fortbestehenden Chancen aus der Enteignungsentschädigung herausnehmen will,

> so wohl Breuer, in: Schrödter, BauGB,
> 5. Aufl., 1992, § 95 Rz. 10 f.

144   Diese Grundsätze gelten auch, wenn ein Teil des Grundstücks durch Enteignung entzogen wird (Entschädigung insoweit nach Maßgabe der vorhandenen und im gesunden Grundstücksmarkt bewerteten Bebauungsaussichten), zugleich aber die Bebauungschancen des nicht unmittelbar beanspruchten Restgrundstücks durch die Auswirkungen des

Enteignungsunternehmens (Bau einer Autobahn, die zu einer Änderung bei der Fortschreibung der städtischen Bebauungsplanung führt)
erheblich absinken und dadurch der Wert des in Privatbesitz verblei-
benden Grundstücks erheblich gemindert wird, vgl. dazu das bereits
erwähnte Urteil des Bundesgerichtshofs vom

28.1.1974 - III ZR 11/72, BGHZ 62, 96.

Diese Grundsätze beeinflussen auch die Entschädigungsbemessung,   **145**
wenn im Wege der Teilenteignung nur die Nutzung eines Grundstücks,
nicht auch seine Substanz entzogen wird, wie etwa bei der Belastung
mit einem Nießbrauch. Die hier geltenden Entschädigungsgrundsätze
hat der Bundesgerichtshof im Urteil vom

29.9.1977 - III ZR 80/74,
BRS 34 Nr. 83, 164

wie folgt umrissen:

Bei der Belastung eines Grundstücks mit einem Nießbrauch kann die
Enteignungsentschädigung auch in Form einer Rente festgesetzt werden; dies gilt auch für die Besitzeinweisungsentschädigung. Nach allgemeinen enteignungsrechtlichen Grundsätzen bemißt diese Entschädigung sich nach dem Wert der entzogenen Vermögenssubstanz. Da
dem Eigentümer hier das Eigentum an den Grundstücken verbleibt, ist
ihm nur der Wert der Nutzungen zu ersetzen, die er im Rahmen der
rechtlichen Ordnung ziehen könnte und die ihm durch die Belastung
der Grundstücke mit dem Nießbrauch entzogen werden. Dem Verlust
des Eigentums kann der Entzug dieser Nutzungsmöglichkeit, mag er
auch zeitlich unbefristet sein, nicht gleichgesetzt werden,

vgl. BGH, Urt. v. 24.11.1975 - III ZR 113/73, .
BRS 34 Nr. 82;
dazu unten Rz. 255).

Der Eigentümer kann daher auch nicht Ersatz der Vermögensnachteile verlangen, die er möglicherweise dadurch erleidet, daß er durch
die Belastung der Grundstücke mit einem Nießbrauch gehindert wird,

sie gewinnbringend zu veräußern. Andernfalls erhielte er eine Entschädigung für einen Vermögenswert, der ihm nicht entzogen worden
ist und den er realisieren kann, wenn die Grundstücke einst nicht mehr
für die Zwecke des Enteignungsunternehmens benötigt werden und
der Nießbrauch wieder aufzuheben ist. Wenn der Eigentümer dieser
Folgerung entgehen will, muß er die Entziehung des Eigentums an den
Grundstücken verlangen (vgl. § 92 Abs. 3 BauGB). Unterläßt er dies,
kann er nicht verlangen, bei der Bemessung der Entschädigung für die
Belastung der Grundstücke mit einem Nießbrauch so gestellt zu werden, als sei ihm das Eigentum entzogen worden.

Bei der Ermittlung des Wertes der entzogenen Nutzungen ist ein bestimmtes Bewertungsverfahren nicht vorgeschrieben. Für die Bemessung kann aber der Betrag einen Anhalt geben, der im Verkehr für die
Einräumung eines Nießbrauchs an den Grundstücken bezahlt würde,

BGHZ 30, 338.

Ein solches Entgelt dürfte sich in Gestalt einer laufenden Rente ermitteln lassen; bei unbestimmter Dauer des Nießbrauchs bietet sich dies
sogar an. Für die Bewertung der Einbuße, die der Berechtigte durch
den Entzug der Grundstücksnutzung erlitten hat, gelten dieselben
Grundsätze, wie sie der Bundesgerichtshof im Urteil vom

24.11.1975, aaO,

für die Besitzeinweisungsentschädigung aufgestellt hat. Danach ist bei
der Bewertung zunächst die tatsächliche Nutzung des Grundstücks im
Zeitpunkt seiner Inanspruchnahme zu berücksichtigen und zu fragen,
welchen Erlös diese Nutzung nachhaltig gebracht hätte. Ferner sind
alle weiteren wirtschaftlich vernünftigen und rechtlich zulässigen Nutzungsmöglichkeiten, von denen der Berechtigte ernstlich hätte Gebrauch machen können, in Betracht zu ziehen. Würde eine dieser aus-
nutzbaren Möglichkeiten nachhaltig einen höheren Erlös erbracht haben als die tatsächliche Nutzung im Zeitpunkt der Inanspruchnahme,
so wäre dieser höhere Erlös der Berechnung der Entschädigung zu-

grunde zu legen. So hat der Bundesgerichtshof in jener Sache erwogen, als ertragreichere Nutzung möge die Nutzung als Golfplatz oder Lagerplatz in Betracht kommen. Da die Entschädigung des Klägers sich nach dem Wert der Nutzungen bemißt, die die Grundstücke ermöglichen, kommt es nicht entscheidend darauf an, ob sie bereits Bauerwartungsland waren (und welchen Grad die Bauerwartung hatte) oder ob es sich lediglich um Ackerland handelte. Denn, wie im Urteil vom

24.11.1975, aaO,

für die Besitzeinweisungsentschädigung ausgeführt ist, werden durch die Einstufung eines Grundstücks als Bauerwartungsland die konkreten Möglichkeiten, die es dem Eigentümer zu seiner Nutzung bietet, nicht vermehrt. Die Qualität eines Grundstücks als Bauerwartungsland bedeutet für seinen Eigentümer nur die Chance, es einmal als Bauland nutzen zu können. Der wirtschaftliche Wert dieser Chance kommt dem Eigentümer aber nur zugute, wenn er das Grundstück verkauft, nicht aber durch seine Nutzung.

IV. Bedeutung der "Rechtsposition" für die Höhe der Entschädigung

1. Teilenteignung

Die unterschiedlichen Sanktionsrichtungen von zivilrechtlichem Schadensersatz und enteignungsrechtlicher Entschädigung werden in Fällen der Teilenteignung besonders augenfällig. Wird z.B. eine bisher ruhige Landschaft nunmehr von einer stark befahrenen Fernstraße durchzogen, und werden für den Bau dieser Straße Flächen enteignet, so dürfen in die Enteignungsentschädigung für das entzogene Grundstück und die aus diesem Eingriff sich ergebenden Folgeschäden der Enteignung nicht alle Nachteile einfließen, welche die Straße für diesen Landstrich und auch für den betroffenen Eigentümer gebracht hat. Der Grundstücksverkehr wird zwar mit deutlichen Wertabschlägen darauf reagieren, daß es mit der bisher so "idyllischen Ruhe" jetzt vor-

146

bei ist. Diese Verkehrsführung zu verhindern, steht aber nur insoweit in der "Rechtsmacht" des Eigentümers, als für dieses Vorhaben sein Grundeigentum nicht gegen seinen Willen, und falls dies durch Gründe des gemeinen Wohls geboten ist, nur im Wege der Enteignung in Anspruch genommen werden kann. Gegen Vorhaben, die jenseits der Grenzen seines Grundbesitzes geplant und durchgeführt werden, steht ihm dagegen grundsätzlich ein Abwehrrecht kraft Eigentums nicht zu (abgesehen von bestimmten Einflußmöglichkeiten auf die Ausführung solcher Vorhaben, die sich aus dem privaten oder dem öffentlichen Nachbarrecht ergeben,

> vgl. Krohn, in: Berliner Komm. z. BauGB, aaO, § 95 Rz. 5, § 96 Rz. 9.

Was er insoweit hinzunehmen hat, wird durch das Instrumentarium der Bestimmung des Eigentumsinhalts (Art. 14 Abs. 1 Satz 2 GG) bestimmt, im Beispielsfall durch die Normen der Fachplanung, die einen Ausgleich der öffentlichen und privaten Belange anstreben (vgl. früher § 17 Abs. 4 FStrG, jetzt ganz allgemein zur Planfeststellung § 74 Abs. 2 VwVfG).

147 Wird im Wege der teilweisen Enteignung ein Grundstücksteil für die anzulegende öffentliche Straße in Anspruch genommen, so ist die (Substanz-)Entschädigung hierfür nach den für den Entzug (vgl. oben D III) geltenden Bemessungsgrundsätzen zu leisten. Regelmäßig wird das restliche Grundstück im Wert dadurch gemindert, daß die störende Anlage nun über das vordem private Grundstück selbst verläuft. Diese Nachteile des "Enteignungsunternehmens" - zu dem auch die von ihm ausgehenden Emissionen rechnen - stellen einen Folgeschaden der Enteignung i.S.d. § 96 Abs. 1 Satz 2 Nr. 2 BauGB dar,

> BGHZ 61, 253, 254 m.w.N.

Würde nun die Wertminderung nach der beim zivilrechtlichen Schadensersatz anerkannten "Differenzmethode" errechnet, indem der Wert des Gesamtgrundstücks vor dem Bau der Straße mit dem Wert

des verkleinerten Grundstücks nach der Errichtung der Anlage vergli-
chen würde, so würden dem Eigentümer auch bloße "Lagevorteile"
vergütet, auf deren Fortbestehen er keinen rechtlich gesicherten Anspruch hatte ("ruhige Lage"; "schöner Ausblick", etc.). Die an sich an-
wendbare Differenzmethode,

> vgl. BGH, Urt. v. 17.11.1988 - III ZR 210/87
> - Vorgarten,

bedarf in diesen (Immissions-)Fällen daher der Anpassung an den
Grundsatz, daß der (weichende) Eigentümer keine Entschädigung für
den Wegfall bloßer "Chancen und Hoffnungen" erhält. Dies bedeutet:
Nachteile, die den Eigentümer auch getroffen hätten, wenn in sein
Grundeigentum nicht unmittelbar eingegriffen worden wäre, wenn also
die Verkehrseinrichtung statt über die entzogene Teilfläche an der
Grenze des ungeteilten Grundstücks entlanggeführt worden wäre, haben bei der Bemessung der Enteignungsentschädigung auszuscheiden.
Soweit derartige Nachteile ohne die Teilenteignung das Restgrundstück zwar auch, aber nur in geringerem Maße getroffen hätten, kann
daher eine Entschädigung nur insoweit beansprucht werden, als die
jetzt eingetretenen Nachteile größer sind als diejenigen, die auch ohne
Abtretung der Teilfläche entstanden wären,

> vgl. BGH, Urt. v. 6.3.1986 - III ZR 146/84,
> UPR 1986, 279 = NVwZ 1986, 961
> = VersR 1987, 380 = AgrarR 1986, 317
> - "Wirtschaftsweg";
> m. Anm. Bellinghausen, AgrarR 1987, 35, 37;
> Köhne/Beckmann, AgrarR 1987, 267;
> BGH, Urt. v. 8.11.1979 - III ZR 87/78,
> BGHZ 76, 1
> - Übernahmeanspruch;
> BGH, Urt. v. 7.5.1981 - III ZR 67/80,
> BGHZ 80, 360
> - "Parallelverschiebung" -
> (u.a. auch zur Zulässigkeit eines für den
> gesamten Grundbesitz anzunehmenden Durch-
> schnittspreises);

BGH, Urt. v. 2.7.1992 - III ZR 162/90,
BGHR GG Art. 14 Abs. 3
- Entschädigung 3;
zu Einzelheiten der Berechnung der Rest-
wertminderung vgl.neuerdings Kamphausen,
Der Einsatz des Zielbaumverfahrens zur
Ermittlung von Verkehrswertminderungen
eigengenutzter Wohnhausgrundstücke bei
Entzug von Grundstücks-Teilflächen (ins-
besondere mit aufstehendem Schutz- und
Gestaltungsgrün), BauR 1992, 723.

Wie der Bundesgerichtshof in mehreren Urteilen klargestellt hat, ist
die Figur des "hypothetischen Verlaufs" der Straße jenseits der Grund-
stücksgrenze dahin zu verstehen, daß von einem hypothetischen Verlauf der Straße parallel zu der tatsächlich angelegten Trasse auszugehen ist (sogenannte Parallelverschiebung), nicht aber von einer hypo-
thetisch an allen Grundstücksgrenzen um das Grundstück herumge-
führten Trasse,

BGHZ 80, 360, st. Rspr.

148   Die "Rechtsposition" des Grundstückseigentümers ist, wie der Bundesgerichtshof in neueren Entscheidungen mehrfach ausgesprochen hat,
lückenhaft, wenn die "Arrondierung",

vgl. dazu die bei
BGHR GG Art. 14 Abs. 3 Satz 3
- Arrondierungsschaden 1 -
wiedergegebene Rechtsprechung des BGH,

seines Grundbesitzes durch öffentliche Wege oder Straßen aufgelok-
kert ist. Er kann dann kraft seines Eigentums eine Änderung in der
Verwendung dieser Verbindungen grundsätzlich nicht abwehren. Es ist
indes in jedem Einzelfall zu prüfen, welche Verwendung die öffentliche Hand ohne Hinzuerwerb von Parzellen dieses Eigentümers von
diesen Straßen- und Wegeparzellen machen kann. Ergibt es sich, daß
eine neu angelegte Bundesstraße mit mehreren Fahrbahnen nur unter

Inanspruchnahme weiterer privater Flächen des betroffenen Eigentümers angelegt werden konnte, dann sind die davon ausgehenden
(besonderen) Immissionen entschädigungsrechtlich relevant, so das bereits erwähnte Urteil vom

6.3.1986 - III ZR 146/84, aaO.

Die durch eine Teilenteignung beeinträchtigte "Rechtsposition" der **149**
Eigenschaft einer Fläche als "Eigenjagd" (§ 7 BJagdG) kann dadurch
gemildert sein, daß wegen § 571 i.V.m. § 581 Abs. 2 BGB der über den
Eigenjagdbezirk geschlossene mehrjährige Jagdpachtvertrag fortbe-
steht, obwohl die Voraussetzungen für einen Neuabschluß an sich entfallen sind. In einem solchen Fall wird zwar die Grundfläche in ihrer
Nutzbarkeit als Eigenjagd, d.h. ihre enteignungsrechtliche "Qualität" in
der rechtlichen Substanz ("Rechtsverlust") betroffen, weshalb die Entschädigungsberechnung zunächst auch hiervon auszugehen hat. Andererseits bekommt der Eigentümer für die Dauer des noch laufenden
Pachtvertrages die Minderung der Qualität des von der Enteignung betroffenen Grundbesitzes, was die Höhe des erzielbaren Pachtzinses an-
geht, noch nicht zu spüren. Dieser Umstand ist bei Anwendung der Ertragswertmethode bei der Bemessung des Kapitalisierungsfaktors angemessen zu berücksichtigen,

vgl. BGH, Urt. v. 12.3.1992 - III ZR 216/90,
- "Eigenjagd";
s. dazu auch unten 3 b und
BGHZ 64, 382.

Nachbarrechtliche Probleme treten bei (Teil-)Enteignungen für Stra- **150**
ßenbauzwecke auch auf, wenn der Eigentümer dort Sand oder Kies
abbaut und als Folge der Enteignung gehalten ist, zur Sicherung der
Straßentrasse einen Böschungskegel im Abbaufeld stehen zu lassen.
Ob dieses Abbauverbot in eine "Rechtsposition" des Grundstückseigentümers eingreift, ist in den Grenzzonen des Grundstücks eine
Frage des bürgerlichen Nachbarrechts. Hier gilt: Der Eigentümer, der

eine Entschädigung für den genannten Abbauverlust - die Zulässigkeit dieser Entnahme nach Wasser- und/oder Naturschutzrecht vorausgesetzt -

vgl. dazu BGH, Urt. v. 3.3.1083
- III ZR 93/81 und 94/81,
BGHZ 87, 66 = MDR 1983, 824;
BGH, Urt. v. 1.7.1982 - III ZR 10/81,
NJW 1982, 2491 betr. Fragen der
"Naßauskiesung" -

erhalten will, muß wegen des sich aus § 909 BGB ergebenden Vertiefungsverbots darlegen, daß er gegenüber den bisherigen Nachbarn aus besonderen Gründen berechtigt war, seine Parzelle bis unmittelbar zur Grenze des Nachbargrundstücks hin abzugraben. Eine noch so begründete, jedoch rechtlich nicht verfestigte tatsächliche Aussicht, dies später tun zu dürfen, reicht nicht aus,

vgl. BGH, Urt. v. 2.7.1992 - III 180/90
- Kiesabbau.

Eine Ausnahme ist nach dem Urteil des Bundesgerichtshofs

v. 19.5.1988 - III ZR 224/86,
- Basaltabbau;
BGHR GG Art. 14 Abs. 3
- Rechtsposition 1 -

dann anzuerkennen, wenn alle Eigentümer des gesamten Abbaufeldes ein gleichgerichtetes Interesse daran haben, ihre Flächen möglichst ganz auszubeuten und auch die zuständige Bergbehörde auf einen solchen Abbau hinwirkt, um das Entstehen von nutzungshindernden "Geländerippen" zu verhindern.

2. Obligatorische Nutzungsrechte

Die den obligatorischen Nutzungsrechten - vor allem Miete und Pacht   **151**
- anhaftende Schwäche, nur auf bestimmte Zeit gegenüber dem Eigentümer zum Besitz berechtigt zu sein,

> vgl. § 567 Satz 1 BGB, dazu
> BGH, Urt. v. 20.2.1992 - III ZR 193/90,
> s. dazu unten Rz. 157,

hat bei vorzeitigem Entzug solcher Rechte erhebliche Auswirkungen
auf die Enteignungsentschädigung. Bei Enteignung des Grundstücks,
auf welches sich das konkrete Miet- oder Pachtrecht bezieht, kann der
zum Besitz oder zur Nutzung des Grundstücks berechtigte Mie-
ter/Pächter gem. § 97 Abs. 3 Nr. 2 BauGB - allerdings nur bei hoheitlichem Eingriff, nicht bei privatrechtlicher Kündigung, vgl. dazu oben
Rz. 41 - eine gesonderte Entschädigung für die erzwungene Aufgabe
seines Rechts verlangen.

Zu entschädigungsrechtlichen Fragen nach dem Bundesleistungsgesetz
bei Beeinträchtigung eines verpachteten Jagdausübungsrechts

> vgl. BGH Urt. v. 8.11.1990 - III ZR 251/89,
> BGHR BLG § 78 - Jagdpächter 1 -:
> die Nutzungsentschädigung nach § 78 BLG
> wegen Beeinträchtigung in der Jagdausübung
> durch ein militärisches Manöver steht regel-
> mäßig nicht dem Jagdpächter, sondern dem
> Verpächter zu.

Der Mieter/Pächter erhält eine Entschädigung sowohl für den erlittenen "Substanzverlust" (§ 95 BauGB) als auch für "sonstige Nachteile"
i.S.d. § 96 BauGB (vgl. dazu unten D VII 1).

Der Anspruch auf Ersatz der Nachteile, die der Mieter/Pächter in-   **152**
folge der Grundstücksenteignung durch den Verlust seiner Nutzungs-
befugnis erleidet, geht auf Leistung einer Entschädigung für seinen

"Substanzverlust", also auf einen Ausgleich dessen, was er von seinem Recht hat abgeben müssen oder was ihm an vermögenswerter Rechtsposition genommen worden ist,

BGH, Urt. v. 19.9.1966 - III ZR 216/63,
WM 1967, 297 m.w.N.

Dieser Anspruch beschränkt sich im Grundsatz auf den Betrag, der ihn zur Zeit der Besitzaufgabe,

BGHZ 59, 250,

in den Stand setzt, ein entsprechendes Pachtverhältnis unter den nämlichen Vorteilen, Voraussetzungen und Bedingungen einzugehen, wobei ein rein objektiver Maßstab, der Wert für "jedermann", anzulegen ist; der Reinertrag des Gewerbes, das der Pächter auf dem enteigneten Grundstück betrieben hat, ist nicht maßgebend - ebensowenig wie der Wert des Betriebes -, sondern nur die Summe, die den Mieter/Pächter instand setzt, ein "dem entzogenen Recht gleichwertiges" zu erwerben. Dabei kommt es nicht darauf an, ob ein Pachtrecht gleicher Art auf dem Markt überhaupt zu erwerben ist. Vielmehr soll mit der Bemerkung, die Entschädigung sei nach dem Betrag zu bemessen, der für die Erlangung einer gleichgearteten Rechtsposition bezahlt werden müsse, lediglich gesagt werden, daß die Entschädigung dem vollen Wert des genommenen Rechts in der Hand eines jeden Inhabers entsprechen müsse,

BGH, Urt. v. 19.9.1966, aaO, und
BGH, Urt. v. 28.9.1972, aaO;
Krohn, Wertermittlungsforum
- WF - 1986, 1, 2 f.

Es hat daher bei der Frage nach dem, was dem Betroffenen durch eine vorzeitige Auflösung des Pachtverhältnisses genommen wird, u.a. außer Betracht zu bleiben, wie lange das Pachtverhältnis ohne die vorzei-

tige Aufhebung tatsächlich noch gedauert haben würde; enteignungsrechtlich erheblich ist allein, welche Pachtdauer rechtlich gesichert
war,

> BGH, Urt. v. 7.1.1982 - III ZR 114/80,
> BGHZ 83, 1 und
> BGH, Urt. v. 7.1.1982 - III ZR 141/80,
> WM 1982, 599.

Bei der Feststellung der Substanzeinbuße ist zu bedenken: Zahlt der **153**
Pächter in etwa den marktüblichen Zins, wird ein eigener
Substanzwert des enteigneten Pachtrechts nicht angenommen werden
können. Es kommt dann regelmäßig nur ein Ersatz des Zwischenzinses
der durch die vorzeitige Räumung verursachten Kosten (als
sogenannte Folgekosten) in Betracht. War die für das enteignete
Objekt gezahlte Pacht dagegen niedriger - also günstiger - als der
marktübliche Zins, so drückt sich darin ein besonderer Wert der
Pachtrechtssubstanz aus. Da der Pächter "bildhaft" nur mit der
Möglichkeit rechnen kann, zu marktüblichen Preisen wieder ein
entsprechendes Grundstück nutzen zu können, ist daher die Differenz
zwischen dem bisher gezahlten günstigen und dem marktüblichen Zins
in Form eines Kapitalbetrages zu entschädigen,

> BGH, Urt. v. 19.9.1966, aaO, und
> BGH, Urt. v. 15.11.1971 - III ZR 162/69,
> WM 1972, 509.

Davon muß der auf der Grundlage des Miet-/Pachtrechts ausgeübte **154**
Gewerbebetrieb unterschieden werden. In ihn wird, wenn er infolge
des Entzuges des Miet- oder Pachtrechts auf dem betroffenen Grundstück nicht mehr fortgeführt werden kann, nur vorübergehend eingegriffen; denn regelmäßig sind Gewerbebetriebe nicht in der Weise
grundstücksbezogen, daß sie nur auf bestimmten Grundstücken ausgeübt werden können. Die mit der Verlegung des Betriebs verbundenen Nachteile werden dem Mieter/Pächter gem. § 96 BauGB als
Folgekosten der Enteignung entschädigt (s. dazu unten D VII 1). Angesichts der dem obligatorischen Nutzungsrecht innewohnenden

Schwäche, den Besitz zu einem in der Zukunft liegenden Zeitpunkt ohnehin herausgeben zu müssen, besteht jedoch - anders als bei Eingriffen in das Grundeigentum - die enteignungsrechtlich relevante Einbuße von Miet-/oder Pachtrechtssubstanz nur in dem vorzeitigen Eintritt dieses Geschehens. Daher sind die gem. § 96 BauGB zu ermittelnden Kosten einer erzwungenen Betriebsverlegung für die obligatorischen Nutzungsberechtigten grundsätzlich nur in Höhe des Zwischenzinses dieser Kosten erstattungsfähig,

BGHZ 83, 1.

Daneben kommt in Betracht, daß der Zwang zur vorzeitigen Aufgabe des Miet- oder Pachtrechtverhältnisses Investitionen unrentierlich macht, die der Mieter/Pächter sonst hätte ausnutzen können. Ebenso kann die erzwungene Räumung besondere Einrichtungen wertlos machen, weil diese ohne Beschädigung nicht in einen neuen Betrieb an anderer Stelle verlegt werden können. Diese Posten stellen sonstige Nachteile der Enteignung i.S.d. § 96 BauGB dar, die allerdings nur in dem Umfang entschädigungsfähig sind, als sich in ihnen der Entzug bestehender - gesetzlich oder vertraglich gewährleisteter - "Rechtspositionen" des Mieters/Pächters ausdrückt.

> Zum Ersatz von Betriebsverlegungs-
> kosten u.ä. als Folgekosten der Ent-
> eignung vgl. auch unten D VII 1.

155 Im Urteil vom

> 19.1.1989 - III ZR 6/87,
> BGHR GG Art. 14 Abs. 3 Satz 3
> - Tankstellengrundstück 1 -

hat der Bundesgerichtshof die Grundsätze seiner Rechtsprechung neuerdings zusammengefaßt und bestätigt. Er hat hierbei darauf hingewiesen, daß bei der Entschädigungsbemessung das Pachtrecht und der in Ausübung dieses Rechts auf dem Grundstück geführte (Tankstellen-)Gewerbebetrieb des Pächters nicht vermengt werden dürfen:

Soweit es darum geht, dem Pächter eine Entschädigung zuzubilligen, die ihn in die Lage versetzen soll, sich ein "gleichwertiges Recht" zu verschaffen, darf nur das Grundstück selbst bewertet werden, nicht (auch) der auf dem Grundstück errichtete und auf ihm unterhaltene (hier: Tankstellen-)Betrieb. Der Pachtwert des Gewerbebetriebes selbst darf in diese Entschädigungsbemessung nicht eingehen, da eine daran orientierte Entschädigung in der Regel über den durch vorzeitige Aufgabe des Nutzungsrechts erlittenen Substanzverlust hinausgreift,

BGH, Urt. v. 15.11.1971, aaO.

Diese Entschädigungsgrundsätze können auch Anwendung finden, wenn wegen eigentumsbelastender Auswirkungen des Denkmalschutzes im Rahmen einer sogenannten Betriebsspaltung die Besitzgesellschaft als Grundstückseigentümer die Übernahme des Grundstücks verlangt und davon auch die eigenständige Betriebsgesellschaft (Mieter/Pächter) betroffen wird, wie der Bundesgerichtshof im Urteil vom

156

17.12.1992 - III ZR 112/91
- Bodendenkmal "colonia ulpia traiana";
s. dazu oben Rz. 20 -

angemerkt hat.

Die enteignungsrechtliche Schwäche dinglich nicht gesicherter Nutzungsrechte an Grundstücken (hier: Nutzungsvertrag über Führung einer Stromleitung) hat im Urteil vom

157

20.2.1992 - III ZR 193/90,
BGHZ 117, 236 -

dazu geführt, wegen der gesetzlichen Kündbarkeit (nicht auch: Kündigung) eines auf eine Zeit von mehr als 30 Jahren abgeschlossenen Mietvertrages (§ 567 Satz 1 BGB) das Bestehen einer zur Entschädigung berechtigenden "Rechtsposition" zu verneinen.

3. Dispensfälle

158 Beeinträchtigungen der Baufreiheit durch Eingriffe in das Eigentum zum gemeinen Wohl können eine Enteignungsentschädigung rechtfertigen, wenn dem Eigentümer insoweit ein "Sonderopfer" abgefordert wird. So verhält es sich, wenn Bauvorhaben nicht oder nur unter Auflagen genehmigt werden, weil sie mit Rücksicht auf einen öffentlichen Schutzraum nicht oder nur beschränkt zugelassen werden können. Gem. § 21 SchutzbauG ist der Bund dann zu angemessener Entschädigung in Geld verpflichtet.

Diese Entschädigung stellt einen materiellen Ausgleich für die Vermögenseinbuße dar, die der Eigentümer oder ein anderer Berechtigter im Interesse eines öffentlichen Schutzraums erleidet. Die Entschädigung hat demnach dem Eigentümer oder anderen Berechtigten einen wirklichen Wertausgleich zu verschaffen, das heißt, er ist - wirtschaftlich gesehen - so zu stellen, wie wenn er durch den ablehnenden Bescheid nach dem SchutzbauG nicht betroffen wäre. Voraussetzung des Entschädigungsanspruchs nach § 21 SchutzbauG ist dabei stets der Eingriff in eine den Schutz der Eigentumsgarantie des Art. 14 GG genießende Rechtsposition,

> BGHZ 57, 278 und
> BGH, Urt. v. 26.11.1981 - III ZR 49/80,
> NVwZ 1983, 118 zu der Entschädigungs-
> regelung in § 12 SchutzbereichG.

Für die Bemessung der Entschädigung verweist § 21 Abs. 2 Satz 2 SchutzbauG auf das Schutzbereichgesetz. Dementsprechend können die Eigentümer nur insoweit einen Ausgleich von Nachteilen verlangen, als die Ablehnung ihrer Baugesuche oder die etwa mit der Baugenehmigung verbundenen Auflagen ihre - im Grundeigentum wurzelnde - Baufreiheit im Interesse des Schutzbaus einschränken. Dies war bei dem Urteil vom

> 9.4.1992 - III 228/90
> - Hochbunker -

nicht der Fall. Die Eigentümer hätten hier nach dem geltenden örtlichen Baurecht nur 5/10 ihrer Grundstücksfläche überbauen dürfen. Durch Dispens war ihnen jedoch eine wesentlich intensivere Bebauung - fast 9/10 der Grundstücksfläche - genehmigt worden, allerdings unter der Auflage, gewisse Vorrichtungen zum Schutz des daneben stehenden Hochbunkers anzubringen und auch sonst die Gebäude so herzurichten, daß die Außenwände nicht zum Bunker hin abstürzen konnten.

Der Bundesgerichtshof hat den Entschädigungsanspruch wegen der Mehrkosten abgelehnt, weil diese Kosten den Eigentümern nicht unter Beschränkung eines ihnen zustehenden Baurechts abgefordert worden seien. Dabei kam es auf die eigentumsrechtliche Qualifizierung der Befreiung an. Grundsätzlich umfaßt die Baufreiheit nicht die nur im Wege der Befreiung von den Festsetzungen des (hier) Baustufenplans zu erlangende Bebaubarkeit von Grundflächen. Denn die Erteilung einer Befreiung steht im Ermessen der zuständigen Behörde (§ 31 Abs. 2 Satz 2 BauGB). Daraus erwächst dem Baubewerber grundsätzlich nicht eine eigentumsmäßig verfestigte Position,

> BGH, Urt. v. 27.11.1961 - III ZR 112/60,
> BGHZ, aaO, S. 32 f;
> BGH, Urt. v. 10.3.1977 - III ZR 195/74,
> WM 1977, 624 und
> BGH, Urt. v. 25.11.1982 - III ZR 55/81,
> WM 1983, 158 = BauR 1983, 231.

Ob etwas anderes gilt, wenn das Ermessen der Behörde ausnahmsweise auf "Null" geschrumpft ist,

> vgl. BGH, Urt. v. 27.11.1961, aaO;
> dazu auch das nachfolgend besprochene
> BGH, Urt. v. 15.11.1992,

konnte in dem entschiedenen Fall offenbleiben, denn jedenfalls hätte ein etwaiger "Anspruch" auf Erteilung einer Befreiung nicht den Umfang der schließlich zugelassenen Überbauung haben können. Bei diesem Sachverhalt schied hinsichtlich der den Bauherren abgeforderten Mehrkosten ein "Sonderopfer" aus. Wäre nämlich das Vorhaben nur in den Grenzen des geltenden Baurechts genehmigt worden, so wären angesichts des wesentlich geringeren Gebäudeumgriffs - in hier vereinfachender Sicht - Beeinträchtigungen des Hochbunkers nicht aufgetreten. Es hätte dann auch keiner Auflagen zum Schutz des Bunkers bedurft.

159   Fragen dieser Art können, wie ein jüngst ergangenes Urteil des Bundesgerichtshofs zeigt, auch bei der Bestellung von Dienstbarkeiten zugunsten der öffentlichen Hand auftreten.

Die Ermittlung des Minderwerts von Grundstücken als Folge einer solchen Teilenteignung erfolgt üblicherweise nach der Differenzmethode,

> BGHZ 83, 61;
> weitere Nachweise bei
> Krohn/Löwisch, aaO, Rz. 498 ff.

Für eine U-Bahn-Dienstbarkeit hat der Bundesgerichtshof im Urteil vom

> 28.6.1984 - III ZR 187/83,
> NJW 1985, 387 -

ausgesprochen, daß für die Berechnung der Enteignungsentschädigung der Minderwert des Grundstücks in einem Prozentsatz des Verkehrswerts der gesamten und nicht nur der untertunnelten Fläche ausgedrückt werden könne,

> vgl. BGH NJW 1982, 2179.

Es ist jedoch nicht zu beanstanden, wenn die Bodenwertminderung allein an der untertunnelten Fläche orientiert wird, die weitgehend mit der überbauten Fläche kongruent ist, denn die Größe der untertunnelten Fläche kann für das Ausmaß der durch die U-Bahn drohenden Unzuträglichkeiten - und damit letztlich auch für die Höhe der Wertminderung - bedeutsam sein.

Bei der Bemessung der durch Bewirtschaftungsschwierigkeiten mitverursachten Wertminderung des Grundbesitzes darf dabei nicht berücksichtigt werden, daß die Mieter wegen der Belästigung durch den Bahnbetrieb Mieterhöhungen ablehnen. Denn eine immissionsbedingte Erhöhung des laufenden Erhaltungsaufwandes wird von dem Entschädigungsanspruch nicht mit umfaßt.

Die Differenzmethode bedarf jedoch auch hier der "Verfeinerung", **160** wenn der danach feststellbare Minderwert durch Umstände beeinflußt ist, die zugunsten des Eigentümers nicht rechtlich verfestigt waren. So hat der Bundesgerichtshof mit Urteil vom

15.10.1992 - III ZR 147/91
- "Arkade" -

die Entschädigungsberechnung für eine Dienstbarkeit mißbilligt, die zugunsten der Gemeinde das Recht vorsieht, in der Erdgeschoßzone des belasteten Grundstücks entlang der Straßengrenze in einer Länge von ca. 7 m und einer Tiefe von 4 m eine Arkade auszubilden, durch die ein Teil der öffentlichen Verkehrsfläche als Gehweg verläuft. Die Besonderheit bestand darin, daß das im Stadtzentrum gelegene, sehr kleine Grundstück sinnvoll nur bebaut werden konnte, wenn Befreiung von der Einhaltung einer ganzen Reihe baurechtlicher Vorschriften (in diesem Zusammenhang von Interesse: Befreiung von der zur Straßenmitte hin einzuhaltenden Abstandsfläche) erteilt wurde, was vorliegend auch geschehen war.

In Anknüpfung an das Urteil vom

9.4.1992 - III ZR 228/90,
s. dazu bereits oben -

führt der Bundesgerichtshof aus, daß die durch die Belastung des Grundstücks mit der Dienstbarkeit beeinträchtigte Rechtsposition des Eigentümers grundsätzlich nicht auch die nur im Wege der Befreiung (Dispens) von den einschlägigen Festsetzungen und Bestimmungen zu erlangende Bebaubarkeit umfasse. Die durch Dispens ermöglichte erweiterte Nutzbarkeit gehört nur dann zur Rechtsposition des Grundstückseigentümers, wenn und soweit er einen in seinem Eigentumsrecht wurzelnden Rechtsanspruch auf Dispenserteilung hat. Das kann nur der Fall sein, wenn sich das Ermessen der Genehmigungsbehörde bei Vorliegen der gesetzlichen Voraussetzungen für eine Ausnahme oder Befreiung nach Abwägung aller entscheidungserheblichen Belange ausnahmsweise "auf Null" reduziert. In enteignungsrechtlicher Hinsicht muß dabei bedacht werden, daß die grundsätzliche Beachtung einer baurechtlichen Vorschrift, wonach - wie hier - die vor der straßenseitigen Außenwand des Gebäudes freizuhaltende Abstandsfläche die Straßenmitte nicht überschreiten darf (vgl. Art. 6 Abs. 1 und 8 BayBO) eine entschädigungsfähige Rechtsposition des Grundstückseigentümers ausschließen oder doch wesentlich schwächen kann. Wird dem Eigentümer hiervon Befreiung erteilt, so liegt es nahe, daß er diesen Nutzungsvorteil nur erlangen kann, wenn er sich bereit findet, der Gemeinde auf seinem Grundstück eine als Gehweg zu widmende Fläche für den Fußgängerverkehr zur Verfügung zu stellen. Verhält es sich so, dann stellt die dem Eigentümer erteilte Auflage, der Gemeinde zur Sicherung der für die Aufnahme des öffentlichen Gehweges bestimmten Arkadenfläche eine Dienstbarkeit zu bestellen, gegenüber der Weigerung, ihm die Überschreitung der Straßenmitte durch die Abstandsfläche zu gestatten, die das Eigentum schonendere Maßnahme dar, die durch den Grundsatz der Verhältnismäßigkeit geboten sein kann. Wenn jedoch der Eigentümer die erstrebte Befreiung von der Abstandspflicht nur um den Preis erlangen kann, eine Verlagerung des öffentlichen Gehweges in den Bereich seines Grundstücks hinzunehmen, so können sich die Vorteile und die Nachteile einer solchen Gestaltung für ihn derartig miteinander verbinden, daß die auflagegemäße Bestellung der Arkadendienstbarkeit jedenfalls nicht mehr in vollem Umfang als Beeinträchtigung einer eigentumsmäßig verfestigten Rechtsposition erscheint. Ein zu entschädigender Eingriff kommt dann nur insoweit in Betracht, als die Arkade die Baugrenze, die der Eigentümer ohne die Befreiung von der Abstandspflicht hätte beachten müssen, in Richtung auf das Gebäudeinnere überschreitet. Entsprechende Überlegungen sind auch für die Nachteile anzustellen, die sich für das Grundstück aus der Verlegung öffentlicher Versorgungsleitungen im Bereich der Arkadenfläche ergeben. (Zur Klarstellung ist darauf hinzuweisen, daß hier die - von der Gemeinde zu tragenden - Kosten für den Bau und die Erhaltung der eigentlichen Arkade nicht im Streit waren).

V. Maßgebender Zeitpunkt für die "Qualität"

Bei der Ermittlung des Verkehrswertes sind zwei Zeitpunkte zu beachten: Der Zeitpunkt, der für die Bestimmung der im Enteignungsobjekt selbst liegenden Bewertungsmerkmale, also für die "Qualität" (Zustand) des entzogenen Grundbesitzes maßgebend ist, und der Zeitpunkt, der für die Preisverhältnisse ausschlaggebend ist, auf den bezogen der Wert des entzogenen Grundbesitzes zu ermitteln ist, **161**

dazu näher Krohn/Löwisch, aaO, Rz. 293 f.

Nach § 93 Abs. 4 Satz 1 BauGB ist für die Entschädigung der Zustand des Grundstücks in dem Zeitpunkt maßgebend, in dem die Enteignungsbehörde über den Enteignungsantrag entscheidet; gleich steht eine den Enteignungsbeschluß ersetzende Vereinbarung. Dieser Zeitpunkt kann sich ausnahmsweise verschieben: Einmal ist nach § 93 Abs. 5 Satz 2 BauGB in Fällen einer vorherigen Besitzeinweisung der Zeitpunkt des Besitzübergangs maßgebend, weil damit die Übertragung des Objektes bereits unmittelbar vorgenommen wird. Entsprechendes gilt für die freiwillige Besitzüberlassung, **162**

vgl. BGH, Urt. v. 12.3.1992 - III ZR 216/90
- "Eigenjagd";
dazu unten bei 3 b;
weitere Nachweise bei
Krohn/Löwisch, aaO, Rz. 293.

Nach § 95 Abs. 2 Nr. 2 BauGB bleiben dabei "Wertänderungen" unberücksichtigt, "die infolge der bevorstehenden Enteignung eingetreten sind". Darin drückt sich die im Enteignungsrecht allgemein anerkannte Rechtsfigur der "Vorwirkung" aus. Sie verfolgt den Zweck, Maßnahmen der öffentlichen Hand, die der späteren förmlichen Enteignung vorausgehen, jedoch diese bereits - meist durch Planung - vorbereiten, aus der Wertbemessung des Enteignuungsobjektes auszuklammern. Danach tritt bei einem über einen längeren Zeitraum sich hinziehenden Enteignungsverfahren an die Stelle des Enteignungsbeschlusses oder der Besitzeinweisung diejenige Maßnahme, von der ab eine weitere Entwicklung des Objektes, insbesondere die Qualität des Grundstücks verhindert, also das Grundstück "endgültig von jeder konjunkturellen Weiterentwicklung ausgeschlossen" wird,

BGHZ 71, 1, 3;
BGHZ 39, 198, 201 = WM 1969, 568 f
= VersR 1972, 164 st. Rspr.

Dies bedeutet, daß der Bemessung der Entschädigung die "Qualität" des Enteignungsobjekts zugrunde zu legen ist, die es bei Eintritt der "vorwirkenden" Maßnahme hatte.

163 Der Bundesgerichtshof hat sich mit der Frage der enteignungsrechtlichen Vorwirkung überwiegend im Zusammenhang mit dem Bauplanungsrecht befaßt und dabei ausgesprochen, daß ein Zurückgehen auf vorbereitende Maßnahmen keineswegs allgemein möglich sei, sondern nur in Betracht gezogen werden könne, wenn die vorbereitende Planung ursächlich für die spätere Enteignung war, eine hinreichende Bestimmtheit hatte und die spätere verbindliche Planung, die dann zur Enteignung führte, mit Sicherheit erwarten ließ,

BGH, Urt. v. 29.1.1968 - III ZR 2/67,
BRS Bd. 19 Nr. 116.

Eine Vorwirkung als Beginn eines einheitlichen Enteignungsprozesses kommt daher nur solchen Maßnahmen zu, die von vornherein auf eine endgültige Entziehung von Grundstückssubstanz abzielen, also eine

Enteignung mit Sicherheit erwarten lassen oder in ihrer Tendenz fol-
gerichtig auf eine spätere Enteignung zuführen,

BGH, Urt. v. 28.4.1969 - III ZR 189/66,
BRS Bd. 26 Nr. 102 = WM 1969, 964 m.w.N.;
BGHZ 63, 240, 242;
BGHZ 64, 382, 384;
BGH, Urt. v. 28.10.1971 - III ZR 4/70,
BRS Bd. 26 Nr. 61;
BGH, Urt. v. 14.6.1984 - III ZR 41/83,
= BRS Bd. 45 Nr.133.

Nach diesen Grundsätzen ist auch die Frage zu beantworten, ob eine **164**
auf dem Denkmalschutz beruhende Maßnahme als "Vorwirkung" einer
späteren Enteignung anzusehen ist. Bei der Prüfung der Frage, ob der
Eintragung in das Denkmalbuch oder Versagung der Abrißgenehmigung eine Vorwirkung für die spätere Entziehung des Grundstücks zukommen kann, dürfen, wie der Bundesgerichtshof im Urteil vom

11.2.1988 - III ZR 64/87,
BGHR GG Art. 14 Abs. 3 Satz 3
- Vorwirkung 2 und 3 -

ausführt, die das Gebiet des Denkmalschutzes beherrschenden
Rechtsgrundsätze, wie sie im einzelnen in den verschiedenen Landes-
denkmalschutzgesetzen niedergelegt sind, nicht außer Acht gelassen
werden. Ziel des Denkmalschutzes ist es nicht, die zu schützenden Kulturdenkmäler insgesamt oder auch nur zum überwiegenden Teil in das
Eigentum des Staates oder der Gemeinden zu überführen. Zu den
vorherrschenden Grundgedanken des Denkmalschutzes gehört vielmehr die Erhaltung und Nutzung der Kulturdenkmäler in Privateigentum (s. dazu bereits bei Rz. 19).

Die Anordnung, daß ein bestimmtes Gebäude in das Denkmalbuch
eingetragen, d.h. unter Denkmalschutz gestellt wird, hat grundsätzlich
keine enteignende Wirkung. Diese Maßnahme stellt zunächst nur einen Anknüpfungspunkt für die mit der Denkmaleigenschaft verbundenen gesetzlichen Pflichten dar,

BGHZ 99, 24, 33;
näher dazu Kröner, in: Festschrift
Geiger, 1989, S. 445 f.

Die Eintragung in das Denkmalbuch bringt nur eine Verfahrenspflichtigkeit mit sich, die das Eigentum lediglich einer Aufsichts- und Erlaubnispflicht unterwirft. Diese Verfahrenspflichtigkeit findet in der historisch gewachsenen Situation des Kulturdenkmals ihre Rechtfertigung und muß vom Eigentümer als Inhaltsbestimmung seines Eigentums entschädigungslos hingenommen werden,

BVerwG DÖV 1984, 814;
BVerwG, Beschl. v. 10.7.1987 - 4 B 146/87;
vgl. auch BVerfG ZfBR 1987, 203;
Nüßgens/Boujong, Eigentum, Sozialbindung,
Enteignung, Rz. 222 m.w.N.

Dies gilt auch dann, wenn bereits die Eintragung in das Denkmalbuch eine Minderung des Verkehrswertes des Anwesens bewirkt hat. Eine Wertminderung wird enteignungsrechtlich erst dann bedeutsam, wenn eine bestimmte Maßnahme - unabhängig von einer mit ihr verbundenen Vermögenseinbuße - einen Eingriff in die sich aus dem Eigentum ergebende Rechtsposition darstellt. Demnach wird in aller Regel der zwischen der Eintragung in das Denkmalbuch und einer späteren förmlichen Enteignung eines unter Denkmalschutz stehenden Gebäudes für die Annahme einer Vorwirkung erforderliche Kausalzusammenhang fehlen. Weder die Anordnung, daß ein bestimmtes Bauwerk unter Denkmalschutz gestellt wird, noch die weiteren Maßnahmen, die seiner Erhaltung dienen sollen, sind im allgemeinen dazu bestimmt, die förmliche Enteignung des Bauwerks vorzubereiten.

165   Der Bundesgerichtshof hat stets offen gelassen, ob Maßnahmen mit "Vorwirkung" generell schon als solche (förmliche) Enteignungseingriffe darstellen. Einer "Herabstufung" von bisherigem Bauerwartungsland zu öffentlichem Straßenland durch Bebauungsplan kommt jedoch in enteignungsrechtlicher Hinsicht eine zweifache Bedeutung zu: Einmal hat sie als verbindliche Bauleitplanung, die den späteren

Entzug des Grundstücks zur Verwirklichung der eigentumsverdrängenden Planung mit Sicherheit erwarten läßt, "vorwirkende" Bedeutung,

> BGH, Urt. v. 27.9.1990 - III ZR 97/89;
> BGHZ 64, 382;
> BGHZ 78, 152, jeweils m.w.N.

Zum anderen können solche planerischen Festsetzungen ohne dazwischentretenden Vollzugsakt selbst die Wirkung einer (Teil-)Enteignung haben, weil sie für die Zukunft eine privatnützige Verwendung des Grundstücks ausschließen,

> vgl. dazu bereits oben A II 3;
> BVerfGE 70, 35.

Fragen dieser Art treten vor allem in den "Fluchtlinien"-Fällen auf, in denen die zugrunde liegenden Festsetzungen, denen der Bundesgerichtshof Vorwirkungsbedeutung zugebilligt hat, im Zeitpunkt des förmlichen Eigentumsentzuges bis zu 80 Jahre zurücklagen,

> vgl. u.a. BGH, Beschl. v. 26.4.1990
> - III ZR 194/88, BGHR GG Art. 14 Abs. 3 Satz 3
> - Vorwirkung 5.

Für Fälle dieser Art aus Bayern ergibt sich hierbei die Besonderheit, daß Herabstufungen aus der Zeit der Weimarer Republik (oder vorher) seinerzeit als Akte der Enteignung u.U. entschädigungslos zulässig waren,

> vgl. Krohn/Löwisch, aaO, Rz. 302,
> u.a. zum Münchener Baurecht.

Werden solche Grundstücke unter der Geltung des Grundgesetzes dann förmlich enteignet, so ist die Enteignungsentschädigung nur noch nach der Qualität "Straßenland" zu bemessen; alle Kriterien einer baulichen Nutzung haben dabei auszuscheiden,

vgl. BGH, Urt. v. 3.3.1988 - III ZR 162/85,
BGHR GG Art. 14 Abs. 3 Satz 3
- Baulinienfestsetzung 1, und
BGH, Urt. v. 18.4.1991 - III ZR 79/90,
BGHR BBauG § 142
- Grünfläche, öffentliche 1;
zur abweichenden Rechtslage in Berlin
vgl. BGH, Beschl. v. 26.4.1990 -
III ZB 194/88, BGHR GG Art. 14 Abs. 3 Satz 3
- Vorwirkung 5;
sowie BGH, Urt. v. 2.2.1978 - III 90/76,
WM 1978, 520 und
BGH, Urt. v. 14.1.1982 - III 134/80,
WM 1982, 565.

Auch die Ausübung des - preislimitierten - Vorkaufsrechts hat qualitätsbestimmende Wirkung,

vgl. BGH, Urt. v. 18.4.1991 - III ZR 79/90,
BGHR BBauG § 157
- Grünfläche, öffentliche 1.

166 Eine vorbereitende Planung, die für sich allein noch kein "Eingriff" im Sinne des Enteignungsrechts ist, kann den Beginn eines einheitlichen Enteignungsprozesses darstellen (Beispiel: Flächennutzungsplan im Verhältnis zur späteren Eigentumsentziehung auf Grund der verbindlichen Bauleitplanung). Sie ist "Vorwirkung" der späteren Enteignung, wenn sie mit der späteren Entziehung des Eigentums in einem ursächlichen Zusammenhang steht, hinreichend bestimmt ist und die spätere verbindliche Planung, die die Grundlage der Enteignung bildet, mit Sicherheit erwarten läßt. Ob das im Einzelfall vorliegt, ist weitgehend eine vom Tatrichter zu entscheidende Frage. Vgl. Urteil vom

25.11.1974 - III ZR 42/73,
BGHZ 63, 240
- "Münchener Grünfläche",

wo diese "Vorwirkung" für die Festsetzung eines städtischen Grünzuges abgelehnt wird. Bestätigung dieser - allgemeinen - Grundsätze neuerdings im Urteil vom

19.6.1986 - III ZR 22/85.

Die hinreichende Bestimmtheit einer Straßenplanung im Rahmen eines Flächennutzungsplans hat der Bundesgerichtshof in einem Beschluß vom   **167**

27.2.1992 - III ZR 195/90,
BGHR GG Art. 14 Abs. 3 Satz 3
- Vorwirkung 6 -

bejaht, obwohl der endgültige Verlauf der Straße gegenüber der Vorplanung schließlich teilweise um bis zu 100 m verschwenkt war. Der Bundesgerichtshof hat hierbei als ausschlaggebend angesehen, daß auch die geänderte Trasse in vollem Umfang über das Land des Eigentümers lief. An der sicheren Erwartung, daß in jedem Falle sein Flächeneigentum für den Bau der Straße in Anspruch genommen werden mußte - und zwar sowohl der Größenordnung als auch der Qualität nach -, habe sich durch die Änderung der Trassierung nichts geändert. Die Schwenkung halte sich noch innerhalb einer dem Flächennutzungsplan anhaftenden "Bandbreite", die dadurch bedingt sei, daß seine Festsetzungen im Vergleich zur verbindlichen Planung (Bauleitplanung; Planfeststellung) ein gröberes Raster aufwiesen. Zum Umfang der Verfestigung einer Straßenplanung

vgl. BGHZ 94, 77, 87 f.

VI.   Maßgebender Zeitpunkt für die Preisverhältnisse

1.   Grundsätze

168   Die Entschädigung soll dem Betroffenen einen Ausgleich für das ihm "Genommene" grundsätzlich in dem Zeitpunkt geben, in dem er die Entschädigungszahlung erhält. Sie soll ihn - "bildhaft" ausgedrückt - in die Lage versetzen, sich ein entsprechendes Ersatzobjekt zu verschaffen,

> zur Ausgleichsfunktion der Enteignungs-
> entschädigung vgl. oben D II.

Für die der Entschädigungsberechnung zugrunde zu legenden Preisverhältnisse ist daher grundsätzlich der Zeitpunkt der Zahlung der Entschädigung maßgebend. Allerdings hat der Bundesgerichtshof bei behördlicher Entschädigungsfestsetzung auf den Zeitpunkt der Zustellung des Festsetzungsbeschlusses und bei gerichtlicher Festsetzung auf den Zeitpunkt der letzten mündlichen Verhandlung (in der Tatsacheninstanz) abgestellt, weil für den Regelfall davon ausgegangen werden kann, daß die Zahlung alsbald nach behördlicher oder gerichtlicher Festsetzung erfolgt,

> vgl. die Nachweise bei
> Krohn/Löwisch, aaO, Rz. 323 ff.

169   Unterbleibt die rechtzeitige Zahlung der (vollständigen) Entschädigung, so erfüllt in Zeiten steigender Preise - was sich auch auf die Entschädigung für den Aufwuchs auswirken kann,

> vgl. BGHZ 80, 360 -

eine erst verspätet geleistete Zahlung der Entschädigung nicht mehr die ihr zukommende Funktion, dem Betroffenen das "volle Äquivalent für das Genommene" zu geben. Für die daraus herzuleitenden Rechtsfolgen stellt der Bundesgerichtshof darauf ab, in wessen Verantwortungsbereich diese Entwicklung fällt. Das ist die Grundlage der sogenannten Steigerungsrechtsprechung (vgl. die nachfolgenden Ausführungen).

2. Steigerungsrechtsprechung

(a)   In den Verantwortungsbereich des betroffenen Eigentümers   **170**
fallen:

Die Anfechtung der Zulässigkeit der Enteignung durch Klage. In diesem Fall bleiben Preissteigerungen, die bis zum Abschluß des Rechtsstreits über die Zulässigkeit der Enteignung eintreten, grundsätzlich unberücksichtigt. Der Bundesgerichtshof rechnet hierzu auch die Verzögerung durch Einlegung der Verfassungsbeschwerde, wenn diese sich gegen die letztinstanzliche Zurückweisung der Rechtsmittel des Eigentümers gegen die Enteignung selbst richtet,

vgl. BGH, Urt. v. 22.2.1990 - III ZR 196/87,
BGHR BBauG § 95 I 2
- Steigerungsrechtsprechung 1 und 2.

Hat der Eigentümer sich sowohl gegen die Enteignung als auch gegen die Festsetzung der Entschädigung gewandt, jedoch im Laufe des Rechtsstreits nur noch die Höhe der Entschädigung beanstandet, so wirkt sich der genannte Grundsatz dahin aus, daß dem Eigentümer (nur) die bis zur "Erledigung" des Streits über die Zulässigkeit der Enteignung eingetretenen Wertsteigerungen vorzuenthalten sind,

vgl. BGH, Urt. v. 2.4.1992 - III ZR 108/90.

Die Nichtannahme eines Kauf- oder Tauschangebots, das der Enteig-   **171**
nungsbegünstigte zu angemessenen Bedingungen zur Vermeidung der
Enteignung macht (vgl. § 95 Abs. 2 Nr. 3 BauGB).

Vgl. zum folgenden
Krohn/Löwisch, aaO, Rz. 335 ff.

Es handelt sich hierbei um einen allgemeinen Grundsatz des Enteignungsrechts, der auch außerhalb ausdrücklicher gesetzlicher Regelungen gilt. Dieser Grundsatz trägt dem Gedanken Rechnung, daß ein Eigentümer, der ein Objekt, dessen Enteignung zulässig ist, der öffentlichen Hand aufgrund eines angemessenen Erwerbsangebots freiwillig
überläßt, nicht schlechter gestellt sein darf als derjenige Eigentümer,
der sich gegenüber dem Angebot weigerlich verhält; insoweit soll ein
"Verzögerungsgewinn" ausgeschlossen sein,

> vgl. BGH, Urt. v. 17.10.1974 - III ZR 53/72,
> DVBl 1976, 161 = NJW 1975, 157; ·
> BGH, Urt. v. 18.9.1986 - III ZR 83/85,
> BGHR GG Art. 14 Abs. 3 Satz 3
> - Preisverhältnis 1;
> BGH, Beschl. v. 22.9.1988 - III ZR 161/85,
> BGHR GG Art. 14 Abs. 3 Satz 3
> - Angebot 1.

Die preisfixierende Wirkung eines Erwerbsangebots zu angemessenen
Bedingungen bleibt auch bestehen, wenn die Entschädigungssumme
aus vom Enteignungsbegünstigten nicht zu vertretenen Gründen erst
etwa elf Jahre später an den Eigentümer gezahlt worden ist. "Es entspricht gerade dem Wesen eines preisfixierenden Angebots, daß seine
Nichtannahme zu einer Vorverlegung des für die Preisverhältnisse
maßgebenden Stichtags führt, obwohl der Enteignete nicht in den Genuß der angebotenen Summe kommt. Der Enteignete geht mit der
Ablehnung eines angemessenen Angebots das Risiko ein, daß künftige
Preissteigerungen für das Enteignungsobjekt zu seinen Lasten unberücksichtigt bleiben. Er trägt insoweit auch die Gefahr, daß der
schließlich ausgezahlte Entschädigungsbetrag im Zahlungszeitpunkt
nicht mehr das volle Äquivalent für das Genommene bildet. Diese
Rechtsfolge soll aber durch den (hier:) in § 13 Abs. 2 Nr. 1 LEnteigG
Rheinland-Pfalz geregelten Grundsatz der preisfixierenden Wirkung
eines angemessenen Angebots gerade herbeigeführt werden. Es soll
verhindert werden, daß der Eigentümer durch die Verzögerung des
freihändigen Verkaufs einen Gewinn macht",

so BGH, Urt. v. 18.9.1986 - III ZR 83/85,
BGHR GG Art. 14 Abs. 3 Satz 3
- Preisverhältnis 1;
vgl. auch
BGH, Urt. v. 24.1.1980 - III ZR 26/78,
NJW 1980, 1844, 1845 zu dem mit
§ 13 Abs. 2 Nr. 2 LEnteigG Rheinland-Pfalz
übereinstimmenden § 95 Abs. 2 Nr. 3
BBauG/BauGB.

Vorausgesetzt wird allerdings, daß die Enteignung im Zeitpunkt der
Abgabe des Angebots bereits möglich ist, es reicht nicht aus, daß diese
Möglichkeit später - etwa durch Bebauungsplan - erst geschaffen wird.
Auch ein noch nicht bestandskräftiger Bebauungsplan genügt nicht,

vgl. BGH, Urt. v. 24.1.1980 - III ZR 26/78,
NJW 1989, 1844,

ebenso nicht die Verhängung einer Veränderungssperre zur Sicherung
der Bauleitplanung.

Hat der zu Enteignende einen Anspruch auf Entschädigung in Land
(vgl. § 100 BBauG), so ist ein Angebot der Entschädigung in Geld
nicht ausreichend. Ein Tauschangebot ist jedoch nicht erforderlich,
wenn der Eigentümer nur nach pflichtgemäßem Ermessen der Enteignungsbehörde eine Entschädigung in Ersatzland (§ 100 Abs. 4 BauGB)
erhalten kann,

vgl. BGHZ 90, 243.

Das Angebot bedarf keiner besonderen Form. Ein wirksames Angebot **172**
liegt vor, wenn der Eigentümer die Gewißheit hat, daß er bei Annahme des Angebots den angebotenen Betrag auch wirklich erhält;
zudem muß er erkennen können, daß bei Ablehnung des Angebots die
Enteignung gegen ihn eingeleitet werden wird. Es kann, wie der Bundesgerichtshof in einer neueren Entscheidung klargestellt hat, auch
noch während des laufenden Enteignungsverfahrens abgegeben werden,

vgl. BGH, Beschl. v. 22.9.1988 - III ZR 161/85,
BGHR GG Art. 14 Abs. 3 Satz 3 - Angebot 1.

Die preisfixierende "Sperrwirkung" des (vom Eigentümer abgelehnten)
angemessenen Angebots entfällt allerdings wieder, wenn der Enteignungsbegünstigte später von seinem Angebot abrückt und im behördlichen Enteignungsverfahren oder im anschließenden gerichtlichen Verfahren die Festsetzung einer unter dem Angebot liegenden Entschädigung beantragt,

BGHZ 90, 243.

Dies gilt auch, wenn der Enteignungsbegünstigte später beantragt, wegen einer zu berücksichtigenden Vorteilsausgleichung die Enteignungsentschädigung auf "Null" festzusetzen; ein solches Angebot wäre
kein "Kaufangebot",

BGHZ 68, 100.

Solche nachfolgenden Rücknahmen des ursprünglichen Angebots lassen dessen preisfixierende Wirkung gänzlich entfallen, der Enteignungsbegünstigte trägt dann also das volle Preisrisiko. Dies folgert der
Bundesgerichtshof aus der gebotenen Wahrung der schutzwürdigen
Belange des Eigentümers,

BGHZ 61, 240.

Im übrigen hat der Bundesgerichtshof es bisher offengelassen, ob die
preisfixierende Wirkung eines Angebots auch dann entfällt, wenn es
später auf einen Betrag ermäßigt wird, der nach den jetzt geltenden
Preisen noch "angemessen" ist (vgl. das vorerwähnte Urteil); streng genommen liegt dann ein Abrücken von einem "angemessenen" Angebot
nicht vor, der Enteignungsbegünstigte hat jederzeit die "angemessene"
Summe angeboten,

a.A. wohl Kreft, WM Sonderbeilage
Nr. 2/1977, S. 18.

(b)   In den Verantwortungsbereich des Enteignungsbegünstigten   **173**
fällt es grundsätzlich, daß er die administrative oder gerichtlich festgesetzte Entschädigung nicht unverzüglich zahlt. Das gilt auch, wenn der
Eigentümer seinerseits die festgesetzte Entschädigung als zu niedrig im
gerichtlichen Verfahren angreift (anders nur, wenn er zugleich auch
die Zulässigkeit der Enteignung anficht (vgl. vorstehend unter a). Der
Bewertungsstichtag für die Preisverhältnisse verschiebt sich hierdurch
auf den Zeitpunkt der späteren Zahlung, bei ihrem Ausbleiben auf
den Zeitpunkt der letzten gerichtlichen Tatsachenverhandlung,

vgl. die Nachweise bei
Krohn/Löwisch, aaO, Rz. 346 ff.

Der Zahlung gleich stehen die zulässige, förmlich ordnungsgemäß erfolgte (befreiende) Hinterlegung und die zulässige Aufrechnung,

vgl. Pagendarm WM 1972, 9;

ebenso der zur Abwendung der Zwangsvollstreckung aus einem für
vorläufig vollstreckbar erklärten Urteil geleistete Betrag,

vgl. BGH, Urt. v. 12.3.1992 - III ZR 133/90;
vgl. dazu auch
BGH, Urt. v. 21.9.1988 - III ZR 15/88,
BGHR GG vor Art. 1 / enteignungsgleicher Eingriff
- Verzögerungsschaden 1.

Auch die vorbehaltlose Leistung einer Sicherheit an den Eigentümer,
von der eine vorzeitige Besitzeinweisung abhängig gemacht worden ist,
kann geeignet sein, den Stichtag für die noch festzusetzende Enteignungsentschädigung festzulegen,

vgl. BGH, Urt. v. 19.6.1986 - III ZR 22/85,
BGHR GG Art. 14 ABs. 3 Satz 2
- Steigerungsrechtsprechung 1.

Erweist sich eine Entschädigungszahlung, die der Eigentümer angenommen hat, im Nachhinein als zu niedrig und daher als "Teilerfül-
lung" (vgl. dazu unten), so tritt eine verhältnismäßige Befriedigung des
Anspruchs auf Enteignungsentschädigung ein: nachzuzahlen ist dann
nicht die volle Differenz zwischen der (richtigen) Entschädigung und
dem früher gezahlten Betrag. Angerechnet wird die frühere "Teilzah-
lung" auf die Entschädigung mit dem Prozentsatz, der sich aus einem
Vergleich zwischen Zahlung und der im Augenblick der Zahlung geschuldeten richtigen Entschädigung ergibt. Nur der noch nicht geleistete Prozentsatz der Entschädigung nimmt an späteren Veränderun-
gen des Preisgefüges teil,

> vgl. BGH, Urt. v. 19.6.1986 - III ZR 22/85, aaO,
> st. Rspr.;
> weitere Nachweise bei Krohn/Löwisch, aaO,
> Rz. 347, 348.

174   Die noch im Urteil vom

> 24.3.1977 - III ZR 32/75,
> DVBl 1978, 59 -

enthaltene Wendung, dies könne bei fallenden Preisen auch zuungun-
sten des Enteigneten ausschlagen, ist inzwischen im Urteil vom

> 2.4.1992 - III ZR 108/90 -

berichtigt bzw. klargestellt worden. In dem zu entscheidenden Fall war
die Entschädigung von der Enteignungsbehörde zu niedrig festgesetzt
worden. Der Eigentümer hatte sowohl die Zulässigkeit der Enteignung
als auch die Höhe der Entschädigung im gerichtlichen Verfahren angegriffen. Dabei hatte er zunächst Entschädigung in Land verlangt. Im
Laufe des Rechtsstreits hatte er seine Einwendungen gegen die Zulässigkeit der Enteignung aufgegeben. Während dieses Verfahrens waren
die Grundstückspreise gefallen und das Oberlandesgericht hatte die
Entschädigung deshalb ermäßigt. Dies hat der Bundesgerichtshof mißbilligt:

Es begegnet keinen rechtlichen Bedenken, die Grundsätze der Steigerungsrechtsprechung in Zeiten fallender Preise zu Lasten des Eigentümers anzuwenden, wenn und soweit er durch eine unbegründete Anfechtung der Zulässigkeit der Enteignung bewirkt, daß sich die Auszahlung des Entschädigungsbetrages verzögert. Solange in solchen Fällen nicht feststeht, ob der Enteignungsbeschluß dem Grunde nach Bestand haben wird, ist dem Begünstigten die Zahlung grundsätzlich
nicht zuzumuten, und zwar unabhängig davon, ob die Enteignungsbehörde die Entschädigung zutreffend oder zu niedrig festgesetzt hat.
Die Gründe für die Verzögerung liegen bei dieser Fallgestaltung auch
dann im alleinigen Verantwortungsbereich des Eigentümers, wenn er
neben der Anfechtung des Enteignungsgrundes (nur) hilfsweise eine
höhere als die festgesetzte Geldentschädigung verlangt.

Umgekehrt gereicht es dem Eigentümer grundsätzlich nicht zum Nachteil, wenn er im gerichtlichen Verfahren, ohne die Zulässigkeit der
Enteignung anzufechten, nur eine höhere als die festgesetzte Geldentschädigung begehrt. Da der Begünstigte verpflichtet ist, den geschuldeten (Rest-)Betrag ungeachtet der Fortsetzung des Rechtsstreits sogleich zu zahlen, darf ein Preisrückgang nicht zu Lasten des Entschädigungsberechtigten gehen.

Der Bundesgerichtshof hat im weiteren die Auffassung der Vorinstanz
mißbilligt, zu den Gründen, die in dem vorstehend erörterten Sinne in
den Verantwortungsbereich des Eigentümers fallen, gehöre stets auch
sein Verlangen nach einer Entschädigung in Land (§ 100 BauGB). Es
sind zwar Fälle denkbar, in denen sich das Verlangen nach Landentschädigung erst nach eingehender Prüfung als unbegründet erweist
und damit die Auszahlung der in Wahrheit geschuldeten Geldentschädigung verzögert. Auch mögen bei solcher Sachlage Zweifel auftreten
können, ob dem Begünstigten das Angebot einer (höheren) Geldzah-
lung zuzumuten ist, solange nicht endgültig feststeht, daß der Anspruch auf Landentschädigung nicht besteht oder fallengelassen wird.
Dabei kann sich im Einzelfall die Frage stellen, ob ein Eigentümer, der
einen unbegründeten Landentschädigungsanspruch aufrechterhält,
obwohl ihm der Begünstigte eine angemessene Geldentschädigung an-

bietet, nicht auch das Risiko eines Preisverfalls tragen muß. Auf der anderen Seite darf nicht außer Betracht bleiben, daß die Entschädigung in Land nur eine besondere Art der Enteignungsentschädigung darstellt,

BGH, Urt. v. 13.7.1978 - III ZR 112/75, WM 1979, 83, 84.

Dies zeigt sich u.a. darin, daß die Landentschädigung in gleicher Weise wie die Geldentschädigung eine Bewertung des Enteignungsobjekts voraussetzt und daß die Grundsätze der Steigerungsrechtsprechung für beide Arten der Entschädigung gelten. Das spricht generell dagegen, dem Eigentümer, der nur (noch) über Art und Höhe der Entschädigung und nicht (mehr) über die Zulässigkeit der Enteignung streitet, das Risiko eines Preisrückgangs aufzuerlegen. Auch lassen sich im Verhältnis der Land- zur Geldentschädigung die Gründe, die eine Verzögerung und damit eine Verschiebung des Bewertungsstichtages zur Folge haben könnten, nicht so eindeutig dem Verantwortungsbereich des einen oder des anderen Beteiligten zuweisen, wie dies regelmäßig der Fall ist, wenn es einerseits um die Anfechtung des Enteignungsgrundes und andererseits um die Entschädigungsfrage geht.

Indessen bedurfte es hier keiner abschließenden Entscheidung, ob und gegebenenfalls unter welchen besonderen Voraussetzungen ein Eigentümer, der - nach administrativer Festsetzung einer Geldentschädigung - im gerichtlichen Verfahren primär eine Entschädigung in Land und hilfsweise eine höhere Geldentschädigung begehrt, das verzögerungsbedingte Risiko von Preisrückgängen tragen muß. Ein solches Verlangen führt jedenfalls dann nicht zu einer Verschiebung des Bewertungsstichtages zu Lasten des Eigentümers, wenn - wie im Streitfall - die Geldentschädigung wesentlich zu niedrig festgesetzt ist und der Eigentümer deshalb zur Wahrung seines wohlverstandenen Eigeninteresses den Rechtsweg beschreiten muß. In solchen Fällen beruht die Verzögerung so eindeutig auf der Weigerung des Enteignungsbegünstigten, dem Eigentümer die angemessene Entschädigung zu leisten, daß dessen Fehlentscheidung nur bei der Wahl der Entschädigungsart, dane-

ben als unerheblich außer Betracht zu bleiben hat. Die widerrechtliche
Vorenthaltung der geschuldeten Entschädigung darf in diesen Fällen
dem Begünstigten nicht in dem Sinne zum Vorteil ausschlagen, daß er
in Zeiten fallender Preise mit einer Verminderung der Entschädigung
belohnt wird. Ebenso wie ein vom Eigentümer eingelegter unbegrün-
deter Rechtsbehelf gegen die Festsetzung der Entschädigung nicht zu
einer höheren Entschädigung führen darf,

vgl. Senatsurteile BGHZ 30, 281, 284;
BGHZ 40, 87, 90,

muß es dem Begünstigten verwehrt sein, durch die ungerechtfertigte
Verweigerung der angemessenen Entschädigung aus einer Änderung
der Preisverhältnisse Vorteile zu ziehen. Insoweit gilt für beide Teile
derselbe Maßstab.

(c)   Unrichtige Festsetzung der Entschädigung   **175**

Der Umstand allein, daß der Enteignete die administrative Festsetzung der Enteignungsentschädigung als zu niedrig durch Klage anficht,
führt noch nicht zu einer Verschiebung des für die Preisverhältnisse
maßgebenden Zeitpunkts. Notwendig und entscheidend ist, daß die
Verwaltungsbehörde die Entschädigung "nicht unerheblich" zu niedrig
festgesetzt hat, so daß der Betroffene den Klageweg beschreiten muß,
und die ihm zustehende Entschädigung erst in einem späteren Zeitpunkt (vollständig) erlangen kann. Nur für diesen Fall soll, muß aber
auch dann, wenn zwischen der Festsetzung der Entschädigung und
dem gerichtlichen Urteil die Preise fortschreitend gestiegen sind, der
für die Wertbemessung maßgebende Stichtag auf den Zeitpunkt der
letzten mündlichen Tatsachenverhandlung vor Gericht verlegt werden,
wobei jedoch der Bewertung nach wie vor der "Zustand" des Enteignungsobjekts, dessen "Qualität", z.B. die Beschaffenheit eines auf dem
Grundstück errichteten Gebäudes, so zugrunde zu legen sind, wie sie
am Tage der Enteignung vorhanden waren,

vgl. BGHZ 29, 217, 220 st. Rspr.

Als "nicht unwesentlich zu niedrig" wurden beispielsweise angesehen

-       6 % bei einer konkreten Differenz zwischen 47.000 und
        105.000 DM:

BGHZ 25, 225;

-       12,5 % bei einer konkreten Differenz zwischen 14.000 und
        27.500 DM:

BGH MDR 1963, 917;

-       15,6 % bei einer konkreten Differenz zwischen 30.700 und
        36.400 DM:

BGHZ 64, 361.

Als "unwesentlich zu niedrig" dagegen:

-       3,6 % bei einer konkreten Differenz zwischen rund 277.000
        und 287.000 DM:

BGH WM 1962, 919;

-       10 % bei einer konkreten Differenz zwischen 4.500 und
        5.000 DM:

BGH WM 1963, 1128;

-       2,6 % bei einem objektiven Wert von 496.240 DM und einem
        Differenzbetrag von 13.000 DM:

BGH BRS 19 Nr. 83.

Nach BGHZ 61, 240 kann es auch darauf ankommen, ob der Unterschied zwischen dem angemessenen und dem festgesetzten Entschädigungsbetrag verhältnismäßig gering ist und den Betroffenen nicht daran hindert, von der Entschädigung den bestimmungsgemäßen Gebrauch zu machen, ihn wirtschaftlich sinnvoll, namentlich in Grundstücken, anzulegen. Selbstverständlich hindert eine nur "unwesentlich zu niedrig" festgesetzte Entschädigung den Eigentümer nicht daran, die "richtige" Enteignungsentschädigung zu erstreiten. Dann kann ihm jedoch nur der durch Preisänderungen nicht beeinflußte Restbetrag zugesprochen werden. Hat der Enteignete eine zu geringe Entschädigung für das entzogene Grundstück, jedoch ein Zuviel an Zinsen erhalten, so sind beide Leistungen für die Prüfung, ob die festgesetzte Entschädigung "nicht unwesentlich zu niedrig ist", zusammenzurechnen. Dies gilt für Zinsen und Hauptsumme jedenfalls deshalb, weil sie in engem wirtschaftlichen Zusammenhang stehen,

BGH NJW 1973, 2284.

Offen ist nach der Rechtsprechung, ob Entsprechendes stets und für alle Folgeschäden der Enteignung gilt, z.B. für den Fall, daß die Entschädigung für Folgeschäden administrativ zu niedrig, für den Grund und Boden dagegen richtig festgesetzt worden ist; hier würde die Berücksichtigung der "Einheitlichkeit" des Entschädigungsanspruchs möglicherweise zu einer ungewöhnlich großen Erhöhung der Gesamtentschädigung führen, obwohl der Betroffene die Möglichkeit hatte, die auf den Grund und Boden entfallende - richtige - Entschädigung zum Erwerb eines anderen Grundstücks zu verwenden und dadurch wertbeständig anzulegen,

kritisch dazu auch
Pagendarm, WM 1972, 10.

Keine Wertfortschreibung findet statt bei der Entschädigung für sog. merkantilen Minderwert. Hier ist der Zeitpunkt der Wiederherstellung der Sache maßgebend,

BGH NJW 1981, 1663;
wegen weiterer Einzelheiten wird auf
die Darstellungen bei Krohn/Löwisch,
aaO, Rz. 331 ff;
Aust/Jacobs, Die Enteignungsentschädigung, 3. Aufl. 1991, Stichwort
"Steigerungsrechtsprechung", S. 290 ff verwiesen.

VII. Einzelfragen

1. Folgekosten der Enteignung

176 Die Enteignungsentschädigung braucht sich nicht auf die Entschädigung für den Rechtsverlust zu beschränken. Vielmehr kann im Rahmen des Angemessenen auch eine Entschädigung für sonstige durch
die Enteignung bedingte Vermögensnachteile gewährt werden, wenn
und soweit diese Nachteile nicht bei der Bemessung der Entschädigung für den Rechtsverlust berücksichtigt sind. Dieser - in neueren
Enteignungsgesetzen ausdrücklich verankerte (vgl. § 96 BBauG) -
allgemeine Grundsatz des Enteignungsrechts ergibt sich aus der
Zweckbestimmung der Enteignungsentschädigung, dem Betroffenen
einen angemessenen Ausgleich für das ihm Genommene zu gewähren,

vgl. BGH, Urt. v. 30.9.1976 - III ZR 149/75,
BGHZ 67, 190.

177 Ein auf einem Grundstück ausgeübter Gewerbebetrieb ist bei der Entschädigung für die Enteignung des Grundstücks nur zu berücksichtigen, soweit sich das Grundstück objektiv nach seiner Lage, Beschaffenheit, Einrichtung und Bebauung für dauernd dazu besonders eignet.
Anderenfalls können Folgeschäden, die erst mit der Verlegung des Betriebs auf ein anderes Grundstück entstehen, nur als "andere durch die
Enteignung eintretende Vermögensnachteile" (vgl. § 96 BBauG) entschädigt werden. Zu diesen Folgeschäden gehören die in der Person
des Enteigneten ohne dingliche Wertbeziehung begründeten Nachteile, insbesondere diejenigen, die sich daraus ergeben, daß der Eigentümer infolge der Enteignung regelmäßig gezwungen ist, seine Woh-

nung oder seinen Betrieb zu verlegen. (Beispiele: Verlegungskosten, Reisekosten anläßlich der Verlegung, Unbrauchbarwerden des bisherigen Inventars, Anlaufkosten an der neuen Betriebsstätte, Kosten für anfängliche Bewirtschaftungsschwierigkeiten, Minderung des Firmenwertes, möglicherweise Entschädigung für Verlust bestimmter Kundenkreise),

> vgl. BGH, Urt. v. 6.12.1965
> - III ZR 172/64, NJW 1966, 493
> - "Schlachthof";
> BGH, Urt. v. 27.4.1964
> - III ZR 136/63, WM 1964, 968
> - "Berghotel".

Als zu entschädigende Folgeschäden kommen indessen nur Aufwendungen in Betracht, zu denen der Betroffene durch die Enteignung tatsächlich genötigt wird, und Beeinträchtigungen von rechtlich geschützten konkreten Werten, während auch insoweit die Vereitelung von Chancen und Erwartungen und die Beeinträchtigung bloßer wirtschaftlicher Interessen außer Betracht bleiben muß,

> vgl. BGH, Urt. v. 14.12.1970
> - III ZR 102/67, BGHZ 55, 82;
> BGH, Urt. v. 4.5.1972
> - III ZR 111/70, WM 1972, 890.

Deshalb besteht kein Anspruch auf volle Folgekostenentschädigung für die mit dem Umzug eines Gewerbebetriebes verbundenen Nachteile, wenn der Gewerbetreibende nur Mieter (Pächter) ist. Zur "Rechtsposition" eines solchen Pächters oder Mieters vgl. oben Rz. 154 f und die dort in Bezug genommenen Urteile des Bundesgerichtshofs

> BGHZ 83, 1 und
> v. 19.1.1989 - III ZR 6/87
> - Tankstelle.

Daß auch die "Folgekosten" in dem Entzug einer "Rechtsposition" wurzeln müssen, hat der Bundesgerichtshof neuerdings im Urteil vom

> 9.4.1992 - III ZR 228/90
> - Hochbunker;
> vgl. oben Rz. 158 -

bestätigt.

178 Der Ausgleich von Folgeschäden der Enteignung wird dem Eigentümer andererseits nicht in dem Umfang gewährt, wie ihm Vermögensnachteile tatsächlich erwachsen oder in Zukunft entstehen, sondern
nur, wenn und soweit Aufwendungen erforderlich sind und sich in einem angemessenen billigen Rahmen halten. Zu berücksichtigen sind
grundsätzlich nur solche Nachteile und Kosten, die (auch) entstanden
wären, wenn der Betroffene alle diejenigen Maßnahmen sogleich er-
griffen hätte, die ein verständiger Eigentümer in der gegebenen Lage
vernünftigerweise getroffen hätte,

> vgl. BGH, Urt. v. 13.11.1975
> - III ZR 162/72, BGHZ 65, 253.

179 Grundsätzlich scheiden Nachteile aus, die sich aus der Verwendung
der Entschädigungsleistung ergeben, z.B. die Wertminderung von Ak-
tien, in denen der Enteignete die Entschädigung angelegt hat. Aus diesem Grund gehört zu den Folgeschäden nicht die durch die Zahlung
der Geldentschädigung ausgelöste Einkommensteuer (Fall der Auflösung "stiller Reserven"), wohl aber - als unmittelbare Folge der Enteignung - die darauf entfallende Umsatzsteuer,

> vgl. BGH, Urt. v. 13.11.1975
> - III ZR 162/72, BGHZ 65, 253;
> zur Umsatzbesteuerung auch der
> Folgekostenentschädigung vgl.
> BFHE 105, 75.

Da die Entschädigung das Genommene nur "bildhaft" aufwiegen soll, lehnt der Bundesgerichtshof es auch ab, die auf den Erwerb eines konkreten Ersatzgrundstücks entfallenden Erwerbskosten (einschließlich Grunderwerbsteuer) zusätzlich zu entschädigen,

vgl. BGH, Urt. v. 12.3.1964 - III ZR 209/62,
BGHZ 41, 354.

Das Urteil vom

4.5.1972 - III ZR 111/70,
WM 1972, 890 -

verneint auch einen Ersatz der Kosten des Maklers und der Vorfinanzierung für ein konkretes Ersatzobjekt. Eine Entschädigung für Baumehrkosten, die für einen geplanten (infolge der Enteignung nicht ausgeführten) Neubau infolge Steigerung der Baukosten angefallen sind, kommt weder aus dem Gesichtspunkt der Entschädigung für den Rechtsverlust noch aus dem des Ausgleichs für Folgeschäden der Enteignung in Betracht,

vgl. BGH, Urt. v. 31.1.1972 - III ZR 133/69,
NJW 1972, 758.

Zu den Folgeschäden, die im Rahmen des § 96 BBauG zu berücksich- **180** tigen sind, zählt insbesondere auch der vorübergehende oder dauernde Verlust, den der bisherige Eigentümer in seiner Berufstätigkeit, seiner Erwerbstätigkeit oder in Erfüllung der ihm wesensgemäß obliegenden Aufgaben erleidet. Jedoch ist insoweit die Entschädigung nur bis zum Betrag des Aufwandes zu leisten, der erforderlich ist, um ein anderes Grundstück in der gleichen Weise wie das enteignete zu nutzen. Die Zubilligung einer solchen Entschädigung setzt nicht voraus, daß der betroffene Eigentümer tatsächlich seinen Betrieb auf ein Ersatzgrundstück verlegt,

vgl. BGH, Urt. v. 6.12.1965 - III ZR 172/64
- Schlachthof - aaO.

(In dem genannten Urteil hat der Bundesgerichtshof zusammenfassend ausgeführt: der Kaufpreis für den Erwerb eines gleichartigen neuen Grundstücks, insbesondere auch die Maklerkosten und Vertragskosten, könnten nicht erstattet verlangt werden, weil sie durch den "reichlich bemessenen" Entschädigungsbetrag für das enteignete Grundstück abgegolten seien. Die Baukosten für die Herstellung eines neuen Schlachthauses seien ebenfalls nicht zu erstatten, weil der Enteignete nur Ersatz für die ihm weggenommenen Werte verlangen könne. Aus denselben Gründen könnten die Kosten für die Aufschließung eines bisher nicht baureifen Geländes, auf dem er einen neuen Betrieb errichten will, nicht ersetzt verlangt werden. Dagegen seien zu berücksichtigen: ein entgangener Gewinn für die angemessene Betriebsverlegungszeit und Einrichtungszeit, nämlich für die übliche Zeit bis zur Erlangung eines ähnlichen Objektes einschließlich der Vertragsverhandlungen, unter Umständen auch für die eines alsbald begonnenen und zügig durchgeführten Umbaus, falls er unvermeidlich sei. Wieweit Kosten für die "Lageverschlechterung" hierunter fallen, könne nur nach näherer Aufklärung dieses Begriffes entschieden werden; die Bestimmung des § 96 Abs 1 Nr. 1 BBauG dürfe insoweit rechtsähnlich angewandt werden.

Neben der Entschädigung für den Rechtsverlust (Ersatz des Substanzverlustes) müßten auch gewisse Folgeschäden bei der Entschädigung berücksichtigt werden, die zwangsnotwendig und unmittelbar aus der Enteignung folgen. Dabei seien Nachteile einer notwendigen Betriebsverlegung abstrakt bis zur Höhe des Aufwandes zu entschädigen, der bei vernünftiger Wertung erforderlich würde, um ein anderes Grundstück in der gleichen Weise wie das enteignete Grundstück zu nutzen, auch wenn dem Enteigneten später die Beschaffung eines Ersatzgrundstückes in Wirklichkeit nicht gelinge oder er die Entschädigung anders anlege.)

Dieser Eigentümer soll grundsätzlich nicht schlechter gestellt sein als der Eigentümer, der seinen Betrieb tatsächlich verlegt. Es liegt andererseits aber auch kein Grund vor, ihn besser zu stellen. Zu berücksichtigen ist, daß der Eigentümer, der den Betrieb auf ein zu diesem Zweck erworbenes und hergerichtetes Grundstück verlegt, dazu die ihm für den Rechtsverlust gewährte Geldentschädigung verwenden muß, so daß die Nutzung dieses Entschädigungsbetrages ausschließlich in dem Gewinn besteht, der aus dem auf das Ersatzgrundstück verlegten Betrieb zu ziehen ist. Wird der Betrieb hingegen nicht verlegt, dann kann der Betroffene die Entschädigung in anderer Weise nutzbringend verwerten. Bei der Entschädigung für "Folgeschäden" muß deshalb in Rechnung gestellt werden, daß die Nutzung des dem Eigentümer für den Rechtsverlust zugeflossenen Entschädigungskapitals möglicherweise einen höheren Ertrag erbringt, als die Nutzung der Grundstücke im Rahmen des bisherigen Betriebes tatsächlich erbracht hatte. Insoweit ist von einem "abstrakt" zu berechnenden "angemessenen Zinsertrag" des Entschädigungskapitals auszugehen, ohne Rücksicht darauf, wie der Betroffene das Kapital tatsächlich genutzt hat,

vgl. BGH, Urt. v. 8.2.1971
- III ZR 65/70, BGHZ 55, 294
- Gärtnerei;
dazu ausführlich
Kreft, Anm. LM Nr. 2 BBauG § 96.

In dieser Berücksichtigung der abstrakten Nutzung des Entschädigungskapitals liegt keine "Vorteilsausgleichung"; sie bildet vielmehr einen Anwendungsfall des Verbots der Doppelentschädigung, denn der Eigentümer kann eine Entschädigung für Folgekosten der Enteignung nur insoweit verlangen, als diese Vermögensnachteile nicht bereits bei der Bemessung der Entschädigung für den "Rechtsverlust" berücksichtigt sind (§ 96 Abs. 1 BauGB).

Wird die Entschädigung für ein Grundstück, das im Unternehmen in **181** einer niedrigeren (etwa landwirtschaftlichen) Qualitätsstufe genutzt wurde, nach der vorhandenen höheren (z.B. Baulandqualität) gewährt, hat der Eigentümer in jedem Fall Anspruch auf Entschädigung nach Maßgabe der rechtlich zulässigen Nutzbarkeit des Grundstücks. Verlangt er darüber hinaus eine weitere Entschädigung dafür, daß der Entzug des Grundstücks dem Unternehmen sonstige Nachteile zugefügt habe, so lehnt der Bundesgerichtshof es ab, den "Resthofschaden" (enteignungsbedingte Flächenminderung des Betriebes bei fortbestehenden Betriebskosten) zusätzlich zu entschädigen, sofern diese Nachteile ohne Beziehung zu dem konkreten Betrieb geltend gemacht werden. Eine Entschädigung kommt erst dann und nur insoweit in Betracht, als die Entschädigungsleistung und ihre Nutzungsmöglichkeit (Zinsen) nicht ausreichen, eine durch den Landabzug bedingte konkrete Verschlechterung der Wirtschaftslage des Betriebes auszugleichen,

> vgl. BGH, Urt. v. 30.9.1976
> - III ZR 149/75, BGHZ 67, 190 und
> BGH, Urt. v. 2.6.1980 - III ZR 148/78,
> BRS 45 Nr. 111.

Dies bedarf also des Nachweises im Einzelfall; eine "abstrakte" Berechnung des Resthofschadens entfällt. Ein solcher "Resthofschaden" wird durch die Kapitalentschädigung für den Entzug des Betriebsgrundstücks auch dann ausgeglichen, wenn der Enteignete die Entschädigung zur vorzeitigen Tilgung betrieblicher Verbindlichkeiten verwenden muß; ist dies aber eine unmittelbare Folge der Enteignung und führt dies dazu, daß ein zu günstigen Bedingungen gewährtes Darlehen vorzeitig zurückgeführt werden muß, so stellt dies einen der Entschädigung fähigen "sonstigen Nachteil" der Enteignung dar,

> vgl. BGH, Urt. v. 3.5.1979 - III ZR 114/77,
> WM 1979, 1191; zum "Resthofschaden" vgl.
> BGH, Beschl. v. 22.9.1986 - III ZR 161/85,
> BGHR GG Art. 14 Abs. 3 Satz 3
> - Arrondierungsschaden 1, m.w.N.

182 Wird bei der Enteignung eines von einem landwirtschaftlichen Betrieb genutzten Grundstücks Entschädigung für den Rechtsverlust (§ 95 Abs. 1 Satz 2 BauGB) nach der Qualität "Bauland" oder "Bauerwartungsland" geleistet, so erhält der Eigentümer eine (Substanz-)Entschädigung, deren Nutzung (Verzinsung) höher liegt als die der bisherigen landwirtschaftlichen Nutzung. Falls der Wegfall dieses Grundstücks im Betrieb zu weiteren Nachteilen führt - etwa zu einer "Restbetriebsbelastung", s. vorstehend -, würde der Eigentümer/Betriebsinhaber besser als vor der Enteignung stehen, wenn er zum einen die für die Qualität "Bauerwartungsland" erhaltene Geldentschädigung nutzen könnte und zum anderen einen vollen Ausgleich für die mit dem Abgang der Fläche aus dem Betriebsvermögen verbundenen sonstigen Nachteile erhalten würde. Er muß sich daher die auf die "überschießende Qualität" (nämlich aus dem Differenzwert zwischen Bauland oder Bauerwartungsland und landwirtschaftlicher Nutzfläche) zu ziehenden Zinsen auf die nach § 96 BauGB für die betrieblichen Nachteile zu leistende Entschädigung anrechnen lassen,

so BGH, Urt. v. 7.10.1976 - III ZR 60/73,
BGHZ 67, 200, 204 f.

Die Kosten des Enteignungsverfahrens und die zur zweckentsprechenden Rechtsverfolgung und Rechtsverteidigung notwendigen Aufwendungen der Beteiligten werden nach § 121 BauGB erhoben bzw. erstattet. Solche Rechtsberatungs- und Gutachterkosten wurden vom Bundesgerichtshof früher als "Folgeschäden der Enteignung" i.S.d. § 96 BauGB angesehen und anerkannt, soweit ein vernünftiger Eigentümer sich bei der gegebenen Lage rechtlich oder sonst sachverständig beraten läßt,

183

vgl. BGH, Urt. v. 27.9.1973
- III ZR 131/71, BGHZ 61, 240 und
BGH, Urt. v. 14.2.1974 - III ZR 12/72,
WM 1974, 574.

Die seinerzeit gemachte Einschränkung, daß die Enteignung im Einzelfall wirklich durchgeführt werde,

so noch BGH, Urt. v. 27.5.1971
- III ZR 154/70, BGHZ 56, 221,

ist durch die gesetzliche Regelung in § 121 BBauG 1976/BauGB, die auch den Fall der Rücknahme des Enteignungsantrages einbezieht, gegenstandslos geworden. Obwohl dort nicht aufgeführt, wird die Vorschrift analog auch auf das Verfahren der vorläufigen Besitzeinweisung anzuwenden sein,

vgl. Breuer, in: Schrödter, BauGB,
5. Aufl., 1992, § 121 Rz. 8 m.w.N.

Der Bundesgerichtshof hat sich hierzu noch nicht geäußert.

Für die Umlegung hat der Bundesgerichtshof eine Erstattung grundsätzlich verneint, weil dieses Rechtsinstitut nicht Enteignung, sondern
Inhaltsbestimmung sei,

vgl. BGH, Urt. v. 19.9.1974 - III ZR 12/73,
BGHZ 63, 81 und
BGH, Urt. v. 13.11.1975 - III ZR 76/74,
BGHZ 65, 280.

Für die Umlegung fehlt weiter eine ausdrückliche Regelung im
BauGB. Ein in diesem Verfahren geltend gemachter Erstattungsan-
spruch gehört nach Auffassung des Bundesgerichtshofs in das Gebiet
des allgemeinen Verwaltungskostenrechts,

vgl. BGH, Urt. v. 19.9.1974, aaO.

2.   Zinsen

(a)   Nutzungsausfallentschädigung

184   Der Anspruch auf Zinsen ist Teil des einheitlichen Anspruchs auf angemessene Entschädigung. Sie stellen eine Form der Nutzungsent-
schädigung dar, einen abstrakt berechneten Ausgleich dafür, daß dem
Betroffenen das Enteignungsobjekt nicht mehr und die Entschädigung
- die diesen Verlust "aufwiegen" soll (vgl. dazu oben III) - noch nicht
zur Verfügung steht. Wird daher die Entschädigung bereits im Zeitpunkt der Wegnahme der betroffenen Sache gezahlt, entfällt eine Verzinsung. Bei verzögerter Zahlung ist das Entschädigungskapital vom
Zeitpunkt des Eingriffs (Besitzverlustes) bis zur Zahlung der
Hauptsumme zu verzinsen. Ohne Bedeutung ist, ob der Eigentümer
das Eigentumsobjekt zur Zeit des Eingriffs tatsächlich genutzt hat.

Entschädigt wird die verlorene Nutzungsmöglichkeit. Dies gilt indessen nur für "dauernde" Eingriffe. Bei vorübergehenden Eingriffen, z.b. Veränderungssperren, ist Voraussetzung für die Entschädigung, daß der Eigentümer die konkrete Absicht und auch die Möglichkeit besaß, sein Grundstück zu bebauen oder im Wege der Veräußerung einer baulichen Nutzung zuzuführen,

> BGH NJW 1972, 1946 m.w.N.;
> st. Rspr.

Zum Verhältnis der Verzinsung der Enteignungsentschädigung zur Besitzeinweisungsentschädigung (§ 116 Abs. 4 BauGB) vgl. unten Rz. 254.

185

(b)   Zinsen und Steigerungsrechtsprechung

Steigt - namentlich bei der Enteignung von Grundstücken - der Wert des Enteignungsobjekts in der zwischen Eingriff und Zahlung der Entschädigung liegenden Zeit an, müßte an sich die während der Verzinsungszeit jeweils angemessene Entschädigung festgestellt und verzinst werden. Aus Vereinfachungsgründen läßt es der Bundesgerichtshof in solchen Fällen zu, daß bei steigenden Grundstückspreisen die Zinsen nach gestaffelten Mittelwerten für bestimmte Zeiträume festgesetzt werden,

186

> BGH NJW 1973, 2284;
> weitere Nachweise bei Kreft,
> WM 1982 Sonderbeilage Nr. 7, S. 29 f
> und Krohn/Löwisch, aaO, Rz. 439.
> Vgl. dazu auch das bereits erwähnte
> BGH, Urt. v. 2.4.1992 - III ZR 108/90
> und den nachfolgenden
> BGH-Beschluß v. 27.11.1986.

187 Die Frage der Verzinsung nach § 99 Abs. 3 BauGB kann sich auch stellen, wenn der Enteignungsbegünstigte gem. § 112 Abs. 2 Satz 2 BauGB eine Vorauszahlung in Höhe der zu erwartenden Entschädigung zu leisten hat. Wie der Bundesgerichtshof mit Beschluß vom

27.11.1986 - III ZB 243/85 -

ausgeführt hat, bedarf es zur Begründung einer Verzinsungspflicht eines ausdrücklichen Ausspruchs der Enteignungsbehörde bzw. des Baulandgerichts zumindest dann, wenn die Vorauszahlung unter Beachtung der Grundsätze der sog. Steigerungsrechtsprechung festgesetzt worden ist. Dies erscheint dem Bundesgerichtshof wegen der weitreichenden Folgen einer Aufhebung des Enteignungsbeschlusses (§ 120 BauGB) aus Gründen der Rechtsklarheit geboten. Dadurch würden berechtigte Belange des Eigentümers nicht unzumutbar beeinträchtigt. Auch die Ausgleichsfunktion der Entschädigung bleibe gewahrt. Die Vorauszahlung hat im übrigen nur pauschalen Charakter. Dem Eigentümer bleibt es unbenommen, etwaige Zinsansprüche im Rahmen der endgültigen Entschädigungsfestsetzung geltend zu machen. An die Höhe der Vorauszahlung ist die Enteignungsbehörde im späteren Verfahren nicht gebunden.

(c)   **Zinsen und preislimitiertes Vorkaufsrecht**

188 Bemißt sich der bei der Ausübung des Vorkaufsrechts von der Gemeinde zu zahlende Betrag gem. § 28 Abs. 6 BauGB nach den Vorschriften des Fünften Teils (§§ 93 - 103 BauGB), so ist der Betrag in entsprechender Anwendung des § 99 Abs. 3 BauGB mit 2 vom Hundert über dem Diskontsatz der Deutschen Bundesbank jährlich zu verzinsen. Die Verzinsung beginnt, wenn die Ausübung des Vorkaufsrechts angefochten wird (früher § 28a Abs. 4 BBauG; jetzt § 28 Abs. 3 i.V.m. § 24 Abs. 1 Nr. 1 BauGB), mit dem Zeitpunkt der ersten gerichtlichen Entscheidung. Ergeht keine gerichtliche Entscheidung oder

wird der Bescheid über die Ausübung des Vorkaufsrechts nicht angefochten, so beginnt die Verzinsung mit dem Zeitpunkt der Unanfechtbarkeit des Bescheids.

Vgl. BGH, Urt. v. 10.7.1986 - III ZR 44/85,
BGHR BBauG § 28a Abs. 2 Satz 1 Halbs. 2
- Zinsen 1.

(d)   **Zinseszinsen**

Zinseszinsen sind nicht grundsätzlich ausgeschlossen. Soweit die Ent-   **189**
schädigung wegen Entziehung der abstrakten Nutzungsmöglichkeit eines Grundstücks in Form einer Verzinsung des Wertes des Enteig-
nungsobjektes berechnet wird, handelt es sich nicht um Zinsen im
Rechtssinne, so daß das Verbot der §§ 289 Satz 1, 291 Satz 2 BGB
nicht eingreift (BGH BRS 19 Nr. 94). Dasselbe gilt nach BGH LM
LandbeschG Nr. 20 für eine Besitzeinweisungsentschädigung, die
(gem. § 38 Abs. 4 LandbeschG) aufgrund einer konkreten Berechnung
gewährt wird,

vgl. dazu BGHZ 37, 269.

Dagegen hat der Bundesgerichtshof in,

NJW 1973, 2284,

die Zulässigkeit der Berechnung von Zinseszinsen abgelehnt, wenn
dem Enteigneten Besitz und Nutzung des Grundstücks schon vor der
Enteignung entzogen waren und deshalb die Entschädigungssumme
rückwirkend zu verzinsen ist. Zur Begründung ist ausgeführt, daß es
sich bei der Nutzung der an die Stelle des Grundstücks getretenen
Entschädigungssumme um eine "normale" Verzinsung handele, so daß
das gesetzliche Zinseszinsverbot eingreife. Der scheinbare Widerspruch zwischen den letztgenannten Urteilen löst sich auf, wenn jeweils
darauf abgestellt wird, ob dem Eigentümer die Nutzung des Enteignungsobjekts selbst vorenthalten wird (dann keine Zinsen im Rechts-

sinne) oder ob sich dies auf die bereits an die Stelle des Objekts getretene Entschädigung bezieht. Dies ist u.a. dann der Fall, wenn die Parteien sich über die Entschädigung vertraglich geeinigt und damit die
"Zinsen" als Entschädigung für die noch nicht gewährte Kapitalnutzung, also als "echte" Zinsen, ausgestaltet haben,

so BGH, Beschl. v. 13.1.1983
- III ZR 85/82, zit. bei Kreft,
WM 1985 Sonderbeilage Nr. 6, S. 25.
Zu weiteren Einzelheiten vgl.
die Ausführungen bei
Krohn/Löwisch, aaO, Rz. 436 f;
Aust/Jacobs, aaO, unter "Verzinsung
der Entschädigung", S. 326 f;
Schmidt-Aßmann, in: Ernst/Zinkahn/
Bielenberg, BauGB, § 99 Rz. 18 f;
Breuer, aaO, § 99 Rz. 8 f.

3. Übernahmeansprüche und Teilenteignung
Ausdehnungsansprüche

190 (a) Der objektbezogene Übernahmeanspruch bei Teilenteignung
eines Grundstücks, der dem Eigentümer unter der Voraussetzung gewährt ist, daß er den von der Enteignungsmaßnahme selbst verschonten Restbesitz (das Restgrundstück) nicht mehr in angemessenem Umfang baulich oder wirtschaftlich nutzen kann (§ 92 Abs. 3 BauGB), ist
eine dem Schutz des betroffenen Eigentümers dienende Einrichtung,

vgl. Schmidt-Aßmann, BauR 1976, 145.

Dieser Anspruch beruht ebenfalls auf dem Entschädigungsgrundsatz,
dem Eigentümer einen Ausgleich für alle ihm durch die Enteignung
zugefügten Nachteile zu verschaffen, bei nur teilweiser Inanspruchnahme eines Grundstücks also auch für die Wertminderung, die am
restlichen Grundbesitz eintritt,

§ 96 Abs. 1 Nr. 2 BauGB;
vgl. dazu BGHZ 76, 1.

Sind die Nachteile für den Restbesitz so groß, daß dieser nicht mehr zweckmäßig genutzt werden kann, so soll der volle Wert des bisherigen Ganzen dem Enteignungsbetroffenen vergütet werden.

Dieser Anspruch steht nur dem betroffenen Eigentümer zu. Ihn trifft aber keine Pflicht zur Übertragung; ebensowenig hat der Enteignungsbegünstigte ein entsprechendes Recht, die Abtretung an ihn zu verlangen. Das Reichsgericht hat diesen Übernahmeanspruch als einen "Entschädigungsanspruch" behandelt, weil der Eigentümer mit dem Angebot, das Grundstück zu übereignen, die Voraussetzung erfülle, von der das Gesetz die Entschädigung für das Ganze abhängig mache. Einen wesentlichen Grund für die Qualifizierung des Übernahmeanspruchs als Bestandteil des Entschädigungsanspruchs hat das Reichsgericht darin gesehen, daß mit der Geltendmachung des Anspruchs nur Zwang gegenüber der Gemeinde, nicht gegenüber dem Eigentümer ausgeübt werde (RG HRR 1932 Nr. 1156).

Der Bundesgerichtshof hat im Urteil vom   **191**

26.4.1990 - III ZR 47/89 -

diese Beurteilung des Übernahmeanspruchs bei Teilenteignungen aufgegriffen und auf einen Übernahmeanspruch nach § 31 des Denkmalschutzgesetzes von Nordrhein-Westfalen übertragen. Die damit verbundene Bejahung des Rechtsweges zu den Zivilgerichten erklärt sich indes zu einem wesentlichen Teil daraus, daß auf den entschiedenen Fall als materielles Enteignungsgesetz noch das Preußische Enteignungsgesetz anzuwenden war. Wie die Rechtslage nach dem inzwischen in Kraft getretenen Landesenteignungs- und -entschädigungsgesetz - EEG NW - vom 20.6.1989 einzuschätzen ist, ist in der Entscheidung offen geblieben. Der Bundesgerichtshof nahm jedoch Anlaß, dem Argument der Verwaltung entgegenzutreten, für die begehrte "Selbstenteignung" müßten die verfassungsrechtlichen Voraussetzungen der "Enteignung" (Art. 14 Abs. 3 Satz 1 und 2 GG) gegeben sein: Besäße der Eigentümer den Übernahmeanspruch nur, wenn zugleich gegen ihn im Wege "klassischer" Enteignung vorgegangen werden könnte, dann verlöre dieser Anspruch nach Auffassung des Bundesgerichtshofs jegliche Bedeutung als eigenständiges Recht.

192 Der Übernahmeanspruch steht nur dem Eigentümer zu, der insoweit ein "Wahlrecht" hat. Er erhält damit die Befugnis, sich von einer durch die Enteignung nutzlos gewordenen Fläche einseitig zu lösen. Entsprechendes gilt für die Ausübung des Vorkaufsrechts durch die Gemeinde (§ 28 Abs. 2 Satz 2 BauGB i.V.m. § 508 Satz 2 BGB). Die Erstreckung des Vorkaufsrechts auf Flächenteile, die für das Enteignungsvorhaben nicht benötigt werden, ist unzulässig, und zwar auch dann, wenn die nicht benötigte Restfläche nicht mehr in angemessenem Umfang nutzbar ist,

vgl. BGH, Urt. v. 5.7.1990 - III ZR 229/89.

193 Hat der Eigentümer sich außerhalb des Enteignungsverfahrens mit dem Enteignungsbegünstigten über den Übergang des Eigentums geeinigt und dadurch eine Erwerbspflicht des Begünstigten begründet, so steht dies dem Übernahmeanspruch aus § 40 Abs. 2 Satz 1 Nr. 1 BauGB entgegen. Der Eigentümer muß dann seine vertraglichen Rechte ausüben und kann zum gesetzlichen Übernahmeanspruch nur dann zurückkehren, wenn der Vertrag aufgehoben oder durch Kündigung beendet wird,

vgl. BGH, Urt. v. 8.11.1990
- III ZR 364/89, BGHR BauGB § 40 Abs. 2
- Übernahmeanspruch 1.

194 (b) Der eingriffsbezogene Ausdehnungsanspruch des § 92 Abs. 2 und 4 BauGB verfolgt gleiche Zwecke: Der Eigentümer soll wegen eines sein Eigentum nur belastenden Eingriffs den vollen Entzug seines Eigentums verlangen dürfen, wenn die bloße Belastung für ihn unbillig ist. Als anderes (dingliches) Recht kommt vor allem die Grunddienstbarkeit in Betracht, im übrigen die in § 86 Abs. 1 Nr. 2 BauGB genannten Rechte, u.a. der Nießbrauch, vgl. BGH BRS 34 Nr. 82 und 83.

Unbillig ist die Belastung, wenn der Eigentümer das belastete Grundstück nicht mehr städtebaulich sinnvoll nutzen oder nicht mehr wirtschaftlich sinnvoll verwerten kann, vorausgesetzt, daß die bisherige
Nutzung rechtlich zulässig war.

Auf Grundstückszubehör sowie auf Sachen, die nur zu einem vorübergehenden Zweck mit dem Grundstück verbunden oder in ein Gebäude
eingefügt sind, darf die (Grundstücks-)Enteignung nur ausgedehnt
werden, wenn der Eigentümer dies wegen der Unzumutbarkeit weiterer wirtschaftlicher Nutzung oder anderer angemessener Verwertbar-
keit verlangt (§ 92 Abs. 4 BauGB). Ist er jedoch nicht selbst Eigentümer des Zubehörs und der sogenannten Scheinbestandteile, bedarf er
für die Geltendmachung des Übernahmeverlangens der Zustimmung
der Eigentümer dieser Gegenstände,

> zutreffend Berkemann, Berliner Komm.
> z. BauGB, aaO, § 92 Rz. 64.

4.   Übernahmeanspruch und Planungsschadensrecht

(a)   Dieser Übernahmeanspruch stellt eine besondere Art der   **195**
Enteignungsentschädigung dar. Er reagiert auf planerische Festsetzungen fremdnützigen Gehalts, die im Interesse der Allgemeinheit erfolgen (u.a. § 40 Abs. 1 Satz 1 Nr. 1, 5 - 8 BauGB) und die bei ihrem
Vollzug die private Nutzung verdrängen. Diese Wirkung kommt allerdings nach dem Beschluß des Bundesgerichtshofs

> v. 25.6.1992 - III ZR 160/91 -

nur der verbindlichen Planung zu. Es reicht daher nicht aus, daß die
Gemeinde ein Planfeststellungsverfahren nicht zu Ende führt, weil sie
Entschädigungsleistungen vermeiden will.

Herabzonungen dieser Art durch Bebauungsplan sind nach Auffassung des Bundesgerichtshofs enteignende Akte, wenn sie bei dem Betroffenen zu fühlbaren, nicht nur unerheblichen Vermögensnachteilen führen,

> BGHZ 50, 93;
> BGHZ 63, 240;
> vgl. auch BVerfGE 70, 36
> und oben Rz. 165.

Im Falle späteren Entzuges des Eigentums nach § 85 Abs. 1 Nr. 1 BauGB stellen sich diese verbindlichen Planungsakte regelmäßig als Vorwirkungen der späteren Enteignung dar (s. aaO).

196 (aa) Nach allgemeinen Grundsätzen des Enteignungsrechts hätte der Eigentümer, dem durch Planungsakt die privatnützige Substanz seines Eigentums entzogen wird, schon vor dem Vollentzug des Eigentums einen Anspruch auf Entschädigung wegen eingetretener Wertminderung und, solange ihm der entsprechende Kapitalbetrag nicht bezahlt worden ist, Anspruch auf eine laufende Verzinsung dieses Kapitals,

> vgl. Krohn/Löwisch, aaO, Rz. 436 f.

Diesen Weg geht das Baugesetzbuch jedoch nicht. Das Gesetz räumt dem von einem eigentumsverdrängenden Planungsakt Betroffenen allein den Übernahmeanspruch ein (§ 43 Abs. 3 Satz 1 BauGB), enthält ihm also bis zum Übergang des Eigentums auf die öffentliche Hand oder einen sonstigen Enteignungsbegünstigten einen Wertminderungsausgleich vor. Trotz der Rigorosität dieser Lösung hat der Bundesgerichtshof deren Verfassungsmäßigkeit stets bejaht.

Maßgebend ist für den Bundesgerichtshof, daß nicht jede Herabzonung dem Betroffenen stets eine konkrete wirtschaftliche Beeinträchtigung bringt. Dies knüpft an die Rechtsprechung zur "Fühlbarkeit" von Bausperren als Voraussetzung für eine Entschädigungspflicht an,

vgl. Krohn/Löwisch, aaO, Rz. 491
und Fußn. 27.

Hinzu tritt die Überlegung, daß es sich hier um planerische Festsetzungen handelt, für deren Verwirklichung die öffentliche Hand oder
andere Enteignungsbegünstigte ohnehin das Eigentum erwerben müssen, weil die Durchführung des Plans in der Regel nur durch völlige
Entziehung des Eigentums und seine Übertragung auf den Aufgaben-
träger möglich sein wird. Vor allem wegen dieses Gesichtspunktes hält
der Bundesgerichtshof die Verweisung des Eigentümers auf den Übernahmeanspruch als mit der Eigentumsgarantie für vereinbar, allerdings
nur dann, wenn die Vorschrift verfassungskonform dahin ausgelegt
wird, daß der Eigentümer die Übernahme beanspruchen kann, soweit
und sobald ihm aus der Festsetzung oder der Durchführung des Bebauungsplans fühlbare - nicht notwendig besonders schwere - Vermögensnachteile erwachsen,

BGHZ 50, 93, 97 f.

(bb)   Die Bedeutung solcher Begründungsansätze zeigt sich, wenn   **197**
der Eigentümer, der trotz aller ihn belastenden Auswirkungen der
Planung an seinem Eigentum - aus Gründen wie auch immer - festhält,
im Nachhinein mit der Aufhebung oder Änderung der die private Nutzung verdrängenden Festsetzung konfrontiert wird. Der Bundesgerichtshof versagt diesem Eigentümer eine "isolierte" Geldentschädigung für das in der Vergangenheit erbrachte Sonderopfer. Vergleichbar erscheint dem Bundesgerichtshof insoweit nicht die Rechtslage bei
Veränderungssperren, die der Sicherung einer in Gang befindlichen
Planung dienen; vielmehr sieht er den entscheidenden Unterschied
darin, daß es hier um die Sicherung des Vollzugs einer bereits abgeschlossenen Planung geht,

BGH WM 1979, 1214
- Hamburger Hafenerweiterungsgesetz;
die dagegen eingelegte Verfassungs-

beschwerde wurde vom BVerfG mit
Beschl. v. 4.12.1979 - 1 BvR 1037/79
zurückgewiesen.

Der Gefahr, daß der Eigentümer sich von seinem Eigentum trennt,
dann aber die ihn belastende Planung wegfällt oder geändert wird, ist
dadurch begegnet, daß dem Eigentümer die Möglichkeit eröffnet ist,
die Rückübertragung seines Grundstücks zu verlangen (§ 102 BauGB);

vgl. auch BVerfGE 38, 175.

198 In der Konsequenz dieser Rechtsauffassung hat der Bundesgerichtshof
auch Geldentschädigungsansprüche abgelehnt, die von den Eigentümern des planbetroffenen Grundstücks nach Wiederherstellung der
Privatnützigkeit durch Planänderung mit der Begründung erhoben
worden waren, die frühere Herabzonung habe sie in ihrer gewerblich-
betrieblichen Tätigkeit unzumutbar behindert. Auch solche aus § 93
Abs. 2 Nr. 2 mit § 96 BauGB hergeleiteten Ansprüche, die ihre Ursa-
che in der Herabzonung haben, können grundsätzlich nur im Rahmen
des einheitlichen, auf Übernahme des (Betriebs-)Grundstücks gerichteten Entschädigungsanspruchs gewährt werden,

vgl. BGH, Beschl. v. 27.9.1990
- III ZB 322/90, BGHR BauGB § 40
Abs. 2 Satz 1 Nr. 1
- Konkurrenzen 1.

199 (cc) Die Opfergrenze für die Geltendmachung des Übernahmeanspruchs ist erreicht, wenn dem Eigentümer das weitere Behalten
des Grundstücks wegen spürbarer, mehr als nur unerheblicher Vermö-
gensbeeinträchtigungen nicht mehr zuzumuten ist. Dies ist nach der
konkreten wirtschaftlichen Situation des jeweiligen Eigentümers zu
beurteilen, wobei die Zumutbarkeitsschwelle je nach den Verhältnissen des einzelnen Eigentümers verschieden sein kann. Den Maßstab
für das dem Eigentümer jeweils Zumutbare bildet die durch die pla-

nerische Festsetzung eingetretene Änderung seiner individuellen wirtschaftlichen Verhältnisse, gemessen an seiner gesamten wirtschaftlichen Lage und seinen wirtschaftlichen Interessen,

BGHZ 63, 240;
BGHZ 93, 165.

Zu den rechtlichen Gegebenheiten, die von Einfluß auf die enteignungsrechtliche Zumutbarkeit sind, können auch Umstände gehören,
die in einer schuldrechtlichen Verpflichtung des Eigentümers wurzeln.
So hat der Bundesgerichtshof Voraussetzungen für einen Übernahmeanspruch verneint, weil der Eigentümer gegenüber einer von der pla-
nenden Gemeinde beherrschten Entwicklungsgesellschaft die Verpflichtung übernommen hatte, auf dem Grundstück eine bestimmte
Nutzung (die der Bebauungsplan dann ausschloß) nicht zu verwirklichen,

vgl. BGH, Beschl. v. 4.7.1987
- III ZB 182/85, BGHR BBauG § 142 Abs. 2
- Nutzungsbeschränkung 1.

(dd)   Für die Frage der Zumutbarkeit kommt es auf den gegen-   **200**
wärtigen Rechtsträger an. Das Gesetz knüpft den Übernahmeanspruch
daran, daß es gerade demjenigen Eigentümer, der sich des Grundstücks durch das faktische Angebot der Übernahme entäußern will,
nicht zugemutet werden kann, es noch länger zu behalten,

BGHZ 93, 165, 167;
BGHZ 97, 1, 4.

Dies hat u.a. zur Folge, daß der in der Person eines Voreigentümers
entstandene, von diesem aber nicht geltend gemachte Übernahmeanspruch bei Weitergabe des Eigentums auf einen neuen Rechtsträger
wieder entfällt. Ob der neue Eigentümer den Anspruch auf Übernahme geltend machen kann, hängt allein von seiner individuellen
Vermögenslage ab,

BGHZ 93, 165, 168.

Hat die Herabzonung das Vermögen des Voreigentümers betroffen, so sind die Voraussetzungen für eine (spätere) Enteignungsentschädigung wegen Substanzverringerung seines Eigentums zunächst nur in seiner Person entstanden. Diese - einem aufschiebend bedingten Entschädigungsanspruch vergleichbare - "Rechtsposition",

> vgl. BGH BRS 34 Nr. 116 und
> BGHZ 93, 165,

kann beim Voreigentümer verbleiben, wenn er sie bei der Weiterveräußerung nicht auf den Rechtsnachfolger überträgt. Dies ist etwa dann der Fall, wenn in der vertraglichen Preisgestaltung zum Ausdruck kommt, daß das Grundstück in seiner herabgezonten Qualität veräußert wird. Dann wird der Erwerber einen Übernahmeanspruch mit Erfolg nur geltend machen können, wenn es ihm nicht zugemutet werden kann, das Grundstück trotz - nicht wegen - der eigentumsverdrängenden Planung weiter zu behalten. Im übrigen gelten für die Frage des Übergangs oder der Abtretung solcher "Rechtspositionen" auf den Rechtsnachfolger die vom Bundesgerichtshof entwickelten allgemeinen Grundsätze für die Rechtsnachfolge in vermögensrechtliche Anspruchspositionen,

> vgl. die Nachweise bei
> Krohn/Löwisch, aaO, Rz. 422.

Zur Anwendung der Grundsätze der Steigerungsrechtsprechung im Fall des bereits wertgeminderten Grundstücks

> vgl. BGH, Urt. v. 12.3.1992
> - III ZR 113/90, BGHR BauGB § 95 I 2
> - Steigerungsrechtsprechung 2.

Außer dem Gesamtrechtsnachfolger kann danach auch der Sonderrechtsnachfolger geltend machen, in den Genuß der genannten "Rechtsposition" gekommen zu sein, wenn der Kaufvertrag keinen entgegenstehenden Vertragswillen erkennen läßt und alle Umstände auf ein "normales" Veräußerungsgeschäft ohne Abzüge namentlich im Preis hindeuten.

(b)   Verjährung des Übernahmeanspruchs?   **201**

(aa)   Nach § 44 Abs. 4 BauGB erlöschen Entschädigungsansprüche, wenn nicht innerhalb von drei Jahren nach Ablauf des Kalenderjahres, in dem die jeweiligen Vermögensnachteile eingetreten sind, die Fälligkeit des Anspruchs herbeigeführt wird.

Nach einer im Schrifttum vertretenen Auffassung gilt diese Erlöschensregelung nicht nur für die Entschädigung in Geld, sondern auch für den Übernahmeanspruch, dessen formelle Ausübung dann nicht mehr dem Eigentümer zustehen soll,

> vgl. neuerdings Breuer, in: Schrödter, BauGB, 5. Aufl., 1992, § 44 Rz. 19 m.w.N.

Diese Auffassung ist unzutreffend; sie trägt den Besonderheiten des Übernahmeanspruchs nicht hinreichend Rechnung,

> vgl. Krohn, in: Festschrift Geiger, aaO, S. 427 Fußn. 28.

Die richtige Lösung ist in der neueren Rechtsprechung des Bundesgerichtshofs bereits in wesentlichen Punkten vorgezeichnet:

(bb)   Wie bereits ausgeführt, kann der Eigentümer den Übernah-   **202**
meanspruch nach § 40 Abs. 2 Satz 1 Nr. 1 BauGB nur geltend machen, wenn es ihm selbst wirtschaftlich nicht mehr zuzumuten ist, das von einer fremdnützigen planerischen Festsetzung betroffene Grundstück zu behalten. Es reicht nicht aus, daß die wirtschaftliche Unzumutbarkeit lediglich in der Person eines Rechtsvorgängers vorlag. Damit ist die Erlöschensvorschrift in den Fällen der Rechtsnachfolge im Eigentum weitgehend obsolet geworden.

Der Übernahmeanspruch nach § 40 Abs. 2 Satz 1 Nr. 1 BauGB ist seinem Inhalt und seiner Rechtsnatur nach kein Entschädigungsanspruch i.S.d. § 44 Abs. 4 BauGB. Zwar ordnet das Baugesetzbuch den Übernahmeanspruch insofern dem Bereich der Entschädigung zu, als es ihn dem Eigentümer anstelle einer Geldentschädigung gewährt. In diesem Sinne spricht § 43 Abs. 1 Satz 1 BauGB von der "Entschädigung durch Übernahme des Grundstücks". Demgemäß hat der Bundesgerichtshof den Übernahmeanspruch als eine "besondere Art des Entschädigungsanspruchs" bezeichnet,

BGHZ 63, 240.

Das bedeutet aber nicht, daß Übernahme- und Geldentschädigungsanspruch ihrem rechtlichen Gehalt nach gleichartig sind und dieser in jeder Hinsicht ebenso zu behandeln ist wie jener.

Während der Anspruch auf Geldentschädigung allein dem Ausgleich bereits eingetretener Vermögensnachteile dient, ist der Übernahmeanspruch vor allem auf die Gewährung einer Entschädigung für künftigen Eigentumsverlust gerichtet. Er knüpft zwar insofern an einen in der Vergangenheit liegenden Eingriff an, als dieser seiner Art und Schwere nach geeignet sein muß, den Anspruch auszulösen. Sein Ziel ist indes die beschleunigte, vom Eigentümer selbst veranlaßte Herbeiführung eines zusätzlichen Eigentumseingriffs von hoher Hand, der dann seinerseits erst die Grundlage einer Entschädigung bildet.

In diesem Sinne hat der Bundesgerichtshof wiederholt betont, die Gewährung eines Übernahmeanspruchs finde ihre innere Rechtfertigung darin, daß die öffentliche Hand oder der aus einer speziellen privaten Festsetzung Begünstigte in der Regel ohnehin letztlich das Eigentum erwerben müsse. Mit dem Übernahmeanspruch werde dem betroffenen Eigentümer die Möglichkeit eröffnet, selbst die Initiative zu einer entschädigungsrechtlichen Lösung der infolge der fremdnützigen planerischen Festsetzung aufgetretenen Interessenkollision zu ergreifen, ohne die Einleitung eines Enteignungs- oder Umlegungsverfahrens durch die öffentliche Hand abwarten zu müssen. Die Unzumutbarkeit, eine ungewisse Schwebelage und Wartezeit hinzunehmen, bilde einen maßgebenden Grund für die Zubilligung des Übernahmeanspruchs.

Danach bietet die Ausübung des Übernahmerechts dem Eigentümer die Möglichkeit, den durch die fremdnützige planerische Festsetzung erlittenen Rechtsverlust dadurch auszugleichen, daß er selbst die entschädigungspflichtige Entziehung des Eigentums verlangt (§ 43 Abs. 1 BauGB), ohne die Einleitung eines Enteignungsverfahrens nach §§ 85 ff BauGB abwarten zu müssen. Kennzeichnend für den Übernahmeanspruch sind somit das Initiativrecht des Eigentümers ("Enteignungsverfahren mit vertauschten Rollen"), die Vorverlegung des Zeitpunkts der Enteignung und die Ausrichtung des Anspruchs auf die Entschädigung für künftigen Rechtsverlust. So gesehen trägt der Übernahmeanspruch im Gegensatz zum Anspruch auf Geldentschädigung ganz wesentlich auch formelle, dem Entschädigungsverfahren zuzuordnende Züge.

(cc)   Diese gesetzliche Ausprägung des Übernahmeanspruchs **203** schließt es aus, ihn der Erlöschensvorschrift des § 44 Abs. 4 BauGB zu unterwerfen. Würde diese Regelung auch für ihn gelten, so würde die dem Eigentümer eingeräumte Befugnis, den infolge der fremdnützigen planerischen Festsetzung eingetretenen Schwebezustand durch Stellung des Antrages nach § 43 Abs. 1 BauGB zu beenden, mit dem drohenden Ablauf der Dreijahresfrist in einen Entscheidungszwang umschlagen. Das Gesetz will jedoch den Eigentümer nicht vor die Wahl stellen, entweder innerhalb der Frist des § 44 Abs. 4 BauGB sein Eigentum anzubieten oder darauf zu warten, daß der Begünstigte zu einem ihm genehmen Zeitpunkt die Enteignung beantragt. Verleiht das Gesetz dem Eigentümer das Recht, von sich aus auf die Entziehung seines Eigentums hinzuwirken, und verfolgt er damit ein Ziel, das der Begünstigte - wenn auch möglicherweise zu einem anderen Zeitpunkt - ohnehin selbst verwirklichen will, so fehlt jeder innere Grund dafür, die Ausübung dieses Rechts zu befristen. Dem entspricht auch die differenzierende Regelung in § 43 Abs. 5 Satz 1 und 2 BauGB, nach der zwar der rechtlichen Befugnis, eine Geldentschädigung zu beantragen, nicht aber der Möglichkeit, den Übernahmeantrag zu stellen, preisfixierende Wirkung zukommt; eine Gleichstellung beider Ansprüche erfolgt erst mit der Stellung des Übernahmeantrags. Auch damit gibt das Gesetz zu erkennen, daß es dem Eigentümer bei der Entscheidung über die Geltendmachung des Übernahmeanspruchs freie Hand lassen will.

204 (dd) Je stärker demgegenüber der Charakter des Übernahmeanspruchs als Entschädigungsanspruch betont wird, desto näher müßte eigentlich die Konsequenz liegen, daß sich das Erlöschen auch materiell zumindest auf den Umfang des Entschädigungsanspruchs nach §§ 85 ff BauGB für den Berechtigten nachteilig auswirkt. Eine solche Folgerung halten indes auch diejenigen für untragbar, nach deren Auffassung § 44 Abs. 4 BauGB auf den Übernahmeanspruch anzuwenden ist. Sie versuchen ihr zu entgehen, indem sie darauf hinweisen, die Erlöschensregelung erfasse "nur den formellen Bereich" des Anspruchs,

> so Bielenberg, in: Ernst/Zinkahn/
> Bielenberg, BauG, § 44 Rz. 48;
> ebenso Breuer, aaO,

das Erlöschen habe "nur verfahrensrechtlich entschädigungsrechtliche Bedeutung",

> so Bielenberg, in: Ernst/Zinkahn/
> Bielenberg, BauG, § 44 Rz. 48;
> ebenso Breuer, aaO,
> unter Hinweis auf
> Reisnecker, BayVBl 1981, 489.

Das ist nur teilweise richtig. Vor allem wird hierbei übersehen, daß der Eigentümer den Übernahmeanspruch nicht nur dann geltend machen kann, wenn gerade jetzt das öffentliche Wohl den Entzug des Eigentums verlangt (Art. 14 Abs. 3 Satz 1 GG). Denn es kommt allein auf die bei ihm vorhandene "Unzumutbarkeit" an, das Grundstück weiter zu behalten. Die Voraussetzungen der Enteignung werden in dem dadurch eingeleiteten "Enteignungsverfahren mit vertauschten Rollen"

nicht mehr in Richtung auf die Erforderlichkeit der Enteignung geprüft. Enteignungsanspruch der öffentlichen Hand und "Selbstenteig-
nungsanspruch" des Eigentümers sind daher qualitativ nicht seitenver-
kehrt identisch.

(ee)   Es bestehen aber auch im übrigen keine anzuerkennenden   **205**
Gründe, § 44 Abs. 4 BauGB auf den Übernahmeanspruch zu erstrek-
ken.

Der Zweck des § 44 Abs. 4 BauGB, die öffentlichen Haushalte von alten, bisher nicht geltend gemachten, ungeprüften Forderungen möglichst freizuhalten, erfordert nicht die Anwendung der Vorschrift auf
den Übernahmeanspruch. Zwar ist, nachdem Staat und Gemeinden
heute einer Vielzahl an sie gerichteter Entschädigungsansprüche aus
Enteignung, enteignungsgleichem Eingriff oder Aufopferung ausge-
setzt sind, das Bestreben, durch eine kürzere Ausschlußfrist solche
nicht geltend gemachten Ansprüche aus zurückliegender Zeit abzuwehren, für die öffentlichen Körperschaften grundsätzlich eine nahe-
liegende und sachgerechte Erwägung. Das trifft jedoch auf den Übernahmeanspruch nicht zu, weil er nicht auf eine Entschädigung gerichtet ist, deren Ausschluß in dem vorbezeichneten Sinne im legitimen Interesse der öffentlichen Hand liegt. Vielmehr will der durch die
fremdnützige planerische Festsetzung Begünstigte - wie oben dargelegt
- das mit dem Übernahmeverlangen verfolgte Ziel ohnehin selbst verwirklichen mit der Folge, daß der Eigentümer dann nach §§ 85 ff
BauGB zu entschädigen ist.

(ff)   Dieses Ergebnis dürfte der Interessenlage der Beteiligten   **206**
auch im übrigen gerecht werden. Der Eigentümer kann ein anerken-
nenswertes Interesse daran haben, den durch die planerische Festsetzung verursachten Schwebezustand über die Dreijahresfrist des § 44
Abs. 4 BauGB hinaus aufrechtzuerhalten. Sieht er von der Geltendmachung des Übernahmeanspruchs ab, obwohl ihm damit eine möglichst
frühzeitige Verzinsung der Entschädigungsleistung entgeht (§ 44
Abs. 3 Satz 4 i.V.m. § 99 Abs. 3 BauGB), so wird er dafür in aller Regel beachtliche, in seinem Interesse an der weiteren Nutzung seines

Eigentums bis zu einem ihm genehm erscheinenden Zeitpunkt wurzelnde Gründe haben. Ein mittelbarer Zwang zur Ausübung des Übernahmerechts erscheint unter diesen Umständen - auch im Blick auf die Eigentumsgewährleistung des Art. 14 Abs. 1 Satz 1 GG - um so weniger gerechtfertigt, als die öffentliche Hand zur Verwirklichung ihrer Planung auf ein Tätigwerden des Eigentümers nicht angewiesen ist; sie kann die Enteignung verlangen, sobald das Wohl der Allgemeinheit dies erfordert (§§ 85 ff BauGB). Im übrigen kann die Geltendmachung des Übernahmeanspruchs innerhalb der Dreijahresfrist den Interessen der öffentlichen Hand sogar zuwiderlaufen, soweit diese sich dadurch zu vorzeitigen, nach dem Stand der geplanten Vorhaben noch nicht erforderlichen "Zwangskäufen" gedrängt sieht,

so der Sachverhalt des Urteils
BGHZ 63, 240.

207   Der Bundesgerichtshof hat bei vergleichbaren Sachverhalten eine Verjährung von Übernahmeansprüchen bereits mehrfach abgelehnt, so zu Art. 125 BayAGBGB in den Urteilen

v. 18.9.1958 - III ZR 48/57,
WM 1958, 1309, 1311 und
v. 10.7.1975 - III ZR 161/72,
NJW 1975, 1783, 1785,

sowie in den Beschlüssen

v. 24.3.1988 - III ZB 221/85 und
v. 24.3.1988 - III ZB 58/86.

5.   Vorteilsausgleichung

208   (a)   Die im Bereich des Schadensersatzrechts entwickelten Grundsätze der Vorteilsausgleichung beruhen auf dem Gedanken, daß der Geschädigte sich - jedenfalls in gewissem Umfang - diejenigen Vorteile anrechnen lassen muß, die mit dem Schadensereignis "korres-

pondieren", d.h. die ihm im Zusammenhang mit diesem Ereignis in einer Weise zugeflossen sind, daß ihre Anrechnung nach dem Sinn des Schadensersatzrechts mit dem Zweck des Ersatzanspruchs übereinstimmt; die Anrechnung muß dem Geschädigten unter Berücksichtigung der gesamten Interessenlage nach Treu und Glauben zumutbar sein und darf den Schädiger nicht unangemessen entlasten,

> vgl. BGHZ 91, 206, 209 f;
> BGHZ 91, 357, 363 f.

Maßgeblich ist eine wertende Betrachtung, nicht eine rein kausale Sicht,

> BGH, Urt. v. 2.6.1987 - VI ZR 198/86,
> BGHR BGB § 249 - Vorteilsausgleich 1.

Vor- und Nachteile müssen gleichsam zu einer Rechnungseinheit verbunden sein,

> BGHZ 77, 151;
> BGH, Urt. v. 19.12.1978 - VI ZR 218/76,
> VersR 1979, 323 und
> BGH, Urt. v. 15.4.1983 - V ZR 152/82,
> NJW 1983, 2137.

Diese Grundsätze sind auch im Entschädigungsrecht anzuwenden. Bei **209** der Vorteilsausgleichung handelt es sich um einen allgemeinen, das Schadensersatzrecht und das Entschädigungsrecht beherrschenden Grundsatz. Sie ist also auch dort zu beachten, wo nicht spezielle gesetzliche Bestimmungen (etwa § 93 Abs. 3 BBauG) ihre Anwendung vorschreiben.Dabei setzt die Vorteilsausgleichung nicht voraus, daß der Eingriff unmittelbar und gleichzeitig auch den Vorteil hat entstehen lassen; es genügt, daß der Eingriff allgemein geeignet war, derartige Vorteile mit sich zu bringen, und daß der Zusammenhang der Ereignisse nicht so lose ist, daß er nach vernünftiger Lebensauffassung keine Berücksichtigung mehr verdient. Hierbei kommt es letztlich auf

Sinn und Zweck der Entschädigung an, dem Betroffenen einen Ausgleich für das zugunsten der Allgemeinheit erbrachte Opfer zu gewähren,

> Krohn/Löwisch, aaO, Rz. 354;
> Nüßgens/Boujong, aaO, Rz. 395;
> Aust/Jacobs, Die Enteignungs-
> entschädigung, aaO, S. 335 f;
> Kreft, in: BGB-RGRK, 12. Aufl.,
> vor § 839 Rz. 120 ff;
> vgl. dazu BGH, Urt. v. 15.12.1988
> - III ZR 110/87, BGHR GG vor Art. 1
> / enteignungsgleicher Eingriff -
> Vorteilsausgleichung 1.

210 (b) In seinem grundlegenden Urteil vom 13.5.1974

> - III ZR 7/72, BGHZ 62, 305 -

hat der Bundesgerichtshof zur Vorteilsausgleichung ausgeführt, daß in Fällen der Teilenteignung für Zwecke der Erschließung eine Anrechnung des dem Restgrundstück zufallenden Wertzuwachses insoweit nicht zulässig ist, als das betroffene Grundstück durch die erzwungene Landabgabe keinen unmittelbaren, "ihm besonders zugeordneten Sondervorteil " hat, d.h. einen Vorteil, der über den hinausgeht, den andere Eigentümer auch ohne Landabgabe haben. Danach scheidet ein Ausgleich aus, wenn das von der Teilenteignung betroffene Grundstück bereits an einer für die Erschließung ausreichenden Straße liegt und die Abgabe der Teilfläche nur erforderlich wird, um die Straße zu verbreitern.

211 Im Urteil vom

> 26.5.1977 - III 149/74,
> BRS 34 Nr. 100 -

hat der Bundesgerichtshof sich mit der Frage befaßt, ob und in welchem Umfang ein dem "Grundstück besonders zugeordneter Sondervorteil" anzunehmen sein kann, wenn bei der Anlage eines Verbindungsweges zwischen bestehenden Stichstraßen ein Eigentümer mehr oder minder zufällig von einer Teilenteignung betroffen wird, während andere Eigentümer unbebauter Grundstücke nicht zu einer Landabgabe herangezogen werden. Dies erfordert eine differenzierende Betrachtung: Wenn neben dem beteiligten Eigentümer auch einem Teil der übrigen, jedoch nicht von einer Teilenteignung betroffenen Anlieger des Verbindungswegs Erschließungsvorteile zufließen, weil ihre Grundstücke nunmehr Baulandqualität erlangen, ändert dies nichts daran, daß der von der Teilenteignung Betroffene einen seinem Grundstück "besonders zugeordneten Sondervorteil" hat, wenn dieses durch den neuen Weg erschlossen wird. Eine - unzulässige - "Abschöpfung allgemeiner Planungsgewinne" i.S.d. Urteils BGHZ 62, 305 liegt darin nicht.

Der beteiligte Eigentümer braucht sich indes planungsbedingte Wertsteigerungen seines Restgrundstücks nur im Rahmen des Zumutbaren,

BGHZ 62, 305, 307,

anrechnen zu lassen. Bei einer Fallgestaltung wie hier sind die Grenzen einer dem Eigentümer zumutbaren Kürzung seiner Enteignungsentschädigung nach dem Grundsatz der Lastengleichheit,

BGHZ 62, 305, 312;
BGHZ 67, 320, 328
- "Wendehammer",

abzustecken. Die Anrechnung von Erschließungsvorteilen darf nicht dazu führen, daß der Eigentümer im Ergebnis ohne angemessene Entschädigung bleibt für einen Landabzug, der über die vorteilhafte Erschließung des eigenen Geländes hinaus auch die Erschließung anderer (fremder) Grundstücke ermöglicht. Daher dürfen bei dem von der Enteignung betroffenen Eigentümer die Erschließungsvorteile nur in dem Umfange angerechnet werden, als sie auch anrechnungsfähig gewesen wären, wenn er die für den Verbindungsweg benötigte Fläche

nicht allein aufgebracht hätte, sondern der Landabzug nach vorange-
gangener Umlegung (§§ 45 ff BauGB) auf einen größeren Kreis von
Anliegern "verteilt" worden wäre.

212 Die Anrechnung von Erschließungsvorteilen auf die Enteignungsentschädigung kann sich in Ausnahmefällen dahin auswirken, daß diese
ganz entfällt. Voraussetzung ist auch hier der notwendige funktionelle
Zusammenhang,

BGHZ 62, 305, 313

zwischen dem Enteignungsunternehmen und der zu erschließenden
Fläche. Das gilt in diesem Fall jedoch nicht auch für die Kosten, die
der Eigentümer im behördlichen Enteignungsverfahren aufgewendet
hat. Diese Kosten stehen nicht in dem erforderlichen inneren Zusammenhang zu der Wertsteigerung des Restgrundstückes, der es als zumutbar erscheinen lassen könnte, die im Interesse eines wirksamen
Rechtsschutzes aufgewendeten Rechtsvertretungskosten mit dem zugeflossenen Vorteil zu verrechnen. Auch hinsichtlich des Gegen-
standswertes errechnen sich diese Gebühren nach der nicht um die
Vorteilsausgleichung verminderten Entschädigungssumme,

vgl. BGH, Urt. v. 27.1.1977 - III ZR 153/74,
BGHZ 68, 100.

213 (c)   Anrechenbare Sondervorteile sind bei Beeinträchtigungen
des Anliegergebrauchs durch Bauarbeiten mehrfach verneint worden,
z.B. für innerstädtische Betriebe, denen eine neue Verkehrseinrichtung (S-Bahn) nur die allgemeinen Vorteile der "Verbesserung des
Verkehrsnetzes" bringt,

BGH, Urt. v. 3.3.1977 - III ZR 181/74,
BRS 34 Nr. 146 und
BGH, Urt. v. 11.3.1976 - III ZR 154/73,
BRS 34 Nr. 148, wo angedeutet wird, daß
ein zu berücksichtigender Lagevorteil

darin bestehen kann, jetzt in unmittelbarer Nähe einer stark frequentierten
Haltestelle zu liegen.

(d)   Im Urteil vom   **214**

15.12.1988 - III ZR 110/87,
s. oben unter Rz. 209 -

war den Klägern wegen rechtswidriger zeitweiser Vorenthaltung der
baulichen Nutzung nach den für den enteignungsgleichen Eingriff geltenden Ausgleichsgrundsätzen an sich eine Entschädigung in Form der
sogenannten Bodenrente zuzubilligen. Das Berufungsgericht war jedoch der Auffassung, daß die Kläger sich im Wege der Vorteilsausgleichung Wertsteigerungen oder ersparte Verluste anrechnen lassen
müßten, die die Bodenrente in vollem Umfang aufwögen. Durch die
Verzögerung des Baues sei den Klägern eine Wertsteigerung des un-
bebauten Bodens zugeflossen, die ihnen entgangen wäre, wenn sie -
wie von ihnen beabsichtigt - ohne die Bausperre das Grundstück mit
den geplanten Wohnungen bebaut und bis zum 1.5.1971 veräußert hätten. Diese Wertsteigerung hätte die den Klägern zustehende Bodenrente übertroffen. Gehe man davon aus, daß die Kläger die Wohnungen im Hinblick auf die ungünstigen Marktverhältnisse im Frühjahr
1971 nicht veräußert, sondern vermietet hätten, so wäre ihnen zwar die
Bodenwertsteigerung zugeflossen, gleichzeitig hätten sie aber Verluste
durch eine nicht kostendeckende Vermietung erlitten, die die Bodenrente wie auch den Überschuß der Wertsteigerung des Grundstücks
aufgezehrt hätten. Auch daß sie vor diesen Verlusten durch die Bausperre bewahrt worden seien, müßten die Kläger sich als Vorteil anrechnen lassen.

Der Bundesgerichtshof hat diese Ausführungen gebilligt.

Geht man davon aus, daß die Kläger bei einem ihren Plänen entsprechenden Verlauf der Dinge die Wohnhäuser spätestens zum 1.5.1971
als Eigentumswohnungen veräußert hätten, dann hätten sie an späteren Wertsteigerungen des Bodens nicht mehr teilgenommen. Diese

sind ihnen nur deshalb zugeflossen, weil sie durch das Verhalten der Beklagten, das deren Entschädigungspflicht begründet, an der zügigen Erstellung und anschließenden Veräußerung der Häuser gehindert worden sind. Die Kläger müssen sich daher diese Wertsteigerung als auszugleichenden Vorteil entgegenhalten lassen,

so BGH, Urt. v. 10.2.1983
- III ZR 105/81, NVwZ 1983, 500;
Krohn/Löwisch, aaO, Rz. 361.

Wenn der Bundesgerichtshof Bodenwertsteigerungen während einer faktischen Bausperre nicht als "Vorteil" angerechnet hat, liegt das darin begründet, daß die Bodenrente - bei steigenden Grundstückspreisen - auf den jeweiligen Substanzwert zu beziehen ist, wobei allerdings Mittelwerte gebildet werden,

vgl. BGHZ 37, 269.

Im vorliegenden Fall ging es aber darum, daß der Eingriff die Kläger an einem (konkreten) Vorhaben gehindert hatte, bei dessen Ausführung ihnen diese Wertsteigerung entgangen wäre.

Der Bundesgerichtshof sah auch kein Hindernis, die bei einer etwaigen Vermietung entstehenden - hier aber ersparten - Verluste anspruchsmindernd zu berücksichtigen. Auch die Vermeidung von Vermögensnachteilen kann ein ausgleichungspflichtiger Vorteil sein. Gegenüber einem Anspruch auf Entschädigung für einen Eingriff in das Eigentum können im Wege der Vorteilsausgleichung auch nicht nur solche Vorteile oder vermiedene Nachteile angerechnet werden, die den Eigentümer wie der Eingriff unmittelbar in seiner Rechtsposition treffen.

215   Wie der Bundesgerichtshof schon in BGHZ 62, 305, 307 ausgesprochen hat, sind bei der Festsetzung der Entschädigung nicht nur Vorteile zu berücksichtigen, die "etwa bei einer Teilenteignung durch eine Werterhöhung des Restgrundstücks entstehen, sondern im Rahmen des Zumutbaren alle durch den Eingriff adäquat verursachten Vorteile",

vgl. auch BGHZ 55, 294, 299.

Zu diesen Vorteilen gehört auch die Vermeidung von Verlusten, die dem durch den Eingriff Betroffenen entstanden wären, wenn er das Vorhaben, an dem er durch den Eingriff gehindert worden ist, durchgeführt, dabei aber Vermögensverluste erlitten hätte.

(e)   Bei einer vorzeitigen Besitzeinweisung nach dem Landbe-   **216**
schaffungsgesetz ist die Besitzeinweisungsentschädigung von dem Zeitpunkt an zu leisten, in dem die vorzeitige Besitzeinweisung wirksam wird (§ 39 Abs. 1 Nr. 5 LBG). Dieser Zeitpunkt wird von der Enteignungsbehörde ausdrücklich bestimmt. In diesem Zeitpunkt verliert der Eigentümer den Besitz und wird der Enteignungsbegünstigte Besitzer i.S.d. § 854 BGB (§ 40 Abs. 1 LBG). Diese Wirkung wird jedoch suspendiert, wenn der Eigentümer gegen die vorzeitige Besitzeinweisung Widerspruch einlegt. Nimmt der Eigentümer später den Widerspruch zurück, so wird dieser rückwirkend unbeachtlich. Dies kann dahin führen, daß der Eigentümer die Besitzeinweisungsentschädigung rückwirkend erhält, obwohl er das Grundstück in der Zwischenzeit hat nutzen können. Diese tatsächlich gezogene Nutzung muß er sich auf die Besitzeinweisungsentschädigung anrechnen lassen,

vgl. BGH, Urt. v. 13.10.1983 - III ZR 155/82,
BGHZ 88, 337.

6.   Wertermittlung

(a)   Verkehrswert

Der Verkehrswert wird durch den Preis bestimmt, der in dem Zeit-   **217**
punkt, auf den sich die Ermittlung bezieht, im gewöhnlichen Geschäftsverkehr nach den rechtlichen Gegebenheiten und tatsächlichen Eigenschaften, der sonstigen Beschaffenheit und der Lage des Grundstücks ohne Rücksicht auf ungewöhnliche oder persönliche Verhältnisse zu erzielen wäre (vgl. § 194 BauGB = § 142 Abs. 2 BBauG 1976). Dementsprechend kommt es darauf an, alle im maßgeblichen Zeit-

punkt den Wert des Enteignungsobjekts beeinflussenden tatsächlichen, rechtlichen und wirtschaftlichen Umstände in den Bewertungsvorgang einzubeziehen und zu berücksichtigen, andererseits aber alle diejenigen Umstände unberücksichtigt zu lassen, welche sich nicht auf rechtlich gesicherte Positionen beziehen und deshalb enteignungsrechtlich irrelevant sind, ebenso wie diejenigen, welche nicht den allgemeinen Wert des Objekts, sondern nur dessen Preis im einzelnen Fall beeinflussen, ohne daß der gesunde Markt das nachvollzieht. Dieser Wert wird sich regelmäßig nicht exakt errechnen lassen. Enteignungsbehörde und Gerichte sind deshalb auf Schätzungen angewiesen. Die Anwendung des § 287 ZPO ist zulässig und geboten. Das bedeutet, daß über die Höhe der Entschädigung zwar nach freiem Ermessen zu entscheiden ist. Jedoch muß die getroffene Entscheidung - aus der Sicht des Bundesgerichtshofs als Revisionsgericht - nachvollziehbar sowie in sich schlüssig sein und erkennen lassen, daß eine sachentsprechende, umfassende Wertermittlung stattgefunden hat, die sich an den allgemeingültigen Beurteilungsgrundlagen ausrichtet und vom richtigen Verständnis des durch Art. 14 GG geschützten Eigentums sowie der seinen Wert ausmachenden Faktoren ausgeht,

vgl. Krohn/Löwisch, aaO, Rz. 370, 371 m.w.N.

Dieser Ausschnitt aus dem Urteil vom

27.9.1990 - III ZR 97/89,
BGHR BauGB § 194 - Wertermittlung 1 -

fügt sich in die ständige Rechtsprechung des Bundesgerichtshofs zu den Obliegenheiten des Tatrichters bei der Wertfeststellung ein.

218   Dabei ist die Grenze zwischen allgemeiner und nur subjektiver Werteinschätzung nicht immer einfach zu ziehen. Der Bundesgerichtshof mißbilligt es jedoch, wenn mit Blick auf den "Markt" auf Käuferkreise abgestellt wird, die eine bei dem Objekt der Enteignung vorliegende

besondere Ausstattung oder Nutzbarkeit nicht honorieren, weil sie andere Nutzungsvorstellungen verfolgen. Hierzu hatte bereits das Urteil vom

26.5.1977 - III ZR 93/75,
NJW 1977, 1725 -

die besondere Eignung eines Grundstücks nach seiner Lage, Beschaffenheit und Bebauung für eine bestimmte gewerbliche Verwendung als werterhöhend angesehen und darauf hingewiesen, es dürfe nicht auf die Wertvorstellung eines Käufers abgestellt werden, der in einem anderen Gewerbezweig tätig sei,

vgl. dazu auch BGH, Urt. v. 16.12.1974
- III ZR 39/72, DVBl 1975, 336.

Das gilt indes nicht ohne Einschränkung. Für eine solche Bewertung bedarf es zumindest einer objektivierbaren "besonderen Beziehung" zwischen Grundstück und Gewerbebetrieb, die eine gesteigerte Eignung des Grundstückes für den Betrieb begründet. Daran fehlt es bei einer "krassen wirtschaftlichen und baulichen Unternutzung der Gebäudesubstanz". Im Beschluß vom

20.12.1990 - III ZR 130/89,
BGHR BauGB § 60 - Geldabfindung 1 -

hat der Bundesgerichtshof es abgelehnt, einem bebauten Grundstück einen über den reinen Bodenwert hinausgehenden Verkehrswert zuzubilligen, weil das - gewerblich genutzte - Gebäude in einem schlechten Bauzustand war und seine räumliche Lage die sinnvolle bauliche Nutzungsmöglichkeit des Grundstücks erheblich einschränkte oder sogar ganz verhinderte. Nach den Feststellungen des Berufungsgerichts hätte ein Investor (als Kaufinteressent) wegen dieser Gegebenheiten das Gebäude abbrechen lassen müssen, wenn er das Grundstück sinnvoll nutzen wollte. Da der zwar rechnerisch ermittelbare Sachwert des Gebäudes am Markt nicht erzielbar sei und andererseits der Ertragswert des Gebäudes null DM betrage, ergebe sich daraus - so das Berufungsgericht - ein Verkehrswert von null DM. Der Bundesgerichtshof sah hierin keinen Rechtsfehler. Insbesondere zwingt der Umstand, daß das Grundstück von den Eigentümern selbst genutzt wird, keineswegs "automatisch" zur Anwendung des Sachwertverfahrens. Auch dieses Verfahren ist vielmehr nur dann statthaft, wenn es im Einzelfall zu einem marktgerechten Ergebnis führt,

vgl. Krohn/Löwisch, aaO, Rz. 396.

219 Überlegungen wie im Urteil vom

26.5.1977, aaO,

hat der Bundesgerichtshof in seinem Urteil vom

2.7.1992 - III ZR 162/90
- "Villengrundstück";
s. dazu auch unten bei Rz. 237 -

wieder aufgegriffen, in dem es um die Bewertung eines "villenähnlichen Grundstücks mit Park und altem Baumbestand" ging. Hier wird, wie der Bundesgerichtshof ausgeführt hat, der Ausgleichsfunktion der Enteignungsentschädung, den Betroffenen - "bildhaft gesprochen" in die Lage zu versetzen, sich ein gleichwertiges Objekt zu beschaffen (vgl. oben Rz. 134 f), erst dann voll Rechnung getragen, wenn auf die Werteinschätzung eines Käuferkreises, der einen gehobenen Lebensstil pflegt und dafür nach ihrer Lage, Einrichtung und Bepflanzung auf Dauer geeigneten Grundstücken sucht, abgestellt wird. Dieses Ziel wird verfehlt, wenn durch Auswertung nur der örtlichen Kaufpreissammlung entsprechende Verkaufsfälle nicht erfaßt werden. Der Wert solcher Grundstücke wird "am ehesten durch einen auf derartige parkähnliche Wohngrundstücke spezialisierten Makler" als Sachverständigen zu ermitteln sein. Die Entscheidung dürfte besondere Bedeutung für bebaute Grundstücke villenartigen Charakters haben, die in der heutigen städtebaulichen Enge selten geworden sind, und die daher erfahrungsgemäß einen "überregionalen" Markt haben.

Vgl. dazu auch
BGH, Urt. v. 14.10.1992 - IV ZR 211/91
- zur Bewertung eines "repräsentativen
Objekts auf dem Land in Großstadtnähe".

Zur Ermittlung des Verkehrswertes sind das Vergleichswertverfahren, **220**
das Ertragswertverfahren, das Sachwertverfahren oder mehrere dieser
Verfahren heranzuziehen. Der Verkehrswert ist aus dem Ergebnis des
herangezogenen Verfahrens unter Berücksichtigung der Lage auf dem
Grundstücksmarkt zu bemessen. Werden mehrere Verfahren herangezogen, ist der Verkehrswert aus den Ergebnissen der angewandten
Verfahren unter Würdigung ihrer Aussagefähigkeit zu bemessen (§ 7
Abs. 1 WertV 1988). Der Bundesgerichtshof überläßt es grundsätzlich
dem pflichtgemäßen Ermessen des Tatrichters, nach welcher der in
Frage kommenden Methoden der Wert von Grundstücken ermittelt
wird,

vgl. BGH, Urt. v. 14.12.1978 - III ZR 6/77,
BRS 34 Nr. 152.

(b) **Vergleichswertverfahren**

(aa)   Das Vorhandensein von nur einem Vergleichsgrundstück **221**
schließt die Anwendung des Vergleichswertverfahrens nicht ohne weiteres aus. Zu beachten ist allerdings, daß das Vergleichsgrundstück
nicht nur hinsichtlich seiner Qualität, sondern auch hinsichtlich des
Preises "vergleichbar" ist,

BGH NJW 1980, 39.

(bb)   Auch bei Grundstücken mit abbauwürdigen Bodenschätzen **222**
kann die Vergleichswertmethode in Betracht kommen. Voraussetzung
ist allerdings, daß sich in der betreffenden Gegend ein Markt für derartige Grundstücke gebildet hat,

BGH, Urt. v. 1.7.1982 - III ZR 10/81,
NVwZ 1982, 644, 645.

Die Bildung eines derartigen Marktes, der die Ermittlung von Vergleichspreisen ermöglicht, wird nicht schon durch die Erwägung ausgeschlossen, daß der betroffene Abbaubetrieb in dem betreffenden Gebiet als alleiniger Interessent für (Basalt-)Grundstücke in Frage gekommen sei und daher nur das Gelände erworben habe, was jeweils zu günstigen Preisen angeboten worden sei. Allerdings dürfen bei der Wertermittlung Kaufpreise, die wesentlich durch ungewöhnliche oder persönliche Verhältnisse bestimmt sind und nicht im objektiven, für jedermann geltenden Wert des Grundstücks ihre Grundlage haben, nicht berücksichtigt werden,

BGH WM 1977, 627;
BGH LM § 51 BBauG Nr. 3 unter II 6;
BGH WM 1984, 708, 710 - insoweit in
BGHZ 90, 243 nicht mitabgedruckt.

Hier war zu prüfen, ob die Vergleichspreise am Marktwert der (basalthaltigen) Grundstücke orientiert und nicht durch eine Monopolstellung des basaltabbauenden Betriebes beeinflußt waren. Dabei sind jedoch in den Preisvergleich auch die Verkaufsfälle einzubeziehen, in denen Grundstücke nicht zum Zwecke des Basaltabbaus veräußert worden sind. Es kommt nicht auf die Motive der an der Grundstücksveräußerung Beteiligten an. Entscheidend ist vielmehr, ob und in welchem Maße der Grundstücksverkehr bei der Preisbemessung die Basalthaltigkeit der Flächen als werterhöhendes Merkmal berücksichtigt hat. Stehen hiernach hinreichend Vergleichspreise zur Verfügung, scheidet eine getrennte Bewertung von Grundstücken und Basaltvorkommen, etwa eine sogenannte Kubaturentschädigung, (vgl. BGH, Urt. v. 1.7.1982, aaO), aus, so

BGH, Urt. v. 18.9.1986 - III ZR 83/85,
BGHR GG Art. 14 Abs. 3 Satz 3
- Wertermittlung 1.

(cc)   Im Urteil vom   **223**

18.4.1991 - III ZR 79/90, BGHR BBauG § 142
- Grünfläche, öffentliche 1 -

hat der Bundesgerichtshof für die Bewertung eines bereits früher zur
"öffentlichen Grünfläche" (entschädigungslos) herabgestuften Grundstücks (vgl. oben Rz. 165) ausgeführt:

"Bei Anwendung der Vergleichswertmethode müssen im Rahmen des
Möglichen die vergleichbaren Verkaufsfälle berücksichtigt und die
nicht vergleichbaren ausgeschieden werden. Sollen einzelne für den
Preisvergleich in Betracht kommende Verkaufsfälle aus sachlichen
Gründen unberücksichtigt bleiben, so ist dies darzulegen. Andererseits
dürfen Verkaufsfälle, die dem äußeren Anschein nach - etwa aufgrund
von Eintragungen in der Kaufpreissammlung - als Vergleichsmaterial
in Frage kommen, dann nicht unbesehen in den Vergleich einbezogen
werden, wenn den Umständen nach Zweifel an der Vergleichbarkeit
bestehen. Der Richter kann daher im Einzelfall gehalten sein, derartige Verkaufsfälle aus konkretem Anlaß daraufhin zu überprüfen, ob
sie tatsächlich als Grundlage für den beabsichtigten Vergleich geeignet
sind ...

Das Berufungsgericht hat diese Grundsätze verletzt, indem es einerseits mögliche Vergleichsfälle ohne nachvollziehbare Begründung unberücksichtigt gelassen und andererseits der Preisbemessung Verkaufsfälle zugrunde gelegt hat, die als Vergleichsmaterial ausschieden. Das
Gutachten des Sachverständigen G., auf welches das Berufungsgericht
seine Entscheidung stützt, hat keine tragfähige Grundlage für die vom
Tatrichter vorgenommene Grundstücksbewertung. Der Sachverständige hat in seinem Gutachten die in der Kaufpreissammlung aufge-
führten Verkaufsfälle zu Preisen um 20 DM/qm insgesamt unberücksichtigt gelassen. Das gilt insbesondere für diejenigen Eintragungen,
die mit den Vermerken "RNW" (Restnutzungswert), "Straßenflächen"
und "Grün" versehen sind. Er hat die Vermutung geäußert, daß es sich
hierbei um "subjektive", durch "juristische Überlegungen" beeinflußte
und unter Druck zustande gekommene Preise handele, und erklärt, er
könne deren Berücksichtigung nicht mit seinem Gewissen vereinbaren.
Diese Erwägungen, denen sich das Berufungsgericht angeschlossen
hat, rechtfertigen es nicht, die vorbezeichneten Eintragungen als Vergleichsfälle auszuschließen ... Es liegt hier besonders nahe, gerade die
Fälle der "Restnutzungswerte", in denen es sich - wie hier - um öffent-

liche Flächen mit praktisch ausgeschlossener privater Nutzbarkeit handeln dürfte, ebenso in die Wertermittlung einzubeziehen wie die in der Kaufpreissammlung angegebene Bewertung von Straßenland. Bei den mit "Grün" bezeichneten Verkaufsfällen hätte zudem nicht ungeprüft bleiben dürfen, ob und inwieweit sie gleichfalls öffentliche Grünflächen betrafen. Es gibt keinen Erfahrungssatz des Inhalts, daß Verkäufe an die öffentliche Hand, selbst wenn sie unter dem Druck einer möglichen Enteignung zustande kommen, zu unangemessen niedrigen Preisen abgeschlossen werden . . .

Bei der erforderlichen erneuten Bewertung der streitigen Grünfläche wird entscheidend darauf abzustellen sein, daß das Grundstück durch die als Teilenteignung anzusehende Herabstufung - die Ausweisung als "öffentliche Grünfläche" - der privaten Nutzung entzogen worden ist. Dies kann sich auf die Preisbemessung nur im Sinne einer weitgehenden Reduzierung des zu zahlenden Betrages auswirken. Etwaige Vorstellungen der öffentlichen Hand über die künftige Nutzung der Fläche bleiben dabei auf die Bewertung ohne Einfluß. Es liegt danach nahe, die Bewertung, sofern gleichartige Verkaufsfälle nicht zu ermitteln sein sollten, in enger Anlehnung an die in der Kaufpreissammlung angegebenen Preise für die mit "RNW", "Straßenfläche" und "Grün" gekennzeichneten Flächen im Wege der Schätzung (§ 287 ZPO) vorzunehmen".

224   (dd)   Im Urteil vom

27.9.1990 - III ZR 97/89, BGHR BBauG § 194
- Außenbereichsgrundstück 1 -

war über die Wertbemessung für ein mehr als 3000 qm großes bebautes Grundstück im Außenbereich zu entscheiden. Dabei mißbilligte der Bundesgerichtshof die vom Sachverständigen vorgenommene Aufteilung in Wertzonen unterschiedlicher Größe:

Bei dem Grundstück handelte es sich um "faktisches Bauland", d.h. um ein Grundstück im Außenbereich, das bebaut war und damit baulich genutzt wurde (§ 35 BBauG 1976). Das aufstehende Wohnhaus gehörte jedoch nicht zu den privilegierten Gebäuden i.S.d. § 35 Abs. 1 BBauG 1976, sondern zu den "sonstigen", bei denen in besonderem Maße der Grundsatz galt, daß die bauliche Nutzung eines im Außenbereich gelegenen Grundstücks die Ausnahme bildete. Daher konnte von einer Baulandqualität als verfassungsmäßig geschützter Rechtsposition bei dem Grundstück der Klägerin nur bedingt gesprochen werden,

> vgl. zum "faktischen Bauland":
> Aust/Jacobs, Die Enteignungsent-
> schädigung, 3. Aufl., 1991, S. 197 f.

Allerdings genoß das Gebäude Bestandsschutz, möglicherweise einschließlich einer etwaigen Modernisierung. Hingegen waren Neubauten nicht zulässig. Es war daher nicht erkennbar, daß eine intensivere, über das Ausmaß der tatsächlich vorhanden gewesenen Bebauung hinausgehende bauliche Nutzung des Grundstücks möglich gewesen wäre.

Der Sachverständige hatte bei seiner Wertberechnung das Gesamtgrundstück in eine Fläche von 1.920 qm Bauland und eine solche von 1.153 qm Gartenland aufgeteilt. Dabei hatte er aus dem Verhältnis zwischen der tatsächlichen Geschoßfläche des ursprünglichen (wegen des Straßenbaues beseitigten) Wohnhauses und der in der Umgebung üblichen Geschoßflächenzahl eine "Normfläche", d.h. eine fiktive durchschnittliche Grundstücksgröße für ein Wohnhaus dieses Ausmaßes, von 480 qm ermittelt. Er hatte sodann die Restfläche des Baulandanteils in drei weitere fiktive Flächen, jeweils von der Größe der "Normfläche", aufgeteilt und für die erste dieser Zusatzflächen die Hälfte, für die zweite 1/4 und für die dritte 1/8 des Quadratmeterpreises der "Normfläche" angesetzt. Das Berufungsgericht hatte - ausgehend von einem Erfahrungssatz, daß mit steigender Grundstücksgröße bei gleicher Bebauung (Ausnutzung) der Quadratmeterpreis sinke - diese Methode als taugliches Mittel angesehen, um die progressive Abnahme des Bodenpreises rechnerisch zu erfassen. Der Bundesgerichtshof hat als Revisionsinstanz diese Bewertungsmethode als rechtsfehlerhaft angesehen:

Die Aufteilung in Vorder- und Hinterland mag vom Ansatzpunkt her nicht zu beanstanden sein, ebensowenig die Einteilung der Gesamtgrundstücksfläche in verschiedene Wertzonen,

vgl. u.a. Büchs, Grunderwerb und Entschädigung beim Straßenbau, 2. Aufl.,
1980, S. 485 m.w.N.

Jedoch ist die Ermittlung desjenigen Grundstücksteils, der die höchste
Baulandqualität hat, d.h. der "Normfläche" (in der Terminologie des
Sachverständigen), nicht akzeptabel. Der Sachverständige hat eine rein
abstrakte Rechenoperation vorgenommen, indem er die tatsächliche
Geschoßfläche durch die Geschoßflächenzahl dividiert hat. Da die Ge-
schoßflächenzahl angibt, wieviel Quadratmeter Geschoßfläche je Qua-
dratmeter Grundstücksfläche höchstens zulässig sind (§ 20 Abs. 1
BauNVO), führt diese Methode zwangsläufig zu dem Ergebnis, daß
die "Normfläche" jeweils identisch mit der für ein Gebäude dieses
Ausmaßes zulässigen Mindest-Grundstücksfläche ist.

Für den Bundesgerichtshof war nicht einsichtig, daß dies den realen
Bodenpreisgegebenheiten entsprechen solle. Vielmehr sei davon auszugehen, daß im normalen Grundstücksverkehr auch für Grundstücke,
die diese Mindestgröße deutlich übersteigen, der volle Quadratmeter-
Höchstpreis erzielt werden kann. Dementsprechend werden im Schrifttum "Vorderland"- Zonen in einer Grundstückstiefe von etwa 40 m in
Betracht gezogen,

Büchs, aaO, S. 485;
Just/Brückner, Ermittlung des Boden-
werts, 3. Aufl., 1977, S. 142;
vgl. auch Gerardy, Praxis der Grundstücksbewertung, 3. Aufl., 1980, S. 304.

Dies hätte im vorliegenden Fall bedeutet, daß schon bei einer ge-
schätzten Normbreite von 25 m und einer Tiefe von 40 m sich ein Vor-
derlandanteil von 1.000 qm ergäbe, der die vom Sachverständigen angesetzte "Normfläche" um das Doppelte überschreiten und eine wesentlich höhere Entschädigung ergeben würde.

(ee)   In dem bereits genannten Urteil vom   **225**

27.9.1990, aaO,

hat der Bundesgerichtshof sich auch mit der Frage befaßt, ob der im gerichtlichen Entschädigungsverfahren beigezogene Sachverständige zur Vorbereitung seines Gutachtens Einblick in die Kaufpreissammlung (§ 195 Abs. 2 Satz 2 BauGB) nehmen darf oder sich insoweit mit Auskünften des Gutachterausschusses begnügen muß: Die vom Sachverständigen ausgewerteten vergleichbaren Verkaufsfälle beruhten hier auf einer Auskunft des Gutachterausschusses, die - zur Wahrung datenschutzrechtlicher Belange - anonymisiert und so gegeben wurde, daß sie den Eigentümer des betreffenden Grundstücks nicht erkennen ließ. Ob dies dahin führen muß, daß solchermaßen beschränkte Auskünfte als Beweismittel im Prozeß untauglich werden, weil durch diese Beschränkung der Anspruch der Parteien auf rechtliches Gehör verletzt wird, brauchte im vorliegenden Fall nicht entschieden zu werden.

Das Berufungsgericht und der Sachverständige hatten nämlich, indem sie sich mit der Auskunft begnügten, die ihnen zur Verfügung stehenden Erkenntnisquellen nicht voll ausgeschöpft. Gem. § 195 Abs. 2 Satz 2 BauGB bleiben auch hinsichtlich der Kaufpreissammlung Bestimmungen unberührt, nach denen Urkunden oder Akten den Gerichten oder Staatsanwaltschaften vorzulegen sind. Mit dem neuen § 195 Abs. 2 Satz 2 BBauG sollte die Geltung der prozeßrechtlichen Vorschriften (hier: § 273 Abs. 2 Satz 2 Nr. 2 ZPO) auch für die Kaufpreissammlung sichergestellt und gleichzeitig die Möglichkeit geschaffen werden, daß die Kaufpreissammlung im Einzelfall auch den vom Gericht mit der Erstellung eines Gutachtens beauftragten öffentlich bestellten und vereidigten Sachverständigen zugänglich gemacht werden kann. Der Bundesrat hatte hiergegen aus Gründen des Datenschutzes Bedenken erhoben. Der zuständige Bundestagsausschuß hat diese Bedenken jedoch mit der Begründung zurückgewiesen, die Öffnung der Kaufpreissammlung gegenüber den Gerichten entspreche dem geltenden Recht,

vgl. hierzu auch BVerwG, Urt. v. 6.10.1989
- 4 C 11.86, GuG 1990, 36, 37.

Auf diese Weise hat der vom Gericht mit der Erstattung eines Gutachtens beauftragte Sachverständige ein Einsichtsrecht, das auf seine
Funktion als Gehilfe des Gerichts zugeschnitten ist und ihn von einem
den Beschränkungen des § 195 Abs. 3 Satz 3 BBauG unterliegenden
Privatgutachter unterscheidet. Dies bedeutete, daß der Sachverständige hier rechtlich nicht gehindert gewesen wäre, sich durch eigene
Einsichtnahme in die Kaufpreissammlung ein umfassendes Bild von
den Marktverhältnissen zu verschaffen.

226   (ff)   Die Verwendung der jeweiligen Methode der Wertermittlung darf jedoch nicht zur Verzerrung des Wertbildes führen,

BGH NJW 1973, 284.

Solches hat der Bundesgerichtshof im Urteil vom

23.6.1983 - III ZR 39/82,
BRS 45 Nr. 102 = WM 1983, 997 -

beanstandet, weil das Berufungsgericht bei der Umrechnung der Vergleichspreise - in Anwendung der Grundsätze der "Steigerungsrechtsprechung" - die für das gesamte Bundesgebiet statistisch ermittelten
Durchschnittspreise für baureifes Land ausgewertet und die - wesentlich höher liegenden - durchschnittlichen örtlichen Verkaufspreise
nicht berücksichtigt hatte.

227   (gg)   Lassen sich aussagekräftige Vergleichspreise überhaupt nicht
ermitteln, ist die Vergleichswertmethode unanwendbar,

vgl. BGH, Urt. v. 18.9.1986
- III ZR 83/85, BGHR GG Art. 14 Abs. 3
Satz 3 - Wertermittlung 1 m.w.N. -

und es bedarf zur Wertermittlung einer ins einzelne gehenden Prüfung der Faktoren, welche die Qualität und den Preis des Entschädigungsobjektes bestimmen, um auf diese Weise den - fiktiven - Preis zu ermitteln, der gezahlt werden würde, wenn für das Objekt ein Markt existierte,

vgl. Krohn/Löwisch, aaO, Rz. 390 m.w.N.

(c)   **Ertragswertverfahren**

(aa)   Das in den §§ 15 - 20 WertV 1988 erläuterte Ertragswertver-   **228**
fahren ist angebracht, wenn es um die Feststellung des Wertes von (vorhandenen oder noch zu errichtenden, vgl. dazu unter Rz. 231) Gebäuden ("Gebäudeertragswert") geht, welche in erster Linie zur nachhaltigen Erzielung von Gewinn ("Ertrag") eingesetzt und genutzt werden, beispielsweise bei Grundstücken mit Miethäusern oder bei gewerblich genutzten Grundstücken,

vgl. u.a. Krohn/Löwisch, aaO, Rz. 397;
Gerardy, Grundstücksbewertung, 3. Aufl.,
S. 242;
Büchs, Grunderwerb und Entschädigung
beim Straßenbau, 2. Aufl., Kap. 10 Rz. 135;
Just/Brückner, Wertermittlung von Grund-
stücken, 5. Aufl., S. 158;
Rössler/Langer/Simon/Kleiber, Schätzung
und Ermittlung von Grundstückswerten,
6. Aufl., S. 31;
Aust/Jacobs, aaO, S. 31;
Kleiber, in: Ernst/Zinkahn/Bielenberg,
BauGB, Rz. 28 - 30 zu § 7 WertV.

Beim Ertragswertverfahren ist der Wert der Gebäude und der sonstigen Anlagen getrennt vom Bodenwert auf der Grundlage des Ertrages zu ermitteln. Der Bodenwert wird in der Regel durch Preisvergleich (s. Rz. 221 f) festgestellt. Der Gebäudeertragswert ist der um die Verzinsung des Bodenwertes verminderte und sodann unter Berücksichtigung der Restnutzungsdauer der baulichen Anlagen vervielfältigte nachhaltig erzielbare Reinertrag. Dieser ergibt sich aus dem Rohertrag abzüglich der Bewirtschaftungskosten. Der Rohertrag umfaßt alle bei ordnungsgemäßer Bewirtschaftung erzielbaren Einnahmen aus dem Grundstück,

> dazu §§ 16 - 20 WertV 1988;
> vgl. auch Aust/Jacobs, aaO, unter
> Stichwort "Bewertung bebauter
> Grundstücke", S. 40 f.

229   (bb)   Auch für die Ermittlung des Bodenwertes von Grundstücken mit abbaubaren Bodenschätzen kommt das Ertragswertverfahren in Betracht, sofern sich für solche Grundstücke nicht bereits ein Markt gebildet hat,

> vgl. BGH, Urt. v. 1.7.1982 - III ZR 10/81,
> BRS 45 Nr. 147; s. auch das o.g.
> BGH, Urt. v. 18.9.1986 - III ZR 83/85,
> BGHR GG Art. 14 Abs. 3 Satz 3
> - Wertermittlung 1.

Für das Ertragswertverfahren wird in der Regel der Reinertrag (d.h. der Rohertrag aus dem Vorkommen abzüglich Bewirtschaftungskosten einschließlich Werbungskosten und Zwischenzinsen unter Berücksichtigung der Zahl der Ausbeutungsjahre) kapitalisiert,

> weitere Nachweise bei
> Krohn/Löwisch, aaO, Rz. 397;
> zu weiteren Fällen der Feststellung
> des Bodenwertes durch das Ertrags-
> wertverfahren vgl.
> Aust/Jacobs aaO unter Stichwort
> "Bodenwertermittlung", S. 54 f, 58, 59.

(cc)   Mit der Bewertung eines - verpachteten - Jagdausübungs-   **230**
rechts, das durch erzwungene Abtretung einer Teilfläche dem verblei-
benden Restbesitz die Eigenschaft eines Eigenjagdbezirkes nimmt, befaßt sich das Urteil des Bundesgerichtshofs

> v. 12.3.1992 - III ZR 216/90
> - "Eigenjagd".

Das Berufungsgericht hatte die Entschädigung nach der Wertminderung berechnet, die der Restbesitz durch den Wegfall der Eigenjagd
und dessen Eingliederung in den gemeinschaftlichen Jagdbezirk (vgl.
§ 7 BJagdG, der eine Mindestgröße von 75 ha vorschreibt) erfahren
hatte. Zutreffend hatte es dabei auf die Ertragseinbuße in Gestalt der
Jagdwertminderung abgestellt, die sich - nach den hier getroffenen
Feststellungen - daraus ergibt, daß Grundbesitz als Teil einer (verpachteten) Genossenschaftsjagd unter dem Gesichtspunkt der jagdlichen
Nutzbarkeit regelmäßig einen geringeren Ertrag abwirft denn als (ver-
pachtete) Eigenjagd. Eine solche Bewertung, die letztlich den Jagd-
pachtzins zum Maßstab für die Wertminderung nimmt, bietet sich
überall dort an, wo ein Marktpreis für vergleichbare Grundstücke -
nach der Vergleichswertmethode - kaum zu ermitteln ist und der erzielbare Ertrag nach der Verkehrsauffassung ein wesentliches Bewer-
tungskriterium für die jagdliche Nutzbarkeit und damit den Wert eines
Grundstücks darstellt,

> vgl. Aust/Jacobs, aaO, unter Stichwort
> "Entschädigung für Beeinträchtigung
> der Jagd", S. 119 f.

Der Bundesgerichtshof enthielt sich dabei - weil nicht erforderlich - einer Aussage über das im Schrifttum dazu entwickelte "Pachtzinsdiffe-
renzverfahren" nach Wolf,

dargestellt bei Aust/Jacobs, aaO, S. 434 f;
und die dazu entwickelten Varianten vgl.
Bewer, Wertermittlungsforum 1988, 180, 188 f
und die Darstellung der Methode
Bewer, in: Aust/Jacobs, aaO, S. 426 f.

Eine Besonderheit dieses Falles bestand indes darin, daß der von der Teilenteignung betroffene Eigentümer noch vor dem Auslaufen des Pachtvertrages durch Zukauf von Flächen die frühere Eigenjagdeigenschaft wiederherstellen konnte. Das änderte zwar nichts an der Qualität des Enteignungsaktes als "endgültige Rechtsbeeinträchtigung"; anders verhielte es sich gegebenenfalls nur, wenn von vornherein konkrete Anhaltspunkte dafür bestanden hätten, daß der zusammenhängende Grundbesitz die für eine Eigenjagd vorgeschriebene Mindestgröße alsbald wieder erreichen würde,

vgl. BayObLGZ 1977, 134, 145 f.

Jedoch war zu beachten, daß wegen § 571 i.V.m. § 581 Abs. 2 BGB das über die Eigenjagd abgeschlossene Pachtverhältnis trotz Wegfalls der Eigenjagdeigenschaft des (verkleinerten) Grundbesitzes bis zum Vertragsende fortbestand und der Eigentümer deshalb solange noch die aus diesem Vertrag fließenden Pachtzinserträge weiterbezog. Wie der Bundesgerichtshof ausführt, muß dieser Umstand bei der Berechnung der Differenz der erzielbaren Pachtzinsbeträge aus Eigenjagd oder Genossenschaftsjagd (vgl. §§ 17, 20 Abs. 2 WertV 1988) zu Lasten des Grundstückseigentümers/Verpächters berücksichtigt werden, weil er sich sonst besserstünde als ohne die Enteignung. Dies muß sich - so der Bundesgerichtshof - auf die Wahl des Kapitalisierungsfaktors auswirken. Die entsprechende konkrete Berechnung hat der Bundesgerichtshof - als Revisionsgericht - der Tatsacheninstanz überlassen.

Zur Wertminderung ländlichen Grundbesitzes durch enteignungsbedingten Verlust der Eigenschaft als "Eigenjagd" vgl. auch BGHZ 64, 382.

(dd) Die Anwendung der Ertragswertmethode kann auch zulässig **231**
sein, wenn das zu bewertende Grundstück im Zeitpunkt des "Eingriffs"
noch nicht mit einem Wohn- oder Geschäftshaus bebaut ist. Der Bundesgerichtshof hat bereits mit Urteil vom

10.2.1958 - III ZR 168/56,
WM 1958, 499 -

die Ermittlung des Bodenwertes von unbebautem städtischen Bauland
auf der Grundlage einer fiktiven Ertragsberechnung unter Zugrunde-
legung eines nach der geltenden Bauordnung möglichen Bauprojekts
für zulässig erachtet. Das ist jedenfalls dann rechtlich unbedenklich,
wenn sich einem verständigen, wirtschaftlich denkenden Eigentümer
die bauliche Nutzung zu Geschäftszwecken aufdrängt, im Zeitpunkt
des "Eingriffs" bereits eine genehmigte Planung für eine solche Verwendung vorliegt, das Vorhaben sodann entsprechend dieser Planung
ausgeführt wird und der Verkehrswert des fertigen Objekts seinerseits
nach der Ertragswertmethode zu ermittteln wäre. In einem solchen
Fall besteht keine Gefahr, daß die fiktive Ertragsberechnung zu Fehl-
bewertungen führt,

vgl. dazu das bereits mehrfach erwähnte
BGH-Urteil v. 15.10.1992 - III ZR 147/91
- "Arkade".

(ee) Im Zusammenhang mit der Berechnung des Zugewinnaus- **232**
gleichs (§ 1376 BGB) nach geschiedener Ehe stellt sich des öfteren die
Frage, nach welcher Methode das Unternehmen bzw. eine freiberufli-
che Praxis zu bewerten ist. Im Urteil vom

24.10.1990 - XII ZR 101/89,
BGHR BGB § 1376
- Unternehmensbewertung 2 bis 4 -

hat der Bundesgerichtshof die Ablehnung der Ertragswertmethode für
eine Arztpraxis u.a. im Hinblick darauf gebilligt, daß sich bei freibe-
ruflichen Praxen eine Ertragsprognose kaum von der Person des der-

zeitigen Inhabers trennen lasse, andererseits jedoch beim Zugewinn-
ausgleich die Erwartung künftigen Einkommens, die der individuellen
Arbeitskraft des Inhabers zuzurechnen sei, wegen des hier geltenden
Stichtagsprinzips (vgl. BGHZ 101, 225) nicht maßgebend sein könne.

Vgl. dazu auch BGHZ 83, 61 und
Rid, NJW 1986, 1317 m.w.N.

(d)   Sachwertverfahren

233   (aa)   Bei Anwendung des Sachwertverfahrens ist der Wert der
baulichen Anlagen, wie Gebäude, Außenanlagen und besondere Be-
triebseinrichtungen, und der Wert der sonstigen Anlagen, getrennt
vom Bodenwert nach Herstellungswerten zu ermitteln (§ 21 Abs. 1
WertV 1988). Der Bodenwert ist in der Regel im Vergleichswertverfahren festzustellen (Abs. 2). Der Herstellungswert von Gebäuden ist
unter Berücksichtigung ihres Alters und von Baumängeln und
Bauschäden sowie sonstiger wertbeeinflussender Umstände (§ 25
WertV: insbesondere eine wirtschaftliche Überalterung, ein über-
durchschnittlicher Erhaltungszustand und ein erhebliches Abweichen
der tatsächlichen von der nach § 5 Abs. 1 maßgebenden Nutzung) zu
ermitteln (Abs. 3). Der Herstellungswert von Außenanlagen und sonstigen Anlagen wird, soweit sie nicht vom Bodenwert mitumfaßt werden, nach Erfahrungssätzen oder nach den gewöhnlichen Herstellungskosten ermittelt (Abs. 4). Bodenwert und Wert der baulichen
Anlagen und der sonstigen Anlagen ergeben den Sachwert des Grundstücks (Abs. 5).

234   (bb)   In diesem Zusammenhang ist in jüngster Zeit die Bewertung
des Aufwuchses in den Streit der Sachverständigen geraten. Er entzün-
dete sich u.a. an der Formulierung des Abs. 4 Satz 1, wonach Außenanlagen und sonstige Anlagen nur insoweit gesondert bewertet werden
sollen, als sie "nicht vom Bodenwert erfaßt" werden. Aus der Aussparung der "baulichen Anlagen" wird u.a. geschlossen, daß die anderen
Anlagen im Bodenwert regelmäßig enthalten seien. Eine derartige

Verallgemeinerung erscheint nicht stichhaltig. Das Argument, der Sachwert des Aufwuchses, namentlich der Baumbestand, sei schon deshalb im Bodenwert enthalten, weil die Pflanzen wesentliche Bestandteile des Grund und Bodens seien, verfängt wenig; denn das müßte dann auch für die errichteten Gebäude gelten (§ 94 BGB). Andererseits finden sich in den Kaufpreissammlungen in der Regel keine verwertbaren Hinweise darauf, wie sich der Kaufpreis für bebaute Grundstücke im einzelnen zusammensetzt. Schätzungen der Höhe der Entschädigung sind zwar gem. § 287 ZPO ohne Bindung an die Grundsätze des Strengbeweises zulässig; sie müssen jedoch nach der Rechtsprechung des Bundesgerichtshofs auf hinreichenden "greifbaren Anhaltspunkten" beruhen und dürfen nicht "völlig in der Luft hängen",

vgl. BGH, Urt. v. 26.11.1986
- III ZR 260/85, BGHR ZPO § 287 Abs. 1
- Mindestschaden 1.

Das macht eine Wertschätzung des Aufwuchses im Einzelfall schwierig, wenn nicht ausnahmsweise verwertbare Anhaltspunkte für die Bewertungsvorstellungen der Kaufvertragsparteien vorliegen. Allgemeine Zuschläge zum Bodenwert zu machen, ist nach dem Urteil des Bundesgerichtshofs

v. 2.7.1992 III ZR 162/90
- "Villengrundstück" -
(s. dazu bei Rz. 237) -

nicht vertretbar, weil irgendeine begründbare Relation zwischen "reinem" Bodenwert und Wert des Aufwuchses mangels typisierbarer Kriterien nicht besteht. Solange die Kaufpreissammlungen hier nicht weiterhelfen und allgemeine empirische Kenntnisse über das Käuferverhalten hinsichtlich des gärtnerisch gestalteten "Wohngrüns" nicht vorliegen (vielleicht auch nicht der Verallgemeinerung zugänglich sind), wird man schwerlich umhin können, die Herstellungskosten für den Aufwuchs jedenfalls als Ausgangspunkt für eine Schätzung einzusetzen. Der in diesem Sachwertverfahren ermittelte Betrag muß andererseits nicht auch am Markt als Kaufpreis erzielbar sein. Ist er es nicht, so ist die "Aussagefähigkeit" dieses Verfahrens (vgl. § 7 Abs. 1 Satz 3 WertV 1988) im konkreten Fall unsicher. M.E. kommt es in diesem Zusammenhang wesentlich auf die jeweils angesprochene Käuferschicht an: sind deren finanzielle Möglichkeiten bei verallgemeinernder Betrachtung dahin begrenzt, daß bebaute Objekte von einer gewissen Preisgrenze an nicht mehr verkäuflich sind, so wird es naheliegen, daß diese Preisobergrenze auch dann nicht überschritten wird, wenn das einzelne Grundstück etwas mehr Gestaltungsgrün aufweist als andere. Dann ist diese Ausstattung eine nicht rentierliche Investition, die in den nach § 194 BauGB festzustellenden Verkehrswert nicht gesondert eingeht. In diesem Fall werden die Kosten der Begrünung am Markt möglicherweise auch dann nicht durchsetzbar sein, wenn die Grünzone dem Grundstück einen Blick- oder Lärmschutz gegen Belästigungen von außen verschafft, was sonst ein Wertkriterium abgibt. Beachtet werden muß weiter, daß Grundstücke mit ansprechender Begrünung bei einem "Käufermarkt" eher überhaupt einen Abnehmer finden als weniger gut ausgestattete Objekte. Da letztere - mangels Veräußerung - in der Kaufpreissammlung keine Erwähnung finden, sind deren Aussagen gerade in diesem Punkt für das "Gestaltungsgrün" noch weniger informativ. Je ansehnlicher der Aufwuchs gestaltet ist, desto näher liegt seine Einstufung als "Außenanlage" i.S.d. § 21 Abs. 1 WertV 1988 (BGH, aaO). Läßt sich für solche - wertvollen - Objekte ein entsprechender - gegebenenfalls überregionaler - Markt feststellen, so wird man, wenn wohlhabende Käufer für diesen Markt repräsentativ sind, in diesen Umständen hinreichende Anhaltspunkte dafür sehen können (§ 287 ZPO), daß selbst aufwendige Herstellungskosten für derart gestaltete Grundstücke durchsetzbar sind und in den nach § 194 BauGB zu schätzenden Verkehrswert eingehen.

235   (cc)   Der Bundesgerichtshof hat sich in den Fällen der Bewertung des Aufwuchses bisher einer eindeutigen Stellungnahme zu der in der Schätzungspraxis angewendeten "Methode Koch" enthalten,

zu Einzelheiten vgl. u.a.
Koch, Das Sachwertverfahren für Gehölze
und Gartenanlagen, in: Wertermittlungsforum 1991 S. 47 f, mit umfangreichen
Nachweisen zum Stand der Sachverständi-
gen-Diskussion.

Die Wertermittlung von Koch besteht darin, den Kapitalaufwand von
Teilherstellungskosten (Anschaffung einer vergleichbaren Pflanze in
handelsüblichem Alter) und altersabhängigen Pflegekosten zur Erreichung eines der weggenommenen Sache vergleichbaren Alters zu verzinsen und den Zinsbetrag als Schadensbetrag einzusetzen,

Gelzer/Busse, Der Umfang des Entschädigungsanspruchs aus Enteignung und enteignungsgleichem Eingriff, 2. Aufl.,
1980, Rz. 204.

Der Bundesgerichtshof (VI. Zivilsenat) hat diese Methode zur Ermittlung und Bemessung des Schadens bei Zerstörung eines vierzig
Jahre alten Kastanienbaums gebilligt,

BGH, Urt. v. 13.5.1975 - VI ZR 85/74,
NJW 1975, 2061;
vgl. auch OLG München NVwZ 1989, 187;
Zerstörung von drei 30 bis 40 Jahre
alten Kastanien, und
LG Karlsruhe NVwZ 1989, 188: Entziehung
eines Villengrundstücks mit parkähnlichen
Anpflanzungen.

Auch im Urteil vom   **236**

27.9.1990, aaO,

hat der Bundesgerichtshof (III. Zivilsenat) zur Anwendbarkeit der
"Methode Koch" nicht abschließend Stellung genommen. Insbesondere
bedurfte es keiner Klärung, ob der hier in Rede stehende Bestand an
Nutz- und Zierpflanzen bei der normalen Nutzung eines zu einem

Wohngrundstück gehörenden Gartens den Fällen vergleichbar ist, die den vorgenannten Gerichtsentscheidungen zugrunde lagen. Selbst wenn es hier - wie von der Vorinstanz angenommen - nicht auf die Beschaffungs- und Pflegekosten für jede einzelne Pflanze ankomme, sondern darauf, was nach allgemeiner Erfahrung von Kaufinteressenten für den vorhandenen Bewuchs im Rahmen des Gesamtkaufpreises gezahlt werde, erschien dem Bundesgerichtshof jedenfalls der vom Sachverständigen angesetzte Betrag als unangemessen niedrig: "Die Qualität der Nutzbarkeit zu Wohnzwecken wird nämlich wesentlich bestimmt durch die mit der Eigenart des Wohngebietes berechtigterweise verbundenen Wohnerwartungen und Wohngewohnheiten. Zum Wohnen gehört in dem hier interessierenden rechtlichen Zusammenhang nicht nur das Leben innerhalb des Hauses, sondern auch die Nutzung der Außenwohnbereiche wie Terrasse, Freisitz, Garten und Grünflächen"),

"Wohnen im Grünen";
vgl. BGHZ 76, 1, 6;
BGHZ 97, 114, 124;
BGHZ 97, 361, 370.

Vorliegend . . . handelte es sich bei dem Garten der Klägerin um einen kombinierten Nutz- und Ziergarten in relativ gepflegtem Zustand und mit ästhetisch ansprechender Bepflanzung. Die Eignung dieser begrünten Freifläche als "Wohngarten" ist vom Berufungsgericht ersichtlich nicht in der gebotenen Weise in Erwägung gezogen worden.

237 Wertermittlungsfragen beim Aufwuchs standen neuerdings im Mittelpunkt des Urteils vom

2.7.1992 - III ZR 162/90
- "Villengrundstück",

bei dem es um die Höhe der Entschädigung für ein ehemals parkähnlich gestaltetes bebautes Grundstück ging.

Im Anschluß an das Urteil vom

27.9.1990, aaO,

führte der Bundesgerichtshof aus, daß auch die nach der Abtrennung einer Teilfläche vorgenommene Neugestaltung des (Rest-)Gartens nicht habe verhindern können, daß der Reiz des früheren (Gesamt-)Grundstücks völlig verändert worden sei. Das gelte vor allem für den früheren Bewuchs und die Gestaltung des "parkähnlichen" Gartens. Im "Rahmen der gebotenen, die Einzelpositionen übergreifenden Gesamtbetrachtung", deren Ziel die Ermittlung der Wertdifferenz zwischen dem Zustand vor und nach der Landabtretung sein müsse, sei daher auch der entzogene Bewuchs als solcher angemessen zu berücksichtigen. Auch der Pflanzenbestand selbst falle unmittelbar in den Schutzbereich des Art. 14 GG. Dies werde besonders deutlich, wenn die Anlegung des Gartens - wie hier - auf einer "individuellen wertschöpferischen Leistung" des Eigentümers beruhe. Die Wertermittlung könne daher nicht ohne eine Würdigung der konkreten Beschaffenheit und Substanz des jeweils entzogenen Bewuchses vorgenommen werden. Ein "aus dem Rahmen der Bepflanzung normaler Wohngrundstücke fallender, den Charakter des zu bewertenden Grundstücks als eines parkähnlichen Geländes maßgeblich prägender Bewuchs" müsse als eine Außenanlage angesehen werden, die jedenfalls nicht von vornherein vom Bodenwert mitumfaßt werde (vgl. dazu § 21 Abs. 4 WertV - vom 6.12.1988 - BGBl I, S. 2209). Diesen Anforderungen entsprach die vom Oberlandesgericht vorgenommene Schätzung nicht. Namentlich hielt der Bundesgerichtshof es für fehlerhaft, den Wert des Bewuchses durch einen allgemeinen Zuschlag zum Bodenwert zu erfassen; denn dies sei eine "rein abstrakte Rechenoperation", die jegliche individuelle Würdigung und Bewertung des konkreten Aufwuchses vermissen lasse und in ihren Schätzungsgrundlagen nicht nachprüfbar sei. - Einen warnenden Hinweis an den Tatrichter, darauf "Bedacht zu nehmen, daß seine Methode noch den Realitäten des gesunden - von Spekulationen freien - Grundstücksmarktes gerecht werde", enthält u.a. das oben angeführte Urteil vom 23.6.1983.

E.   Enteignungsverfahren (§§ 105 ff BauGB)

238   Antragsverfahren

Der Enteignungsantrag ist bei der Gemeinde, in der das zu enteignende Grundstück liegt, einzureichen. Die Gemeinde legt ihn mit ihrer
Stellungnahme binnen eines Monats der Enteignungsbehörde (§ 104
Abs. 1) vor (§ 105). Der Antrag muß schriftlich oder zur Niederschrift
bei der Gemeinde erklärt werden. Ein Recht zur Zurückweisung hat
die Gemeinde nicht.

239   Antragsberechtigung

Den Antrag kann nur derjenige stellen, zu dessen Gunsten die Enteignung erfolgen soll. Unter den Voraussetzungen der §§ 85, 87, 88
BauGB steht jeder natürlichen wie auch juristischen Person des Privatrechts oder des öffentlichen Rechts ein Antragsrecht zu.

Eine Wohnungsbaugesellschaft kann jedoch im Zuge der Erschließung
und Bebauung eines Geländes nicht zugunsten der Gemeinde die Enteignung eines im Bebauungsplan als Verkehrsfläche ausgewiesenen
und von der Gemeinde zu diesem Zweck einzurichtenden Grundstücks
beantragen,

BGHZ 61, 128.

Zur Zulässigkeit der Enteignung eines Grundstücks zugunsten einer
Gemeinde, die den in Anspruch genommenen Grundbesitz im Wege
des Erbbaurechts einer privaten Ersatzschule ("Freie Waldorfschule")
zur Errichtung von Schulgebäuden überlassen will,

vgl. BGH, Urt. v. 7.7.1988 - III ZR 134/87,
BGHR BBauG § 85 Abs. 1 Nr. 1
- Enteignungszweck 1.

Teileinigung außerhalb des Verfahrens **240**

Ein auf die Höhe der Enteignungsentschädigung beschränktes geson-
dertes Entschädigungsverfahren vor der Enteignungsbehörde ("Entschädigungsfeststellungsverfahren") ist auch statthaft, wenn sich die
Beteiligten außerhalb des Enteignungsverfahrens in einem notariellen
Vertrag nur über die Übertragung des zur Durchführung eines Bebauungsplans beanspruchten Grundstücks einigen und die Höhe der Entschädigung offen lassen, etwa vereinbaren, daß ein zu zahlender Kaufpreis als "Mindestpreis" gelten und der endgültige Betrag in Anwendung der Grundsätze der Enteignungsentschädigung ermittelt und not-
falls gerichtlich durch die Baulandgerichte festgestellt werden soll. Es
bestehen dann keine Bedenken, § 111 Satz 3 BauGB entsprechend anzuwenden mit der Maßgabe, daß das Enteignungsverfahren auf Antrag
seinen Anfang nimmt, soweit eine Einigung nicht zustande gekommen
ist,

vgl. BGH, Urt. v. 23.5.1985 - III ZR 10/84,
BGHZ 95, 1, 6 f.

Daneben läßt der Bundesgerichtshof aber auch die unmittelbare Anrufung der Gerichte ohne ein Vorschaltverfahren vor der Enteignungsbehörde zu, wenn sich die Beteiligten nur über den Eigentumsübergang einigen und hinsichtlich der Höhe der Entschädigung nicht vereinbaren, daß diese - wie im Sachverhalt zu BGHZ 95, 1 - in einem gesonderten Entschädigungsfeststellungsverfahren ermittelt werden soll,

vgl. BGH, Urt. v. 21.10.1966 - V ZR 183/63,
WM 1966, 1205;
BGH, Urt. v. 11.1.1968 - III ZR 65/66,
WM 1968, 581;
BGH, Urt. v. 15.10.1992 - III ZR 147/91
- "Arkade".

Anders verhält es sich, wenn die Vertragsparteien sich endgültig über
den Eigentumsübergang und über den Kaufpreis einigen. Ein solcher
außerhalb eines Enteignungsverfahrens zur Vermeidung der Enteig-

nung - d.h. des Entzugs des Eigentums durch Hoheitsakt - geschlossener Übertragungsvertrag läßt zwischen den Beteiligten grundsätzlich nur privatrechtliche Beziehungen entstehen,

BGHZ 84, 1, 3 m.w.N.

Die abschließende Regelung der Eigentumsübertragung und des dafür zu zahlenden Kaufpreises macht die Einleitung und die Durchführung eines Enteignungsverfahrens entbehrlich. Vgl. aber auch oben Rz. 193 zum Rücktritt von einem solchen Vertrag und nachfolgendem Übernahmeverlangen.

241   Beteiligte

Am Enteignungsverfahren zu beteiligen sind die in § 106 BauGB genannten Personen und Stellen: Antragsteller, Inhaber eingetragener dinglicher Rechte, anmeldepflichtige Inhaber nicht eingetragener Rechte, von Ersatzland- oder Ersatzrechtsenteignung Betroffene sowie die Gemeinde. Die Enteignungsbehörde ist im nachfolgenden gerichtlichen Verfahren stets Beteiligte. Die Beteiligten des nachfolgenden gerichtlichen Verfahrens setzen sich aus dem Kreis der Beteiligten des Verwaltungsverfahrens zusammen. Zum Begriff des "Beteiligten" im gerichtlichen Verfahren vgl. das am Ende wiedergegebene Urteil des Bundesgerichtshofs

v. 10.11.1988 - III ZR 63/87,
BGHR BBauG § 161 - Revision 1.

242   Mündliche Verhandlung

Alle Beteiligten sind zu der mündlichen Verhandlung (§ 108 Abs. 1) zu laden. Sie können vor dieser Verhandlung Einwendungen gegen den Enteignungsantrag schriftlich oder während der mündlichen Verhandlung zur Niederschrift der Enteignungsbehörde vorbringen, etwa einen Antrag auf Abfindung in Land (§ 100 Abs. 4) stellen,

vgl. BGHZ 90, 243
und oben Rz. 171 a.E.

Die mündliche Verhandlung hat nicht den Zweck, zu gewährleisten,
daß die Behörde sich aufgrund des unmittelbaren Eindrucks der Erör-
terung des Streitstoffs in der mündlichen Verhandlung die für die Entscheidung notwendige Überzeugung bildet, sondern sie dient vor allem
dazu, ein Verfahren, an dem in der Regel mehrere Personen beteiligt
sind, zu konzentrieren und allen Beteiligten in einem Termin Gehör zu
verschaffen, des weiteren dazu, nochmals den Versuch einer gütlichen
Einigung zu machen, der Voraussetzung für die Zulässigkeit der
Grundabtretung ist,

BVerwGE 87, 241 - 258 = DVBl 1991, 393
- für die bergrechtliche Grundabtretung.

Schon vor der mündlichen Verhandlung soll die Enteigungsbehörde   **243**
alle Anordnungen treffen, die erforderlich sind, das Verfahren tun-
lichst in einem Verhandlungstermin zu erledigen (§ 107 Abs. 1 Satz 1).

Eine erzwingbare Aufklärungsanordnung der Behörde im Enteignungsverfahren (Entschädigungsfeststellungsverfahren) stellt einen
selbständig anfechtbaren Verwaltungsakt dar. In dem Anfechtungsver-
fahren kann das Gericht die dieser Anordnung zugrunde liegende
rechtliche Beurteilung der Hauptsache nur daraufhin überprüfen, ob
sie offensichtlich unhaltbar, d.h. unter keinem vernünftigerweise denk-
baren rechtlichen Gesichtspunkt vertretbar ist,

BGH DVBl 1978, 376 = BRS 34, Nr 179, 199.

Der Bundesgerichtshof begründet dies vor allem damit, daß die selbständige gerichtliche Kontrolle einer Aufklärungsanordnung nicht
dazu führen dürfe, daß die Entscheidung der Hauptsache selbst oder
die Klärung einzelner für die Hauptsache bedeutsamer Rechtsfragen -
entgegen der Entscheidungszuständigkeit der Enteignungsbehörde in
der Hauptsache - vorweggenommen werde.

Bei der Ermittlung des Sachverhalts hat die Enteignungsbehörde ein Gutachten des Gutachterausschusses (§ 192) einzuholen, wenn Eigentum entzogen oder ein Erbbaurecht bestellt werden soll (Abs. 1 Satz 3).

- Nach dem Beschluß des Bundesgerichtshofs

> v. 21.9.1989 - III ZR 15/88,
> BGHR BBauG (1976) § 139 Abs 4
> Satz 3 - Gutachterausschuß 1,

bestehen gegen die Mitwirkung des Vorsitzenden des Gutachterausschusses, der Beamter des beklagten Landes ist, an der Erstattung eines Gutachtens über die Entschädigungshöhe jedenfalls dann keine Bedenken, wenn der Gutachter einer Fachverwaltung angehört, die an dem Verfahren nicht beteiligt oder sonst interessiert ist.

244 Hält die Enteignungsbehörde den zugrunde liegenden Bebauungsplan für unwirksam, so hat sie keine eigene Verwerfungskompetenz; sie kann jedoch den für nichtig gehaltenen Plan im Normenkontrollverfahren überprüfen lassen (§ 47 Abs. 2 Satz 1 VwGO).

245 **Einleitung des Verfahrens**

Das Enteignungsverfahren wird durch Anberaumung eines Termins zur mündlichen Verhandlung (§ 108) eingeleitet, der ortsüblich bekanntzumachen ist. Die am Verfahren zu beteiligenden Personen und Stellen sind zum Termin zu laden. Über den Ablauf der mündlichen Verhandlung enthält das Gesetz keine nähere Regelung. Eine entsprechende Heranziehung von § 68 VwVfG erscheint angezeigt.

Die Enteignungsbehörde muß dem Grundbuchamt die Einleitung des Enteignungsverfahrens mitteilen (§ 108 Abs. 6 Satz 1). Vom Eingang dieser Mitteilung an hat das Grundbuchamt seinerseits die Enteignungsbehörde von allen Eintragungen zu benachrichtigen, die nach dem Zeitpunkt der Einleitung des Enteignungsverfahrens im Grundbuch des betroffenen Grundstücks vorgenommen worden sind oder vorgenommen werden (§ 108 Abs. 6 Satz 2).

Formen der Einigung   **246**

Die Enteignungsbehörde hat auf eine Einigung der Beteiligten hinzuwirken (§ 110 Abs. 1). Einigen sich die Beteiligten, so ist von der Enteignungsbehörde hierüber eine Niederschrift nach näher geregelten Erfordernissen aufzunehmen. In die Einigung kann nur das aufgenommen werden, was auch Gegenstand eines Enteignungsbeschlusses sein könnte. Im Enteignungsverfahren nach § 85 Abs. 1 Nr. 1 BauGB setzt eine Einigung zwingend das Vorhandensein eines Bebauungsplanes voraus. Dagegen bleibt es auf die Wirksamkeit der Einigung ohne Einfluß, wenn von einem Beteiligten lediglich die Rechtsgültigkeit des vorhandenen Bebauungsplanes in Zweifel gezogen worden ist,

BGH NJW 1967, 1324.

Die Einigung steht einem nicht mehr anfechtbaren Enteignungsbe-   **247**
schluß gleich (§ 110 Abs. 3 Satz 1). Die Rechtsänderung tritt nicht schon mit der Einigung sondern erst dann ein, wenn ihre Ausführung angeordnet ist, was erst der Fall ist, wenn die Geldentschädigung bezahlt ist (§ 117).

Die Teileinigung (§ 111) ist in der Praxis verbreitet. Mit ihr einigen   **248**
sich die Beteiligten über die Enteignung gewissermaßen dem Grunde nach, während die Höhe der Entschädigung dem nachfolgenden Verfahren vorbehalten wird. Die beurkundete Teileinigung steht hinsichtlich ihres Regelungsgegenstandes einem nicht mehr anfechtbaren Enteignungsbeschluß gleich (§ 111 Abs. 1 Satz 1 i.V.m. § 110 Abs. 3). Die wirksame Teileinigung beendet das Enteignungsverfahren, soweit die Einigung über den Übergang oder die Belastung des Eigentums reicht. Die Teileinigung erlangt, anders als die Volleinigung (§ 110 Abs. 3), rechtliche Wirksamkeit erst durch ihre Aufnahme in einen Enteignungsbeschluß,

BGH NJW 1967, 1324.

249 **Entscheidung**

Andernfalls entscheidet die Enteignungsbehörde über den Enteignungsantrag, sonstige Anträge und Einwendungen und über die Höhe
der Enteignungsentschädigung (§§ 112, 113 BauGB). Dabei ist seit der
Novelle 1976 zum BBauG aus Gründen der Beschleunigung die Möglichkeit einer Trennung des Verfahrens über den Grund der Enteignung und über die Höhe der Entschädigung eingeführt. Voraussetzung
hierfür sind ein Antrag eines Beteiligten und das Vorliegen der Voraussetzungen für die Enteignung (§§ 85 ff BauGB). Gibt die Enteignungsbehörde dem Antrag statt, so hat sie anzuordnen, daß dem Berechtigten eine Vorauszahlung in Höhe der zu erwartenden Entschädigung zu zahlen ist,

vgl. dazu BGH BRS 45 Nr. 115, 223.

250 Der Enteignungsbeschluß soll die Enteignung, falls dem Antrag stattgegeben wird, abschließend regeln (§ 113 Abs. 2). Die festgesetzte Entschädigung wird mit dem Eintritt der Unanfechtbarkeit des Enteignungsbeschlusses fällig. Zur Bestimmung der Verwendungsfrist (§ 114)
und der möglichen Auslegung des Beschlusses,

vgl. BGH BRS 45 Nr. 3.

Zur Zweckverfehlung bei der Inanspruchnahme eines Grundstücks für
militärische Zwecke,

vgl. BVerwG, Urt. v. 15.12.1989 - 4 C 16/89,
UPR 1990, 228, RdL 1990, 99:

- "Wenn die Behörde ... das Verfahren nicht nachhaltig weiterverfolgt oder in sachlich nicht zu rechtfertigender Weise
verzögert hat, kann daraus geschlossen werden, daß sie das
betreffende Grundstück in Wahrheit nicht mehr benötigt.
Wegen des dabei in Betracht zu ziehenden Zeitraumes kann
auf die Fristregelung in § 57 Abs. 1 Satz 1 (Alt. 2) LBG zu-

rückgegriffen werden: Ebenso wie der Nichtbeginn der Ausführung des Vorhabens binnen zweier Jahre nach Unanfechtbarkeit des Enteignungsbeschlusses die Vermutung
trägt, daß der Enteignungszweck verfehlt worden ist, ist auch
dann die Annahme gerechtfertigt, daß das Grundstück nicht
mehr "benötigt" wird, wenn innerhalb dieser Frist entweder
nicht damit begonnen wurde, das ausräumbare Hindernis
auszuräumen, oder das eingeleitete Verfahren zur Beseitigung des rechtlichen Hindernisses ohne triftigen Grund
über zwei Jahre unterbrochen oder sonstwie verzögert worden ist" -.

Die von der Enteignungsbehörde zu bestimmende Frist, innerhalb der   **251**
der Enteignungsbegünstigte den Enteignungszweck nach § 113 Abs. 2
Nr. 3 BauGB zu verwirklichen hat (Verwendungsfrist), beginnt mit
dem Eintritt der Rechtsänderung, d.h. an dem in der Ausführungsanordnung festgesetzten Tag (§ 117 Abs. 5). Die Frist kann von der Enteignungsbehörde unter den Voraussetzungen des § 114 Abs. 2 verlän-
gert werden.

Vorzeitige Besitzeinweisung   **252**

Die vorzeitige Besitzeinweisung (§ 116) ist zulässig, wenn das Wohl der
Allgemeinheit die sofortige Ausführung der beabsichtigten Maßnahme
dringend erfordert. Dringend wird eine solche Anordnung, die der
Verwirklichung eines hoheitlichen Vorhabens dient, wenn die Enteignungsbehörde aufgrund des Verfahrensstandes und nach Abwägung
aller hier erheblichen Umstände, insbesondere dem Interesse des privaten Betroffenen, zu dem Ergebnis kommen darf, daß die vorgezo-
gene Besitzregelung schon zu dem in der Anordnung bestimmten Zeitpunkt dem - beschleunigten - Erreichen des angestrebten Verfahrens-
zwecks dient,

vgl. VGH Mannheim VBlBW 1986, 263.

Das setzt in jedem Fall voraus, daß der Enteignungsantrag Aussicht
auf Erfolg hat. Bei der vorzunehmenden Interessenabwägung müssen
die öffentlichen Interessen an der alsbaldigen Verwirklichung des Ent-

eignungszwecks die privaten Interessen erheblich überwiegen, besonders dann, wenn die vorläufige Übertragung des Besitzes durch Anordnung des sofortigen Vollzuges der Besitzeinweisungsanordnung
endgültige Verhältnisse schaffen kann. Die Ermächtigung des Einge-
wiesenen, die für die Durchführung des im Enteignungsantrag bezeichneten Bauvorhabens "erforderlichen Maßnahmen" zu treffen
(§ 116 Abs. 3 Satz 2), kann neben der Errichtung von Bauwerken auch
deren Abbruch einschließen, des weiteren Bodenaushebungen und
Bodenaufschüttungen. Auch hier sind jedoch die Grundsätze der Erforderlichkeit und der Verhältnismäßigkeit zu beachten. Daher sollte
der konkrete Umfang der dem Begünstigten verliehenen Befugnisse
regelmäßig im Besitzeinweisungsbeschluß festgelegt werden,

vgl. u.a. VGH München BayVBl 1977, 567

zur sofortigen Vollziehbarkeit einer vorläufigen Besitzeinweisung im
Rahmen eines Enteignungsverfahrens zur Erweiterung einer Kunsteis-
rodelbahn; zu Fragen der sofortigen Vollziehbarkeit einer vorzeitigen
Besitzeinweisung im Flurbereinigungsverfahren,

vgl. BVerfG, Beschl. der 1. Kammer des
Ersten Senats v. 13.12.1990 - 1 BvR 1370/90,
wo ausgeführt wird, daß eine vorläufige Besitzeinweisung vor dem Bestehen eines voll-
ziehbaren Planfeststellungsbeschlusses nicht
zur Durchführung von Straßenbaumaßnahmen auf
der zugewiesenen Fläche berechtige.

253 Dem Beschluß hat eine mündliche Verhandlung vorauszugehen, in der
den von der Besitzeinweisung Betroffenen das rechtliche Gehör zu
gewähren ist. Zu Zweifelsfragen, die sich insoweit durch eine "Doppel-
beteiligung" des Betroffenen (Nießbraucher und Testamentsvollstrek-
ker in einer Person) ergeben können, vgl. das Urteil

BGHZ 96, 1.

In dem Besitzeinweisungsbeschluß ist u.a. der Zeitpunkt anzugeben, in   :
dem die Besitzeinweisung wirksam werden soll (§ 116 Abs. 1 Satz 4). In
diesem Zeitpunkt wird der Eingewiesene rechtlich Besitzer i.S.v.
§ 854 ff BGB (vgl. oben D VII 5 e). Über eine zu leistende Sicherheit
muß auf Antrag eines Berechtigten - nicht notwendig in dem Beschluß
selbst - entschieden werden (Abs. 2 Satz 2). Der Beschluß muß die
Belehrung enthalten, daß die Betroffenen binnen eines Monats seit
der Zustellung Antrag auf gerichtliche Entscheidung (§ 217) stellen
können und daß dieser Antrag bei der Enteignungsbehörde einzureichen ist. Der Antrag hat keine aufschiebende Wirung (§ 224 Satz 1),
jedoch kann das Gericht auf besonderen Antrag die aufschiebende
Wirkung im Einzelfall anordnen (§ 224 Satz 2 i.V.m. § 80 Abs. 5
VwGO);

vgl. BGH, Urt. v. 19.9.1985 - III ZR 71/83,
BRS 45 Nr. 108.

In jedem Falle ist die Revision zum Bundesgerichtshof ausgeschlossen
(§ 545 Abs. 2 ZPO i.V.m. § 221 BauGB).

Der Eingewiesene hat für die durch die vorzeitige Besitzeinweisung   **254**
entstehenden Vermögensnachteile Entschädigung zu leisten, soweit
die Nachteile nicht durch die Verzinsung der Geldentschädigung (§ 99
Abs. 3) ausgeglichen werden. Daher ist die gesondert gewährte Besitzeinweisungsentschädigung auf die Verzinsung der Geldentschädigung, die für die Zeit der Besitzeinweisung zu leisten ist, anzurechnen,

vgl. BGHZ 48, 291;
BGH, Urt. v. 13.10.1983 - III ZR 154/82,
NVwZ 1984, 602.

Bei der Besitzeinweisung zum Zwecke der Anlegung eines Golfplatzes   **255**
auf landwirtschaftlichen Grundstücken, die im anschließenden Enteignungsverfahren zur Belastung des Grundbesitzes mit einem Nießbrauch führt, ist die Besitzeinweisungsentschädigung nicht an der Bo-
denqualität, sondern an der rechtlich zulässigen Nutzbarkeit zu
messen: Geht das Nießbrauchsrecht in seinen nachteiligen wirtschaftli-

chen Auswirkungen nicht weiter als die Besitzeinweisung (Verlust der Nutzungsmöglichkeit), so muß die Entschädigung für die Besitzeinweisung und die Entschädigung für die Nießbrauchsbestellung, vom Einfluß verschiedener Preisverhältnisse abgesehen, gleich bemessen werden. Der Entzug der Nutzungsmöglichkeit, mag er auch zeitlich unbefristet sein, kann nicht mit dem Verlust des Eigentums gleichgesetzt werden.

Bei der Bemessung der Besitzeinweisungsentschädigung ist zunächst die tatsächliche Nutzung des Grundstücks im Zeitpunkt der Inanspruchnahme zu berücksichtigen und zu fragen, welchen Erlös diese Nutzung dem Eigentümer nachhaltig gebracht haben würde. Sodann sind alle weiteren wirtschaftlich vernünftigen und rechtlich zulässigen Nutzungsmöglichkeiten, von denen der Eigentümer ernstlich hätte Gebrauch machen können, in Betracht zu ziehen. Die Einstufung des Grundstücks als Ackerland oder Bauerwartungsland ist dabei ohne ausschlaggebende Bedeutung,

> vgl. BGH, Urt. v. 24.11.1975 - III ZR 113/73,
> BRS 34 Nr. 82, 163;
> vgl. auch
> BGH, Urt. v. 29.9.1977 - III ZR 80/74,
> BRS 34 Nr 83, 164 oben Rz. 145.

256 Über die - gesonderte - Besitzeinweisungsentschädigung muß nicht zugleich mit der Besitzeinweisung entschieden werden,

> BVerwG Buchholz 11 Art. 14 GG Nr. 141;
> vgl. auch VGH Kassel UPR 1986, 360
> zur Flurbereinigung.

Spätestens ist jedoch im Enteignungsbeschluß über die Entschädigung zu befinden (§ 116 Abs. 4 BauGB). Fällig wird die Entschädigung für die vorzeitige Besitzeinweisung in dem Zeitpunkt, der im Besitzeinweisungsbeschluß für den Eintritt der Rechtswirkungen festgesetzt ist.

Die Leistung einer Besitzeinweisungsentschädigung entfällt, wenn der Eingewiesene vor oder gleichzeitig mit der Erlangung des Besitzes die festgesetzte Enteignungsentschädigung zahlt.

Auf Antrag des Inhabers eines Rechts, das zum Besitz oder zur Nut- **257**
zung des Grundstücks berechtigt, hat die Enteignungsbehörde den Zustand der Grundstücke vor der Besitzeinweisung unter näher geregelten Förmlichkeiten festzustellen (§ 116 Abs. 5). Zu einer solchen Beweissicherung ist die Behörde auch ohne Anstoß durch einen Antrag durch den verwaltungsrechtlichen Untersuchungsgrundsatz (§ 24 VwVfG; vgl. auch die ausdrückliche Regelung in § 41 Satz 2 LBG) verpflichtet, wenn andernfalls die tatsächliche Grundlage für die spätere Bemessung der Entschädigung durch die nach § 116 Abs. 3 Satz 2 zulässigen Maßnahmen entfallen würde.

Ist die vorzeitige Besitzeinweisung des Antragstellers von der Leistung **258**
einer Sicherheit abhängig gemacht worden und wird diese durch vorbehaltlose Zahlung eines Geldbetrages an den Eigentümer erbracht, so kann diese Zahlung geeignet sein, den Stichtag hinsichtlich der Preisverhältnisse für die noch festzusetzende Enteignungsentschädigung festzulegen,

BGH BGHR GG Art. 14 Abs. 3 Satz 2
- Steigerungsrechtsprechung 1,
s. dazu bereits oben Rz. 173.

Aufhebung des Enteignungsbeschlusses **259**

Ist die Ausführungsanordnung (§ 117) noch nicht ergangen, so hat die Enteignungsbehörde den Enteignungsbeschluß auf Antrag aufzuheben, wenn der durch die Enteignung Begünstigte die ihm durch den Enteignungsbeschluß auferlegten Zahlungen nicht innerhalb eines Monats nach dem Zeitpunkt geleistet hat, in dem der Beschluß unanfechtbar geworden ist (§ 120 Abs. 1). Die Regelung dient dem Schutz des Enteignungsbetroffenen, der in eine mißliche Lage geraten kann, wenn der Begünstigte trotz Wirksamkeit und Unanfechtbarkeit des Enteignungsbeschlusses weder zahlt noch hinterlegt und auch den Erlaß der Ausführungsanordnung nicht beantragt. Namentlich die durch die Eigentumsgarantie gewährleistete Bestandsgarantie erfordert es, daß der Enteignungsbetroffen in solchen Fällen nicht auf die Vollstreckung der Geldentschädigungsforderung verwiesen, sondern mit einem Abwehrrecht ausgestattet wird.

Gleichwohl hat der Bundesgerichtshof in seinem Urteil vom

12.7.1973 - III ZR 120/72,
BGHZ 61, 136,

ausgesprochen, daß die Aufhebung des Enteignungsbeschlusses nicht erfolgen dürfe, wenn der Begünstigte nach seiner Anhörung zu dem Aufhebungsantrag unverzüglich zahle. Er hat dies damit begründet, daß der Schutzzweck des § 120 BBauG (BauGB) erfüllt werde, wenn der Begünstigte unter der Androhung der Aufhebung für den Fall des Zahlungsverzuges sofort zahle. Es könne schwerlich der Wille des Gesetzgebers gewesen sein, mit der Monatsfrist des § 120 BBauG eine "automatische Beseitigung eines Enteignungsbeschlusses herbeizuführen, der nur bei Vorliegen öffentlicher Interessen statthaft ist und aufgrund eines sorgfältigen, rechtsstaatlich ausgerichteten Verfahrens nach Aufwendung von Mühe, Zeit und Geld vieler Beteiligter erlassen worden ist". Dies gelte um so mehr, als der Begünstigte sogleich die erneute Durchführung des Enteignungsverfahrens beantragen könne. Dabei ließ der Bundesgerichtshof offen, ob dem Begünstigten, der die Monatsfrist zur Zahlung sogar ohne Verschulden versäumt habe, nicht sogar mit einer Wiedereinsetzung (§ 153 BBauG) geholfen werden könne. Schutzwürdige Interessen des Eigentümers sieht der Bundesgerichtshof durch diese Lösung nicht als beeinträchtigt an: Die Enteignungsentschädigung sei erst mit Rechtskraft des Enteignungsbeschlusses fällig. Der Eigentümer könne sogleich nach Eintritt der Rechtskraft die Zahlung anmahnen und den Verpflichteten dadurch in Verzug setzen mit der Folge, daß er ihm jeden Verzugsschaden zu erstatten hat. Der Eigentümer könne sofort nach Ablauf der Monatsfrist das Verfahren nach § 120 BBauG/BauGB in Gang setzen und die Aufhebung des Enteignungsbeschlusses erreichen, wenn nun nicht unverzüglich gezahlt werde. Zahle aber der Begünstigte unverzüglich nach Einleitung dieses Aufhebungsverfahrens, dann sei der Zweck der Vorschrift erfüllt, so daß die Ausführungsanordnung ergehen könne und eine Aufhebung des Enteignungsbeschlusses nicht mehr statthaft sei. - Für diese "weiche" Handhabung des § 120 BauGB dürfte ins Feld zu führen sein, daß die Annahme einer strikten "Verfristung" die in § 120 vorgeschriebene Anhörung weithin zu einem funktionslosen Formalakt machen würde,

> so u.a. Breuer, BauGB, 5. Aufl.,
> 1992, § 120 Rz. 4 f, 8.

Ausführungsanordnung 260

Die Ausführungsanordnung zum Enteignungsbeschluß wird von der Enteignungsbehörde auf Antrag erlassen, wenn der Enteignungsbeschluß nicht mehr anfechtbar ist (§ 117). Entweder muß die Antragsfrist des § 217 Abs. 2 verstrichen sein oder der eingereichte Antrag (bzw. das Rechtsmittel) muß durch gerichtliche Entscheidung (Einigung, Vergleich, Erledigung der Hauptsache, Rücknahme des Antrags auf gerichtliche Entscheidung, Ablauf der gerichtlichen Rechtsmittelfrist) erledigt sein,

> vgl. BGH DVBl 1974, 129.

Weitere Voraussetzung ist, daß die durch die Enteignungsbehörde festgesetzte Geldentschädigung gezahlt oder in zulässiger Weise hinterlegt ist.

Die Ausführungsanordnung ist ein selbständiger Verwaltungsakt und als solcher auch im gerichtlichen Verfahren (§§ 217 ff) anfechtbar. Der Antrag auf gerichtliche Entscheidung kann jedoch nur auf Mängel gestützt werden, die der Anordnung unabhängig von dem Enteignungsbeschluß anhaften.

261   Die Ausführungsanordnung dient zum einen dem Zweck, allen Beteiligten und der Allgemeinheit Gewißheit über die Unanfechtbarkeit des
Enteignungsbeschlusses (bzw. einer Einigung nach § 110) zu vermit-
teln. Zum anderen sichert sie im Interesse des Enteignungsbetroffenen
die vorherige Zahlung der Entschädigung. Dem trägt auch die Sonder-
regelung in § 117 Abs. 2 für die Teileinigung nach § 111 Rechnung. Bei
der Vorabentscheidung nach § 112 Abs. 2 ist die Leistung der nach
§ 112 Abs. 2 Satz 2 festgesetzten Vorauszahlung oder die unter Rück-
nahmeverzicht erfolgte Hinterlegung des Vorauszahlungsbetrages erforderlich.

- Eine Ausnahme vom Prinzip der Unanfechtbarkeit bildet die vorzeitige Ausführungsanordnung des § 225 BauGB, die indes vom Bauland-
gericht auszusprechen ist, wenn im Baulandverfahren nur noch die
Höhe der Geldentschädigung streitig ist. Nach dem Beschluß des Bundesgerichtshofs

v. 12.10.1976 - III ZR 32/75,
BRS 34 Nr. 71

ist die Anordnung bei Gebietskörperschaften jedenfalls in der Revisionsinstanz regelmäßig nicht von einer Sicherheit abhängig zu machen.

262   In der Ausführungsanordnung ist der Tag der Rechtsänderung festzusetzen. Unter diesem Datum wird der bisherige Rechtszustand durch
den im Enteignungsbeschluß geregelten neuen Rechtszustand ersetzt
(§ 117 Abs. 5). Der Begünstigte erwirbt auf diese Weise, entsprechend
dem Enteignungsbeschluß (der Vorabentscheidung, der Einigung, der
Teileinigung oder einem etwaigen Nachtragsbeschluß, der den Enteignungsbeschluß ergänzt, § 113 Abs. 4), unmittelbar (originär) das Eigentum oder sonstige Recht an dem Grundstück, auf das sich die Enteignung bezieht. Weiter entstehen die nach § 113 Abs. 2 Nr. 6 begründeten persönlichen Rechtsverhältnisse, die zum Erwerb, zum Besitz
oder zur Nutzung von Grundstücken berechtigen oder den Verpflichteten in der Nutzung von Grundstücken beschränken. Schließlich ver-

mittelt die Ausführungsanordnung die Einweisung in den Besitz des enteigneten Grundstücks und des Ersatzlandes zu dem festgesetzten Tag (§ 117 Abs. 6), falls der Besitz nicht schon vorher durch vorzeitige Besitzeinweisung gem. § 116 übergegangen ist. Die entsprechenden Eintragungen im Grundbuch haben nur berichtigenden Charakter. Das Grundbuchamt nimmt die Eintragung aufgrund eines Ersuchens der Enteignungsbehörde vor (§ 117 Abs. 7). Nach

BayObLG DNotZ 1988, 781,

trägt allein die ersuchende Behörde die Verantwortung dafür, daß die Voraussetzungen für das Ersuchen tatsächlich vorliegen. Ein Eintragungshindernis soll in diesem Fall nur vorliegen, wenn das Grundbuchamt (positiv) weiß, daß die beantragte Eintragung unrichtig sein würde. Im übrigen hat das Grundbuchamt zu prüfen, ob die ersuchende Behörde zum Erlaß des Enteignungsbeschlusses und der Ausführungsanordnung zuständig ist, und ob das Ersuchen formell und inhaltlich den gesetzlichen Anforderungen entspricht,

Breuer, aaO, § 117 Rz. 22 m.w.N.

Entschädigungsfragen können auch auftreten, wenn der unanfechtbar **263** gewordenen (hier: straßenrechtlichen) Planfeststellung kein Enteignungsverfahren nachfolgt, weil der Träger des Unternehmens seine Planung ändert oder aufgibt und es eines Entzuges privaten Grundeigentums nicht (mehr) bedarf. Wenn ein Gewerbetreibender, dessen Betriebsgelände durch eine geplante Straße durchschnitten werden soll, im Vertrauen auf den nachfolgenden Vollzug dieser Planung seinen Betrieb verlegt und hierfür erhebliche Kosten aufwendet, begründet dies, wie der Bundesgerichtshof im Urteil

v. 9.4.1987 - III ZR 181/85,
BGHR Preuß. EnteigG § 42 Abs. 1 Satz 2
- Enteignungsverfahren 1 -

ausgeführt hat, keinen Anspruch auf Entschädigung wegen Nichtvoll-
zugs der Planung. Das gilt auch dann, wenn der Begünstigte dem Eigentümer ein Angebot zum Abschluß eines notariellen Kaufvertrages
gemacht hat, dieses aber abgelehnt worden ist. Hier geht es nicht um
Nachteile, die dem Eigentümer durch ein Enteignungsverfahren erwachsen, sondern um den Schutz des Vertrauens in den Fortbestand
und den Vollzug wirksamer Planungen. Hierfür kommen nach Auffassung des Bundesgerichtshofs - mangels eines eigenständigen Plange-
währleistungsanspruchs,

> vgl. dazu u.a. Ossenbühl, Staatshaftungsrecht,
> 4. Aufl., 1991, S. 319 f -

nur die herkömmlichen Haftungsinstitute (u.a.) der Amtshaftung oder
spezialgesetzliche Regelungen - etwa das Planungsschadensrecht des
BauGB - in Betracht. Es wird in solchen Fällen jeweils darauf ankommen, wie eng der Kontakt zwischen der öffentlichen Hand und dem
Privaten ist, und ob er nach Inhalt und Intensität eine Vertrauens-
grundlage für entsprechende Dispositionen des Privaten abgeben
kann. Hierüber verhalten sich u.a. das Urteil des Bundesgerichtshofs

> v. 27.4.1981 - III ZR 71/79,
> VersR 1981, 776
> und der Beschl. v. 26.4.1983 - III ZR 110/62,
> betr. besondere Amtspflichten der öffentlichen
> Hand zur Rücksichtnahme auf im Rahmen einer
> Umlegung umzusetzende Gewerbebetriebe.

264 Zum Kreis der Beteiligten im gerichtlichen Verfahren hat der Bundesgerichtshof in einer Umlegungssache im Urteil

> v. 10.11.1988 - III 63/87,
> BGHR BBauG § 161 - Revision 1 -

u.a. ausgeführt:

das Baulandverfahren kennt - anders als die Zivilprozeßordnung und die Verwaltungsgerichtsordnung - keine Parteien (Kläger und Beklagter), sondern nur Beteiligte. Beteiligter ist nach § 162 BBauG (§ 222 BauGB), wer bereits in dem Verfahren, in dem der Verwaltungsakt erlassen worden ist, Beteiligter gewesen ist, sowie derjenige, der durch die Entscheidung des Gerichts in seinen Rechten und Pflichten betroffen werden kann. Auch ist Beteiligter die Stelle, die den Verwaltungsakt erlassen hat. Diese Personen oder Stellen sind von Amts wegen am gerichtlichen Verfahren zu beteiligen. Durch diese Regelung hat der Gesetzgeber auch die Beteiligung Dritter am Rechtsstreit in angemessener Form gewährleistet,

s. BVerfGE 4, 387, 409f.

Das gerichtliche Verfahren führt zu einem Neben-, Mit- und Gegeneinander von Antragsteller, Behörde und anderen Beteiligten. So darf das Gericht nach § 166 Abs. 3 BBauG einen Enteignungsbeschluß auf Antrag eines Beteiligten auch dann ändern, wenn dieser nicht den Antrag auf gerichtliche Entscheidung gestellt hat. Schließlich zeigt sich dies auch in der Kostenregelung des § 168 Abs. 1 BBauG. Danach gilt, soweit der Beteiligte obsiegt, der den Antrag auf gerichtliche Entscheidung gestellt hat, wenn keiner der Beteiligten dazu in Widerspruch stehende Anträge in der Hauptsache gestellt hat, die Stelle, die den Verwaltungsakt erlassen hat, als unterlegene Partei. Diese Regelung war notwendig, weil dem Baulandverfahren Parteirollen im Sinne der Zivilprozeßordnung fremd sind. Daher gehen die Sondervorschriften der §§ 161 bis 171 BBauG (§§ 217 bis 231 BauGB) den entsprechend anwendbaren Bestimmungen der Zivilprozeßordnung über die Streitgenossenschaft (§§ 59 ff ZPO) und die Beteiligung Dritter am Rechtsstreit (§§ 64 ff ZPO) grundsätzlich vor (§ 161 Abs. 1 BBauG).

- Gleichwohl hat der Bundesgerichtshof im Streitfall bei der Ermittlung der Revisionssumme eine Zusammenrechnung der für die Revisionsführer vom Berufungsgericht gesondert festgesetzten Beschwerdewerte vorgenommen. Die Revisionsführer waren zwar Eigentümer verschiedener - von dem angefochtenen Umlegungsbeschluß betroffener -

Grundstücke. Diese Grundstücke waren aber durch Teilung eines (größeren) Grundstücks entstanden, dessen Eigentümer der Beteiligte zu 1) war. Dieser Grundbesitz und seine Teilung waren Gegenstand der - hier streitigen - Vorwegregelung, die den Ausgangspunkt eines gerichtlichen Verfahrens bildete, das in allen Instanzen von den Revisionsführern mit gleichgerichteten Anträgen betrieben wurde. Bei dieser engen Verbindung der Revisionsführer, die derjenigen einer Streitgenossenschaft ähnelt, erscheint es gerechtfertigt, in entsprechender Anwendung des § 5 ZPO die einzelnen Beschwerdewerte zusammenzurechnen,

vgl. BGHZ 49, 317, 320.

Fundstellen von Entscheidungen des
Bundesgerichtshofs ab 1986

6.2.1986 - III ZR 96/84   BGHZ 97, 114; NJW 1986, 1980;
DB 1986, 96; JZ 1986, 544;
BauR 1986, 552; DVBl 19860, 766;
DÖV 1987, 152; RdL 1986, 126;
NVwZ 1986, 789

6.2.1986 - III ZR 109/84   BGHZ 97, 97; NJW 1986, 2309;
WM 1986, 1447; VersR 1986, 887;
DVBl 1986, 672; DÖV 1986, 747;
NVwZ 1986, 963; BayBgm 1987, 414
(v. Klitzing); ZfW 1987 Nr. 87, 640

6.3.1986 - III ZR 146/84   NJW 1986, 2424; VersR 1987, 380;
RdL 1986, 158; NVwZ 1986, 961

17.4.1986- III ZR 202/84   BGHZ 97, 361; NJW 1986, 2421;
WM 1986, 923; DB 1986, 2281;
VersR 1987, 381; BauR 1986, 557;
DVBl 1986, 998; DÖV 1986, 842;
NVwZ 1986, 867

15.5.1986 - III ZR 241/84   BGHZ 98, 85; NJW 1987, 491;
MDR 1987, 31; DVBl 1986, 1266;
WF 1986, 224; UPR 1987, 139;
RdL 1986, 262

19.6.1986 - III ZR 22/85   MDR 1987, 125; NVwZ 1986, 1053;
BauR 1987, 199; DÖV 1987, 301;
BRS 45, 101

10.7.1986 - III ZR 44/85   BGHZ 98, 188; NJW 1987, 494;
WM 1986, 1574; DB 1986, 2228;
BB 1987, 722; BauR 1986, 674;
DVBl 1986, 1268; ZfBR 1986, 238

18.9.1986 - III ZR 83/85   BGHZ 98, 341; NJW 1987, 1256;
UPR 1987, 102; WF 1987, 71;
AgrarR 1987, 165

9.10.1986 - III ZR 2/85	BGHZ 99, 24; NJW 1987, 2068; DVBl 1987, 568 m. Anm. Schmaltz; BayVBl 1987, 473; UPR 1987, 301
23.10.1986 - III ZR 112/85	BauR 1987, 426; UPR 1987, 143; DWW 1987, 96; WF 1987, 75
30.10.1986 - III ZR 10/86	NVwZ 1987, 356
27.11.1986 - III ZR 243/85	WF 1987, 77
18.12.1986 - III ZR 242/85	BGHZ 99, 249; NJW 1987, 1945; JZ 1987, 822 (Peine 824); VersR 1987, 666; UPR 1987, 306
18.12.1986 - III ZR 174/85	BGHZ 99, 262; NJW 1987, 1320; WM 1987, 473; JZ 1987, 671 (Ronellenfitsch); BauR 1987, 194; BayVBl 1987, 284; UPR 1987, 103; ZfBR 1987, 107; WF 1987, 78
12.3.1987 - III ZR 216/85	BGHZ 100, 136; NJW 1987, 1875; WM 1987, 1050; DB 1987, 1830; JZ 1987, 1024; DVBl 1987, 897; DÖV 1987, 741; UPR 1987, 268; RdL 1987, 287; NVwZ 1987, 733; AgrarR 1987, 244
9.4.1987 - III ZR 3/86	BGHZ 100, 335; NJW 1987, 2573; WM 1987, 975; JZ 1987, 786; VersR 1987, 1037; NStZ 1987, 517; VRS 73, 241
9.4.1987 - III ZR 181/85	BGHZ 100, 329; NJW 1987, 3200; WM 1987, 1052; BauR 1987, 429; DÖV 1987, 740; UPR 1987, 319; RdL 1987, 186; AgrarR 1987, 246
25.5.1987 - III ZR 216/86	VersR 1987, 1133

4.6.1987 - III ZR 182/85	BGHR BBauGB § 44 Abs. 1 - Wertminderung 1 u. BBauGB § 142 Abs. 2 - Nutzungsbeschränkung 1
18.9.1987 - V ZR 219/85	Warn 1987, 270; WM 1988, 200; DB 1988, 114; NJW-RR 1988, 136; BauR 1988, 111; ZfBR 1988, 81
10.12.1987 - III ZR 220/86	BGHZ 102, 350; ZIP 1988, 96; EWiR 1988, 161 (Raeschke-Kessler); NJW 1988, 478; DB 1988, 278; JZ 1988, 453; VersR 1988, 85; DVBl 1988, 232; DÖV 1988, 341; UPR 1988, 96; NVwZ 1988, 283
17.12.1987 - III ZR 45/87	BGHR NW OBG § 40 Abs. 1 Satz 2 - Vermögensnachteil 1
11.2.1988 - III ZR 64/87	Warn 1988, 42; RdL 1988, 188; UPR 1988, 304; BauR 1988, 458; DVBl 1988, 1213; NVwZ 1988, 963; WF 1988, 139; GrundE 88, 1105
11.2.1988 - III ZR 221/86	BGHZ 103, 242; NJW 1988, 1776; VersR 1988, 741; NVwZ 1988, 761
3.3.1988 - III ZR 162/85	NJW 1988, 2664; WM 1988, 1281; UPR 1988, 403; RdL 1988, 154; WF 1988, 140; Warn 1988, 65; NVwZ 1988, 867; AgrarR 1989, 24
5.5.1988 - III ZR 116/87	Warn 1988, 132; VersR 1988, 1022; RdL 1988, 329; WF 1988, 196; NVwZ 1988, 1066
19.5.1988 - III ZR 224/86	WM 1988, 1651; UPR 1989, 23; RdL 1988, 295; WF 1988, 198; Warn 1988, 143

23.6.1988 - III ZR 8/87	BGHZ 114, 183; NJW 1991, 824, 2770; WM 1991, 1609; MDR 1991, 869; JuS 1992, 258; VersR 1991, 824; UPR 1991, 376; RdL 1991, 181; ZfW 1992, 292; NuR 1992, 44; AgrarR 1992, 53
7.7.1988 - III ZR 198/87	NJW 1989, 101; WM 1988, 1579; DB 1988, 1991; BB 1988, 1701; VersR 1988, 1046; UPR 1989, 73; NVwZ 1989, 187; Warn 1988, 208
7.7.1988 - III ZR 134/87	BGHZ 105, 94; NJW 1989, 216; WM 1988, 1801; DVBl 1988, 1217; DÖV 1989, 455; VBlBW 1988, 486; UPR 1989, 72; ZfBR 1989, 31; NVwZ 1989, 187; WF 1988, 201
22.9.1988 - III ZR 161/85	WF 1989, 23
10.11.1988 - III ZR 63/87	BGHZ 105; 386; NJW 1989, 1038; WM 1989, 324; RdL 1989, 92; ZfBR 1989, 178; NVwZ 1989, 502; AgrarR 1989, 239
17.11.1988 - III ZR 210/87	WM 1989, 1036
15.12.1988 - III ZR 110/87	EWiR 1989, 585 (Boujong); NJW 1989, 2117; WM 1989, 898; BB 1989, 2146; VersR 1989, 592; BauR 1989, 458; DVBl 1989, 1113; UPR 1989, 300; Warn 1988, 364; WPR 1989, 300
19.1.1989 - III ZR 6/87	WM 1989, 1154; NVwZ-RR 1989, 523; WF 1990, 21; Warn 1989, 15
26.1.1989 - III ZR 192/87	BGHZ 106, 313; ZIP 1989, 715; EWiR 1989, 655 (Selb); NJW 1989, 2127; WM 1989, 1063; JZ 1989, 850; VersR 1989, 753; NStZ 1989, 479

26.1.1989 - III ZR 194/87	BGHZ 106, 323; EWiR 1989, 1091 (Salzwedel); NJW 1989, 976; WM 1989, 386; BB 1989, 575, 874; DB 1989, 1283; JuS 1989, 579; VersR 1989, 369; BauR 1989, 166; DVBl 1989, 504; UPR 1989, 179; DWW 1989, 106; NuR 1990, 42
29.6.1989 - III ZR 274/88	BGHR NW OBG § 39 Abs. 1 b - Maßnahme 1
6.7.1989 - III ZR 251/87	BGHZ 108, 224; NJW 1990, 381; WM 1989, 1350; BB 1989, 1720; JZ 1989, 1126; VersR 1989, 961; DVBl 1990, 354; BayVBl 1990, 251; UPR 1989, 424; ZfBR 1989, 261; NVwZ 1990, 298; WF 1990, 73
21.9.1989 - III ZR 15/88	BGHR GG vor Art. 1 / enteignungsgleicher Eingriff -Verzögerungsschaden 1
21.12.1989 - III ZR 132/88	BGHZ 110, 12; NJW 1990, 898; WM 1990, 653; JR 1990, 288; DVBl 1990, 362; DÖV 1990, 394; UPR 1990, 214; RdL 1990, 149; NVwZ 1990, 501; WF 1990, 80
21.12.1989 - III ZR 118/88	BGHZ 109, 380; NJW 1990, 1038; WM 1990, 401; JZ 1990, 645; VersR 1990, 272; DVBl 1990, 358; DÖV 1990, 440; UPR 1990, 148; ZfBR 1990, 88; DWW 1990, 78; NVwZ 1990, 501; WF 1990, 78
22.2.1990 - III ZR 196/87	WM 1990, 1173; BB 1990, 740; BauR 1990, 461; WF 1990, 122; NVwZ 1990, 797; GrundE 1990, 647
26.4.1990 - III ZR 194/88	BGHR BBauGB § 113 Abs. 2 Nr. 3 - Übernahmeanspruch 1 u. GG Art. 14 Abs. 3 Satz 3 - Vorwirkung 5

26.4.1990 - III ZR 47/89	WM 1990, 1892; MDR 1991, 130; BauR 1991, 67; DVBl 1990, 1185; Warn 1990, 122; NVwZ-RR 1990, 595; EStTNW 1990, 668; StädteT 1991, 238
7.6.1990 - III ZR 74/88	BGHZ 111, 349; NJW 1990, 3260; WM 1990, 1804; MDR 1990, 903; JZ 1991, 36; DVBl 1990, 1348; DÖV 1990, 1065; NVwZ 1991, 201; LRE 25, 199; GewArch 1991, 262
5.7.1990 - III ZR 229/89	NJW 1991, 293; WM 1990, 1923; BauR 1990, 697; DVBl 1990, 1104; DÖV 1990, 1069; UPR 1990, 386; RdL 1990, 258; ZfBR 1990, 300; NVwZ 1991, 297; AgrarR 1991, 196
27.9.1990 - III ZR 97/89	WM 9191, 155; MDR 1991, 229; UPR 1991, 38; RdL 1990, 295; ZfBR 1991, 39; NVwZ 1991, 404
24.10.1990 - XII ZR 101/89	NJW 1991, 1547; WM 1991, 283; BB 1991, 311; MDR 1991, 343; FamRZ 1991, 43
8.11.1990 - III ZR 364/89	WM 1991, 336; MDR 1991, 510; RdL 1991, 8; WF 1991, 75
15.11.1990 - III ZR 302/89	BGHZ 113, 17; NJW 1991, 1168; WM 1991, 747; MDR 1991, 415; DB 1991, 906; NJ 1991, 231; VersR 1991, 464; DVBl 1991, 379; DÖV 1991, 330; BADK-Inf 1991, 24
20.12.1990 - III ZR 130/89	WF 1991, 89
21.2.1991 - III ZR 245/89	BGHZ 113, 367; NJW 1991, 2701; WM 1991, 864; MDR 1991, 1144; JZ 1991, 920; VR 1991, 345; VersR 1991, 583; BauR 1991, 428; DVBl 1991, 808; DÖV 1991, 799; UPR 1991, 268; ZfBR 1991, 167

18.4.1991 - III ZR 79/90	WM 1991, 1654; MDR 1991, 1210; BauR 1991, 452; BayVBl 1992, 316; RdL 1991, 174; AgrarR 1992, 54
6.6.1991 - III ZR 221/90	NJW 1991, 2696; WM 1991, 1425; MDR 1992, 31; VersR 1991, 1285; DVBl 1991, 1140
5.12.1991 - III ZR 167/90	ZIP 1992, 134; NJW 1992, 431; WM 1992, 456; MDR 1992, 261; VersR 1992, 574; BauR 1992, 201; DVBl 1992, 558; DÖV 1992, 361; UPR 1992, 108; ZfBR 1992, 134; WF 1992, 94; BWVPr 1992, 86
16.1.1992 - III ZR 18/90	ZIP 1992, 131; NJW 1992, 1230; WM 1992, 889; MDR 1992, 455; DVBl 1992, 560; DÖV 1992, 452; ZfBR 1992, 131
20.2.1992 - III ZR 188/90	BGHZ 117, 240; DVBl 1992, 1089; VersR 1992, 1092
20.2.1992 - III ZR 193/90	BGHZ 117, 236; WM 1992, 997; NJW-RR 1992, 780
27.2.1992 - III ZR 204/90	BGHR OBG § 39 Abs. 1 b - Maßnahme 6
27.2.1992 - III ZR 195/90	BGHR BauGB § 95 ABs. 2 Nr. 2 - Vorwirkung 1; UPR 1992, 234; WF 1992, 94
12.3.1992 - III ZR 128/91	BGHZ 117, 303; NJW 1992, 2639; DVBl 1992, 1158
12.3.1992 - III ZR 216/90	BGHZ 117, 309; NJW 1992, 2078; WM 1992, 1590; RdL 1992, 186
12.3.1992 - III ZR 133/90	WM 1992, 1712; VersR 1992, 883; DVBl 1992, 1291

19.3.1992 - III ZR 16/90	BGHZ 117, 363; NJW 1992, 1953; WM 1992, 1028; BB 1992, 810; VersR 1992, 872; DVBl 1992, 1093; UPR 1992, 261; ZfBR 1992, 188
2.4.1992 - III ZR 25/91	BGHZ 118, 11; NJW 1992, 2633; WM 1992, 1789; DVBl 1992, 1095; RdL 1992, 173; ZfBR 1992, 285
2.4.1992 - III ZR 108/90	BGHZ 118, 25; NJW 1992, 1830; WM 1992, 1204; ZfBR 1992, 1204
9.4.1992 - III ZR 228/90	BGHZ 118, 59; NJW 1992, 2096; WM 1992, 1327; MDR 1992, 676; VersR 1992, 967
21.5.1992 - III R 158/90	BGHZ 118, 253; NJW 1992, 2218; WM 1992, 1546; BauR 1992, 600
4.6.1992 - III ZR 39/91	BGHZ 118, 295; NJW 1992, 2769; VersR 1992, 1225; DVBl 1992, 1290
25.6.1992 - III ZR 160/91	UPR 1992, 436
2.7.1992 - III ZR 162/90	UPR 1992, 437; NJW 1992, 2880; WM 1992, 2029; RdL 1992, 266; ZfBR 1993, 38
2.7.1992 - III ZR 180/90	WM 1992, 2032; RdL 1992, 269; NVwZ-RR 1993, 1
9.7.1992 - III ZR 105/91	UPR 1992, 438

In unserem Verlag sind u.a. folgende aktuelle Veröffentlichungen
zum Grundstücks- und Grundbuchrecht erschienen:

Notar Dr. **Matthias Cremer**, Dresden
Immobiliengeschäfte in den neuen Bundesländern
Die Rechtslage nach dem 2. VermRÄndG.
RWS-Skript 241. 2., neubearb. Aufl. 1993.
Brosch. DIN A 5.
ISBN 3-8145-9241-7

Prof. **Dieter Eickmann**, Berlin
Grundstücksrecht in den neuen Bundesländern
2., neubearb. Aufl. 1992.
Gbd. 136 Seiten. DIN A 5. DM 78,--.
ISBN 3-8145-3105-1

Vors. Richter am BGH Prof. Dr. **Horst Hagen**, Karlsruhe
Notar Prof. Dr. **Günter Brambring**, Köln
Der Grundstückskauf
Neuere höchstrichterliche Rechtsprechung
und notarielle Gestaltungshinweise.
RWS-Skript 105. 5., neubearb. Aufl. 1992.
Brosch. 476 Seiten. DIN A 5. DM 89,--.
ISBN 3-8145-3105-1

RegDir. Dr. **Jürgen Schmidt-Räntsch**, Bonn
Eigentumszuordnung, Rechtsträgerschaft und
Nutzungsrechte an Grundstücken
Aktuelle Probleme der Rechtspraxis in
den neuen Bundesländern.
RWS-Skript 238. 1992.
Brosch. 288 Seiten. DIN A 5. DM 68,--.
ISBN 3-8145-0238-8

Bitte fordern Sie unser aktuelles Verlagsverzeichnis an!

 Verlag Kommunikationsforum GmbH Recht Wirtschaft Steuern
Postfach 27 01 25, 5000 Köln 1, Telefon (0221/4 00 88-0)